कहा-सुनी

कहा-सुनी

दूधनाथ सिंह

राधाकृष्ण प्रकाशन

ISBN : 978-81-8361-026-1

कहा-सुनी

पहला संस्करण : 2005
This book is printed on **Print on Demand** Technology : 2024

मूल्य : ₹895

प्रकाशक
राधाकृष्ण प्रकाशन प्राइवेट लिमिटेड
जी-17, जगतपुरी, दिल्ली-110 051

शाखाएँ : अशोक राजपथ, साइंस कॉलेज के सामने, पटना-800 006
पहली मंजिल, दरबारी बिल्डिंग, महात्मा गांधी मार्ग, प्रयागराज-211 001
1, अनमोल सोराबजी संतुक लेन, धोबी तलाव, मरीन लाइंस, मुम्बई-400 002
वेबसाइट : www.radhakrishnaprakashan.com
ई-मेल : info@radhakrishnaprakashan.com

KAHA-SUNI
by Doodhnath Singh

प्रिय सत्यप्रकाश के लिए

लिखत-पढ़त

इस किताब का नामकरण सुधीर ने किया है। उसी हिसाब से सामग्री का चयन किया गया। बहुत सारे साक्षात्कार छोड़ दिए गए, क्योंकि उनमें नई बातें नहीं थीं। एक ही तरह के सवाल थे और कुछ निकलता नहीं था। दुहराव और वैचारिक अन्तर्विरोध इन साक्षात्कारों में भी है, लेकिन कुछ नई बातें भी आ गई हैं। मेरे लेखन के मौन-मुखर दिनों की मानसिक-वैचारिक प्रक्रिया, इस तरह, यहाँ संकलित है।

इस किताब का पहला साक्षात्कार 'लेखक को 'चश्मा' नहीं पहनना चाहिए' सन् 1973 में लिया गया था। श्री रमेश शौनक अब कहीं विदेश में (सम्भवतः) बस गए हैं। पहले भी विदेश में ही रहते थे। वे फ़ोर-ट्रैक टेप रेकार्डर लेकर आए थे। सवालों की एक लम्बी सूची थी। बड़ा ताम-झाम था। लेकिन साक्षात्कार शुरू होने से ऐन पहले मेरे कुछ मित्र दिल्ली से आ गए—सर्वश्री आनन्द प्रकाश, सव्यसाची, रमेश उपाध्याय, सुधीश पचौरी, कर्णसिंह चौहान, सनत कुमार और श्री हर्ष। नामों में कुछ भूल-चूक हो सकती है। सन् 1972 के 'बाँदा सम्मेलन' के बाद का माहौल था। मेरे ये मित्र सिर्फ़ मिलने-जुलने और हालचाल लेने आए थे। बातें होती रहीं। मैंने अपनी नई-नई लिखी दो कविताएँ—'उत्तराधिकार' और 'कृष्णकान्त की खोज में दिल्ली-यात्रा' सुनाईं। दूसरी कविता सव्यसाची ले गए और 'उत्तरार्द्ध' में छपने पर वह बहुत पसन्द की गई।

इन बातों का ज़िक्र इसलिए कि यह साक्षात्कार उसी काव्य-पाठ की चर्चा से शुरू होता है। लेकिन यह शुरुआत फिर दूसरे दिन हुई।

दूसरे दिन सवालों की सूची काफ़ी बदली हुई थी। लगा, श्री शौनक मेरे वामपंथी मित्रों की बातचीत से कुछ भड़क-से गए। इस साक्षात्कार में मार्क्सवाद, प्रगतिशीलता, भारत में वामपंथ और सेंसरशिप को लेकर जो 'घेराघेरी' है, उसकी वजह यही है।

पिछले 30-32 वर्षों तक यह साक्षात्कार मेरी घनघोर उदासीनता के कारण मेरी फ़ाइलों में पड़ा रहा। कुछ तो बहुत लम्बा होने के कारण। कभी-कभी उत्साह और जीवन जागता है तो छपने-छपाने का मन करता है। 'कहा-सुनी' की पांडुलिपि प्रकाशक को देते वक्त इसका ख़याल आया।

बस, इतना ही। बाकी साक्षात्कार, सब, छपे हुए हैं।

आलोचनात्मक निबन्ध भी।

15.01.2005

—दूधनाथ सिंह

अनुक्रम

खंड-1 : चार साक्षात्कार

खंड-2 : चार निबन्ध

चार साक्षात्कार

लेखक को 'चश्मा' नहीं पहनना चाहिए

रमेश शौनक : दूधनाथ जी, आपने जो कविताएँ अभी-अभी सुनाईं, उनमें पहली कविता 'उत्तराधिकार' में सम्बोधित 'तुम' और दूसरी कविता 'कृष्णकान्त की खोज में दिल्ली-यात्रा' के 'कृष्णकान्त' में क्या अन्तर है ? क्या दोनों दो अलग-अलग युगों का प्रतिनिधित्व करने वाले व्यक्ति हैं ?

दूधनाथ सिंह : बाहरी तौर पर आपकी बात ठीक है। पहली कविता में अपने से पहले की पीढ़ी के एक व्यक्ति को—एक रचनाकार को—ऐतिहासिक दृष्टि से एक महत्त्वपूर्ण रचनाकार, कवि को सम्बोधित करते हुए, अपनी स्थिति को, अपनी वास्तविकताओं को, अपनी समस्याओं और अपनी रचनात्मकता को पहचानने और परिभाषित करने की कोशिश है। यह ठीक है कि यह 'तुम' सम्बोधन एक व्यक्ति के लिए होते हुए भी उसे एक अमूर्तन तक उठा ले जाता है जहाँ वह व्यक्ति—व्यक्ति न रहकर बंजर रचनात्मकता का एक प्रतीक बन जाता है।

दूसरी कविता में अपने ही समकालीन का रचनात्मकता से कटकर, व्यवस्था में शामिल हो जाने और रचनात्मक दृष्टि से दिवालिया होते जाने की विडम्बना का चित्रण है। यह भी कोई व्यक्ति नहीं, बल्कि व्यक्ति के भीतर से उभरने वाला वह अमूर्तन है जो एक प्रतीक बन जाता है—एक ऐसा प्रतीक जिसका मुख्य कन्सर्न रचना नहीं रह जाती। सत्ता और सुविधा का भयावह स्पंज कैसे भारतीय लेखक को सोख लेता है—शायद मैं दूसरी कविता से यह व्यक्त करना चाहता होऊँगा। इस संक्रामकता के शिकार अधिकांश भारतीय लेखक हैं—इसीलिए इस दुखद विषय ने मुझे आकर्षित किया। व्यक्ति कोई भी हो सकता है, वह मेरे लिए महत्त्वपूर्ण नहीं है। लेकिन, जैसा कि मैंने शुरू में कहा, बाहरी तौर पर ही इन दोनों व्यक्तियों में यह अन्तर है। भीतर से दोनों शायद उसी मीडियाक्रिटी, हिपोक्रेसी, अवसरवाद, सुविधापरस्ती के दो लिबास हैं। एक कल तक फ़ैशन में था—एक आज फ़ैशन में है।

रमेश शौनक : पिछली पीढ़ी और समकालीन पीढ़ी की विभाजन-रेखा आप कैसे खींचते हैं ?

दूधनाथ सिंह : यह उम्र से तो नहीं खींची जा सकती। पीढ़ियों का विभाजन संवेदना के आधार पर होना चाहिए। मतलब कि नया-से-नया लेखक भी अगर अपनी मानसिकता और रचना की दृष्टि से पुरानी बनी-बनाई मान्यताओं से परिभाषित होता है, अगर वह कुछ नया नहीं जोड़ता, अगर वह प्रयोगधर्मी नहीं है तो नया नहीं माना जाएगा। ऐसा अक्सर होता है। ऐसे अनेक नए लेखक हैं जिन्हें प्रेमचन्द, जैनेन्द्र, बच्चन और पन्त के युग में रखा जा सकता है। गो कि उनकी उम्र मेरे बराबर या मुझसे भी कम है। लेकिन वे मेरी पीढ़ी के लेखक नहीं हैं। इसके ठीक उलटे उदाहरण भी हैं। भुवनेश्वर का 'कारवाँ' सन् 1935 में प्रकाशित हुआ था, लेकिन संवेदना के लिहाज से वे सन् '60 के बाद के लेखक हैं। मेरा ख़याल है, मैं साफ़ हूँ।

लेकिन एक बात और। उम्र भी पीढ़ी की विभाजन-रेखा में कहीं-न-कहीं एक भूमिका ज़रूर अदा करती है। क्योंकि हर लेखक अपने समय, अनुभव, आत्मचिन्तन, व्यवहार से अपनी एक रूढ़ि, मतलब कि अपना एक निजत्व गढ़ता है। इस रूढ़ि या इस निजत्व से ही वह साहित्य के इतिहास में पहचाना जाता है। एक ख़ास उम्र के बाद अपने इस स्व-निर्मित निजत्व को तोड़ना लेखक के लिए अक्सर सम्भव नहीं होता। क्योंकि इससे उसकी बनी-बनाई पहचान ख़तरे में पड़ जाती है। और पहचानहीन, अवसरवादी या निजत्वहीन होने का ख़तरा किस लेखक को नहीं डराता ! क्योंकि नया निजत्व गढ़ना इतना आसान नहीं। इसलिए अधिकांश लेखक तो कोशिश ही नहीं करते। बुढ़ापा वैसे भी ख़तरा मोल लेना नहीं चाहता। वे अपनी पुरानी लेखकीय पहचान को, एक तरह की सेवा-निवृत्ति की मनःस्थिति में छड़ी लेकर सुबह की सैर की तरह इस्तेमाल करते हैं। और जो अपने निजत्व को तोड़कर फिर से एक नई पहचान रचने की कोशिश करते हैं उनमें भी अधिकांश असफल होते हैं। क्योंकि उनकी स्वनिर्मित वैचारिक, कलात्मक रूढ़ियाँ नए विचार, नए अनुभव और नई कलात्मकता को समझने-पचाने में बाधक होती हैं। गीतकार बच्चन की 'दो चट्टानें', दिनकर की 'परशुराम की प्रतीक्षा' या पन्त के इधर के अधिकांश संग्रह, जैनेन्द्र की अधिकांश इधर की कहानियाँ मेरी बात की गवाह हैं। इसीलिए मैंने कहा कि उम्र भी पीढ़ी के विभाजन में एक भूमिका तो अदा करती ही है। यह दूसरी बात है कि भयानक प्रतिभाशाली व्यक्ति अपनी पहली पहचान को तोड़कर फिर नई पहचान रच ले।

रमेश शौनक : समकालीन साहित्यकारों में से किन्हीं ऐसे साहित्यकारों का उदाहरण दे सकेंगे जो अपनी ही बनाई हुई रूढ़ि को तोड़ पाए हैं ?

दूधनाथ सिंह : मेरी नज़र में यह काम निराला करते थे। ख़ैर, वह तो अब जीवित हैं नहीं।

रमेश शौनक : कुछ दिन पहले बातचीत के सिलसिले में आपने कहा था कि पिछले दस साल से आपने अपने जिन विचारों को पाला-पोसा और सहेजा है–उन्हें बदलने की नौबत नहीं आई। क्या इस बीच कोई ऐसी ऐतिहासिक घटना नहीं घटी, कोई ऐसा अनुभव नहीं हुआ कि आपको नए सन्दर्भों से जोड़ने के लिए अपनी रचनात्मक रूढ़ियों को बदलने की ज़रूरत महसूस हुई हो ?

दूधनाथ सिंह : इस बीच से आपका क्या मतलब ? रचना का अनुभव दिनचर्या से छनकर ज़रूर आता है लेकिन वह दिनचर्या की तरह प्रतिदिन बदल तो नहीं सकता। और इस बीच क्या, या दस साल पहले क्या, घटना तो 25 वर्ष पहले ही घटी थी। लेकिन वह एक सुखान्त नहीं थी जैसा कि समझा गया। काफ़ी दिनों तक उस ऐतिहासिक घटना (आज़ादी) के सुखान्त होने का भ्रम लोग पालते रहे। लेकिन वे वही लोग थे जिन्होंने इस घटना के सुखान्त होने की कल्पना की थी, आशा की थी। हम उनमें नहीं थे। उन लोगों द्वारा स्वतन्त्रता के सुखान्त होने का भ्रम पालते रहना उचित भी था। क्योंकि उन्होंने उसके लाने में सक्रिय सहयोग किया था, उसे रचा था, उसे एक पवित्र आदर्श के रूप में अपने मन-मस्तिष्क में सँजो रखा था। हम उनमें इसलिए नहीं थे क्योंकि हमने–यानी कि हमारी पीढ़ी ने आज़ादी की लड़ाई देखी नहीं थी। इसे इतिहास में पढ़ा-सुना, उसे उत्तराधिकार में पाया, उसके योद्धा-अवशेषों के दर्शन मात्र किए। इन अवशेषों में जवाहरलाल नेहरू प्रमुख थे। वे राजनीतिज्ञ से अधिक, एक स्वप्नदर्शी, भावुक, दार्शनिक किस्म के गुस्सैल, आत्माभिमानी व्यक्ति थे। आप उनका चेहरा निकट से देखकर उनके इस व्यक्तित्व को अन्दर तक आसानी से पढ़ सकते थे।

बहरहाल, तो आज़ादी लाने वालों ने आज़ादी को जिस पवित्र धारणा और आदर्श के रूप में सँजो रखा था, दरअसल आज़ादी के बाद भारतीय समाज, राजनीति और व्यक्ति का विकास उस रूप में नहीं हुआ। लेकिन उस धारणा का खंडन इतनी जल्दी तो हमारे सामने (और हमारी पहली पीढ़ी के सामने भी) प्रकट नहीं हुआ। सदियों की गुलामी से मुक्ति की बाहरी चकमक में उसके अन्तर्विरोध काफ़ी दिनों तक छिपे रहे। जब तक जवाहरलाल थे, वह चकमक बाकी रही। हालाँकि अपने अन्तिम दिनों में भारतीय राजनीति, समाज और व्यक्ति का दुखद विघटन–शायद–उन्हें भी नज़र आने लगा था।

तो आपने जो कहा कि दस साल में कोई ऐसी घटना नहीं घटी, उसी सन्दर्भ में मैं यह कहता हूँ कि घटना तो पच्चीस साल पहले घटी थी, लेकिन उसके अन्तर्विरोध–वैचारिक और व्यावहारिक–देर में सामने आए। वे अन्तर्विरोध भी उसके सामने साफ़-साफ़ नज़र नहीं आए जिन्होंने, फिर से कहूँगा, आज़ादी को एक पवित्र आदर्श के रूप में सँजो रखा था। क्योंकि यह उनकी वैचारिक रूढ़ि थी, उनका वर्षों से संचित पवित्र निजत्व था जिसे तोड़कर वे वास्तविकता का साक्षात्कार करने में असमर्थ थे।

लेकिन सन् '60 तक आते-आते, जब मैंने और मेरे समकालीनों ने लिखना शुरू किया तो वास्तविकताएँ हमारी समझ में आने लगी थीं। कुहासा हमारे सामने से छँटने लगा था। इसीलिए मैं कहता हूँ कि हमने अपने लेखन से एक नए परिवर्तन की सूचना दी। क्योंकि हम पिछले वैचारिक कुहासे से ग्रस्त नहीं थे, इसलिए स्थितियों और वास्तविकताओं की सीधी, सहज पकड़ हमारे लिए आसान थी। हमारे सामने आज़ादी का दुखान्त ही ज़्यादा प्रमुख था–और आज भी है। इसी को मैं आज के लेखक का मोहभंग कहता हूँ जिसकी तहत उसने, और उसी ने क्यों, सारे भारतीय जनमत ने आज़ादी के अर्थ को, अपने इतिहास, प्रजातन्त्र, अपनी संसद को, गांधीवाद को, नेहरू की पवित्र स्वप्नदर्शिता को–नए सिरे से पुनः परिभाषित करने का जोखिम उठाया। यही जोखिम आज के भारतीय साहित्य और भारतीय जीवन का मूल स्वर है।

रमेश शौनक : स्वतन्त्रता के आदर्श के बारे में मोहभंग होने के लिए 17 वर्षों की आवश्यकता क्यों पड़ी ? और आज़ादी मिलने के साथ-साथ देश का जो बँटवारा हुआ और लाखों लोग बेघर हुए और भीषण रक्तपात हुआ तभी आज़ादी के बारे में हमारा मोहभंग क्यों नहीं हुआ ?

दूधनाथ सिंह : इसकी भी वजह वही है जिसका ज़िक्र अभी मैं कर चुका हूँ। आज़ादी के झलमलाते विचार की चकमक। जिसमें इतनी बड़ी त्रासदी को नज़रअन्दाज़ कर दिया गया। इसके बारे में आपने लोहिया की किताब 'भारत विभाजन के अपराधी' पढ़ी होगी। वह कुछ व्यक्तियों, पूँजीपतियों के न्यस्त स्वार्थों तथा साम्राज्यवादी शक्तियों की मिली-जुली साजिश का फल था कि बँटवारा हुआ। लोहिया के अनुसार तो इसका कारण आज़ादी की लड़ाई में योद्धाओं की थकान, डर और इतिहास में रहने की महत्त्वाकांक्षा थी। विभाजन के सम्बन्ध में यह एक तरह की मनोवैज्ञानिक व्याख्या है–लेकिन है बड़ी दिलचस्प। लेकिन मेरे विचार से जब तक भारतीय जनता पच्चीस साल पूर्व सफलता की

सीमा तक पहुँचाई गई, साम्राज्यवादियों की इस साजिश को नेस्तनाबूद नहीं कर देती, उसका तनाव-मुक्त होना लगभग असम्भव है।

रमेश शौनक : साहित्य के सन्दर्भ में क्या आप मानेंगे कि पाँचवें दशक का पूरा-का-पूरा साहित्य किसी-न-किसी अर्थ में जन-सम्पर्क विभाग से जारी किए जाने वाले प्रचार-पत्रों को ही प्रतिबिम्बित करता है ?

दूधनाथ सिंह : इस नजरिए से तो मैंने पाँचवें दशक के साहित्य को नहीं देखा। हाँ, मेरा यह पक्का विचार है कि पाँचवें दशक का सम्पूर्ण साहित्य स्वतन्त्रता-पूर्व की मानसिक बनावट की उपज है। और छठे दशक का भी। गो कि वह पूरा साहित्य प्रकाश में आया आज़ादी के बाद।

रमेश शौनक : स्वतन्त्रता-पूर्व की उस मानसिक बनावट को परिभाषित करेंगे ?

दूधनाथ सिंह : मैं तो सन् 1885 से 1960 की भारतीय मानस की बनावट को एक ही मानता हूँ। यह एक ही तरह की इतिहास-लहर है जिसमें आज़ादी हमारा सबसे पवित्र आदर्श रहा है। इसलिए लगभग 75 वर्षों का सम्पूर्ण भारतीय साहित्य इसी पवित्र, आदर्श मानसिक बनावट की देन है। मेरे ख़याल में भारतेन्दु से शुरू करके राकेश और निर्मल और मुक्तिबोध तक एक ही पीढ़ी के अन्तर्गत आते हैं। भारतेन्दु यदि शुरुआत हैं तो राकेश, निर्मल और मुक्तिबोध उपलब्धि। गो कि राकेश, निर्मल या मुक्तिबोध का सारा उत्कृष्ट साहित्य आज़ादी के बाद आया लेकिन उसकी वैचारिक और कलात्मक रुझान आज़ादी के पहले की मानसिक बनावट की ही देन है।

आज़ादी के पूर्व यह भारतीय मानस अत्यन्त अकुंठित, आस्थावान, पवित्र, त्यागमय और एक ख़ास तरह की आभामय गरिमा और गौरव की अनुभूति से भरपूर है। इसे आप श्रीधर पाठक के 'एकान्तवासी योगी' में भी पाएँगे, मैथिलीशरण गुप्त की 'वही मनुष्य है कि जो मनुष्य के लिए मरे', प्रसाद की 'पेशोला की प्रतिध्वनि', प्रेमचन्द के उपन्यासों के अन्त में होने वाले कायाकल्पों, अज्ञेय के 'शेखर : एक जीवनी' या जैनेन्द्र के 'त्यागपत्र', राकेश के 'अपरिचित', निर्मल के 'परिन्दे', मुक्तिबोध के 'ब्रह्मराक्षस' के लगातार मैल धोने में–सर्वत्र पाएँगे।

यानी कि व्यक्तिगत तौर पर थोड़े-बहुत शिल्पगत वैशिष्ट्य के बावजूद यह सारा साहित्य एक ही तरह की मानसिक बनावट की देन है। इस मानसिक बनावट की तह में जवाहरलाल का वही स्वप्नदर्शी व्यक्तित्व है, आज़ादी की वही पवित्र, निर्मल चेतना है। इसीलिए पिछले 75 वर्षों का यह साहित्य अपनी तमाम ख़ामियों के बावजूद एक गम्भीर कोटि का साहित्य है।

क्या आप समझते हैं कि जैनेन्द्र का अपने परिवार को छोड़कर जेल जाना और सौमित्र मोहन का अपनी पत्नी से बोर होकर एकाएक घर छोड़कर भाग जाना एक ही तरह की मानसिक प्रेरणा से उद्भूत है ? क्या आप समझते हैं कि भारती की कहानी 'यह मेरे लिए नहीं' की करुणा को 'रक्तपात' की क्रूर करुणा से मिलाया जा सकता है ? क्या राकेश की 'एक और ज़िन्दगी' की पवित्र, कारुणिक सफ़रिंग को 'आइसबर्ग' या 'रीछ' की क्रूर सफ़रिंग और घुटन को एक जगह रखकर देखा जा सकता है ? क्या 'अँधेरे में', में की 'आत्म-सम्भवा अभिव्यक्ति' की खोज को 'लुकमान अली' के 'वल्गराइज़्ड डिस्टार्शन' से जोड़ा जा सकता है ?

दरअसल यह फ़र्क लड़ाई के मुद्दों का फ़र्क है। लड़ाई जब तक एक बाहरी साम्राज्यवादी शक्ति से थी—उसमें एक त्याग, एक गौरव, एक पवित्र आदर्श की भावना थी। लेकिन हमारे लिए तो लड़ाई अपने ही लोगों से थी। अंग्रेज़ तो हमारे लिए इतिहास था। लेकिन लाला मुसद्दी लाल ज़रूर दो रुपए घूस के लिए चश्मे के भीतर से झाँक रहे थे। लड़ाई जब बाहर वालों से होती है तो आदमी घूँसा तानकर खड़ा हो जाता है। लेकिन जब अपने घर में होती है तो वह अक्सर घूँसा अपनी ही नाक पर मार लेता है। हमारी पीढ़ी की यह अन्तरमुखता, घुटन, यह चुप इसी परिवर्तित मानसिक बनावट की सूचना देती है।

उसे आप हर जगह—कविता की शब्द-रचना में, सम्बन्धों के विचित्र से विघटन में, स्थितियों और समस्याओं के अश्लील ढंग से टूटने में देख सकते हैं। यह अश्लील डिस्टार्शन आज़ादी के पूर्व की मानसिक बनावट में नहीं है। इसीलिए मैं कहता हूँ कि वास्तविकताओं की जो पहचान हमारे पास है—वह उन लोगों के पास नहीं है। उनका निजत्व ही एक दूसरे ढंग का है। इसीलिए मैं कहता हूँ कि लगभग 75 वर्षों बाद इतिहास-लहर फिर पलटा खा गई है। एक नई शुरुआत हुई। एक नए तरह के तनाव में हम वास्तविकताओं का साक्षात्कार कर रहे हैं।

देखिए, इसके पीछे अगर आप जाएँ तो आज़ादी के पहले की इस पवित्र, त्यागमय, अकुंठित मानसिक बनावट को समझने के लिए आपको भारतीय मनुष्य के चरित्र के बारे में जानना होगा। अगर आप ध्यान से देखें तो पाएँगे कि भारतीय मनुष्य के चरित्र की सबसे बड़ी विशेषता उसकी अन्तरमुखता है, 'पैसिविटी' है। भारतीय मनुष्य का प्रमुख चरित्र उसके घर का चरित्र है। इसे वह अपने बाहर के चरित्र से अक्सर नहीं जोड़ता। दिल्ली में क्या होता रहा, सेनाएँ और सम्राट् क्या करते रहे, कौन अत्याचारी कब भारत को रौंदता रहा, इसकी

भारतीय मनुष्य ने ज़्यादा चिन्ता कभी नहीं की। इसकी जगह भगवान बुद्ध या महावीर क्या करते रहे, तुलसीदास क्या करते रहे, रामकृष्ण परमहंस क्या करते रहे, इसे भारतीय मानस ने ज़्यादा बड़ी अहमियत दी। क्या आप समझते हैं कि अजातशत्रु, अशोक, पृथ्वीराज चौहान, तैमूरलंग, चंगेज़ खाँ, औरंगज़ेब या क्लाइव उन मनीषियों और संन्यासियों तथा कवियों से ज़्यादा महत्त्वपूर्ण रहे ? कभी नहीं, कतई नहीं।

भारतीय समाज की यह एक अजीब बनावट है। उसका अपना सामाजिक चरित्र राजनीतिक चरित्र से ज़्यादा महत्त्वपूर्ण है। उसको वह राजनीतिक चरित्र से जोड़ने का आदी नहीं रहा है। उसके इसी चरित्र को समझे बिना विदेशी इतिहासकार अक्सर यह फ़तवा दे डालते हैं कि भारतवर्ष एक संगठित राष्ट्र कभी नहीं रहा। यह अनेक इकाइयों का समूह था। दरअसल जब वे यह फ़तवा देते हैं तो भारतीय जन-मानस में बसे इस 'अन्तर्वर्ती राष्ट्र' (इनर नेशनहुड) को नहीं समझते जो साम्राज्यों और सल्तनतों की उठा-पटक के भीतर कभी नहीं टूटा, कभी विशृंखलित नहीं हुआ।

बहरहाल, तो पहली बार अपने इस 'अन्तरवर्ती राष्ट्र' को, अपने इस आन्तरिक चरित्र को, भारतीय जन-मानस ने राष्ट्र की बाहरी परिकल्पना से जोड़ा। इसकी मुख्य प्रेरणा महात्मा गांधी थे। उन्होंने ही भारतीय मनुष्य के इस आन्तरिक चरित्र को बाहर निकालकर सम्पूर्ण राष्ट्र के चरित्र से जोड़ दिया। यानी कि तीन हज़ार साल में पहली बार हमारे गाँव का चरित्र दिल्ली के चरित्र से सम्पर्कित हुआ।

गांधी जी को भारतीय मानस की बड़ी गहरी परख थी। वे जानते थे कि एकदम शुष्क, ठस राजनीतिक स्तर पर भारतीय मनुष्य को पकड़ा नहीं जा सकता। उसकी अन्तरमुखता को एकदम वाचाल नहीं बनाया जा सकता। इसीलिए उन्होंने भारतीय संस्कृति और जन-मानस में व्यापक रूप में प्रचलित नैतिक आस्थाओं को राजनीति से संयुक्त किया। पहले सत्य, फिर अहिंसा, फिर असहयोग, फिर आत्म-निर्भरता, फिर कर्मयोग, फिर पवित्र और अकुंठित त्यागमयता।

राजनीति को इन नैतिक निष्ठाओं से संयुक्त कर देने के कारण ही आज़ादी की लड़ाई में वे भारतीय जन-समुद्र को खींच लाने में सफल हुए। इसका फल यह हुआ कि भारतीय मनुष्य की 'आन्तरिक राष्ट्रीयता' बाहर की राष्ट्रीयता से एकमेक हो गई। उसके घर और बाहर का चरित्र एकमेक हो गया। पहले भारतीय मनुष्य पर राजनीतिक घटनाओं का प्रभाव सेनाओं द्वारा रौंदे जाने[1] और रक्त-कर वसूलने

1. जाना जाता है कि इस राह से लश्कर गुज़रा।—मीर

तक सीमित था। अब उसका प्रभाव भारतीय मानस की सम्पूर्ण भीतरी निष्ठा पर, उसकी नियति पर, उसके स्वभाव और व्यवहार पर पड़ने लगा है।

यानी कि अब हम दिल्ली को ताक पर नहीं रख सकते। वह हमें खँखोलती है–हमें तोड़ने या बनाने में उसका पूरा हाथ है। यानी कि अब हम दिल्ली को तोड़ सकते हैं या दिल्ली हमें तोड़ सकती है।

और क्या आप नहीं समझते कि दिल्ली हमें तोड़ रही है। और इस प्रक्रिया में उसे भी टूटना पड़ेगा। क्योंकि आज़ादी का जो आदर्श था वह पिछले 25 वर्षों में पूरा नहीं हुआ। एक अजीब-सी उपलब्धिहीनता की स्थिति में हिन्दुस्तान का आदमी खड़ा है। उसके पीछे उसकी 'सेंक्चुअरी', उसका शरण्य नहीं है, जिसे हमने 'घर का चरित्र' कहा है। जिस आशा और स्वप्नदर्शिता में वह बाहर निकल आया था वह पूरी नहीं हुई। इसीलिए भारतीय आदमी एक पहचानहीनता की नियति से पीड़ित है।

आज उसकी सबसे बड़ी पीड़ा उसकी यही पहचानहीनता है।

मैंने जो शुरू में कहा था कि पिछले दस साल में अपने को मैंने बिल्कुल नहीं बदला, उसकी वजह यही है। पिछले दस साल इसी पहचानहीनता की दुखद नियति के विस्तार हैं। फिर बदलने का सवाल ही कहाँ उठता है।

रमेश शौनक : सम्बन्धों के इस मोहभंग की स्थिति का चित्रण आप या आपके किसी समकालीन लेखक की कहानी अथवा उपन्यास में हुआ है ? यदि हुआ है तो किस रूप में ?

दूधनाथ सिंह : जैसे ज्ञानरंजन की एक कहानी है 'पिता'। बहुत ठोस उदाहरण है, इसलिए मैं दे रहा हूँ। दोनों चरित्र दो पीढ़ियों के हैं। पिता अपने उसी आदर्शवादी माहौल में कि कोट भी सिलाएगा तो अपने उसी पुराने, 'आउट आव डेट' दर्जी से सिलाएगा। घर की रक्षा करने के लिए सारी-सारी रात जगना, और अपने पुत्रों के अच्छे-से-अच्छे विचारों को भी, उनकी अच्छी-से-अच्छी बातों को भी एक अजीब से हठ से नज़रअन्दाज़ करते रहना। यह जो सम्बन्धों के बीच में एक टूटन आ गई है, यह जो न समझने की एक हठपूर्ण स्थिति है, यह ज्ञानरंजन की कहानी में है।

एक कहानी रवीन्द्र कालिया की है 'त्रास'। उसमें भी लगभग इसी तरह की स्थिति है। माँ सारी स्थितियों को जानती है। वह चाहती है लड़के को अपनी तरह से बनाना और लड़का उस स्थिति से भागने के लिए तरह-तरह के बहाने बनाता है। और उस बहाने में दोनों के बीच

की एक खाई है, एक-दूसरे को न समझने की और समझकर भी 'ऐडजस्ट' न कर पाने की। न तो माँ उसकी स्थिति में अपने को ढाल सकती है और न लड़का अपने को उतना पीछे ले जा सकता है। इन दोनों स्थितियों में जो अन्तराल है, अन्ततः एक प्रकार के मोहभंग, एक प्रकार के अजीब से नैराश्य को अभिव्यक्त करता है—हमारे सामने।

रमेश शौनक : चौथे दशक में लिखना शुरू करने वाले किसी लेखक की कहानी अथवा उपन्यास में इस प्रकार के मोहभंग की स्थिति में पड़कर उदाहरण मिल सकता है ?

दूधनाथ सिंह : यशपाल का सबसे बड़ा उपन्यास 'झूठा-सच'। उसका ताना-बाना तो बड़ा ही लम्बा-चौड़ा और राजनीतिक, सामाजिक और राष्ट्रीय है। लेकिन उसका जो मुख्य केन्द्र-बिन्दु है, वह सम्बन्धों के इसी मोहभंग पर टिका है। उपन्यास की एक स्त्री पात्र तारा जब दुबारा विवाह कर लेती है तो यह पूछे जाने पर कि "क्या यह सच है कि तुम्हारा विवाह पहले हो चुका था," कहती है, "हाँ, यह सच तो है, लेकिन यह एक 'झूठा सच' है।" जो सम्बन्ध हमें रास नहीं आता, जो हमारी सम्पूर्ण नैतिकता, हमारी मनःस्थिति, हमारी चारित्रिक शक्ति का विकास नहीं करता, बल्कि कहना चाहिए, नीचे ले जाता है, वह सम्बन्ध स्वीकार्य नहीं है। हो सकता है कि वह कानूनी तौर पर सच हो लेकिन वह सचाई व्यक्ति के लिए झूठी है।

लेकिन यशपाल ने इसको एक ऐसे सामाजिक तथ्य के परिणाम के रूप में, सार-रूप में प्रस्तुत किया है कि वह सिर्फ़ सम्बन्धों के मोहभंग की स्थिति न लगकर, एक राष्ट्रीय-सामाजिक विभाजन और राष्ट्रीय विभीषिका का परिणाम लगने लगता है। नितान्त व्यक्तिगत सम्बन्धों के मोहभंग को यशपाल ने एक ऐसी व्यापक, राष्ट्रीय पीठिका पर रखा है कि वह व्यक्तिगत धरातल पर कोई मोहभंग लगता ही नहीं। यह लगता है कि इसका कारण एक ऐसी बाहरी और तथ्यपरक, और एक तरह की ठोस, मूर्त सचाई है—राष्ट्रीय विभाजन की सचाई—जिसको नज़रअन्दाज़ नहीं किया जा सकता। उसी राष्ट्रीय विभाजन की मूर्त सचाई के कोलाहल भरे आतंक के कारण उसमें से उसका व्यक्तिगत मोहभंग हमारे सामने पलटकर नहीं आता।

हालाँकि मुझे लगता है, उसकी रुझान इसी व्यक्तिगतता की तरफ़ है। इसी स्तर पर, बावजूद उसकी सारी विवरणात्मकता और अख़बारीपन के, मुझे लगा कि उस उपन्यास में एक अजीब किस्म की गहरी रचनात्मकता है। व्यक्तिमत्ता का प्रतिष्ठापन है। लेकिन मुझे

बराबर यह भी लगता है कि ऐसा यशपाल के अनजाने ही हो गया है। यशपाल ने उसे व्यक्तिमत्ता के धरातल पर रखकर देखना नहीं चाहा होगा। एक राष्ट्रीय विभीषिका के रूप में ही देखना चाहा होगा।

●●

रमेश शौनक : मेरे आने से पहले सी.पी.एम. के कुछ फ़ौजदार आपके यहाँ पाधारे थे, किस उद्देश्य से ?

दूधनाथ सिंह : वे सभी मेरे मित्र हैं। उनका उद्देश्य सिर्फ़ भेंट-मुलाकात थी। दरअसल बात यह है कि मैं बुनियादी तौर पर यह मानता हूँ कि एक लेखक को किसी भी बड़े-से-बड़े विचार में अपने आपको जज़्ब नहीं होने देना चाहिए। उस विचार या चिन्तन द्वारा समूचा-का-समूचा खा नहीं लिया जाना चाहिए। अगर कोई भी लेखक किसी भी विचार के द्वारा–कितने भी बड़े सिद्धान्त के द्वारा–खा लिया जाता है और उसका जस-का-तस उल्था अपने लेखन में करने लगता है तो मैं उसको बहुत बड़ी मौलिक प्रतिभा नहीं मानता।

दूसरों के विचारों से–बहुत अच्छे और पवित्र और महान विचार-सिद्धान्तों से एक लेखक अधिक-से-अधिक जो सीख सकता है, वह है–अपने अनुभवों की पुनर्पहचान। पूरे माहौल में, सारी स्थितियों में, अपने चारों ओर के जीवन के बीच, अपनी तकलीफ़ों और महत्त्वाकांक्षाओं के मध्य, वह फिर से अपने अनुभवों को जाँच-परख सकता है–कि आया उसके अनुभव सच्चाई के कितने निकट हैं। कहाँ तक वह अपने समाज से, अपने देश से, अपनी परम्परा से जुड़ा है। वर्तमान स्थितियों में और पूरे अन्तर्राष्ट्रीय सन्दर्भ में उसके साहित्य का, उसकी रचना का और उसके चिन्तन का क्या और कहाँ और कितना महत्त्व है। और उसको क्या करना चाहिए। आज का हिन्दुस्तान कहाँ है और कहाँ जा रहा है और कहाँ जा सकता है। आज के भारतीय मनुष्य की विडम्बना क्या है, उसकी दुखद और सुखद दिशाएँ क्या हैं। वह अपने देश और सारे संसार और सारी मनुष्य जाति के सन्दर्भ में कौन-सी भूमिका अदा कर सकता है।

किसी भी विचार-सिद्धान्त से यह सब तो एक लेखक सीख सकता है। लेकिन जस-का-तस वह उसका उल्था अगर करने लगे या उससे प्रभावित हो जाए या उसके द्वारा समूचा निगल लिया जाए तो वह चाहे मार्क्सवाद हो या गांधीवाद या अस्तित्ववाद हो–अगर किसी भी लेखक पर कोई विचार अन्ततः हावी हो जाता है, इस हद तक कि उसकी मौलिकता को वह खा लेता है तो उस लेखक का पतन दुनिया में कोई

रोक नहीं सकता। उसके अन्दर के रचनाकार की मौत देर-सबेर हो के ही रहेगी।

रमेश शौनक : खा लिए जाने की स्थिति शुभ न भी हो, तो भी लेखक समाज के प्रति अपनी प्रतिबद्धता को मूर्त रूप कैसे दे सकता है ?

दूधनाथ सिंह : इसके लिए बड़े हल्के ढंग से मैं एक बात कहा करता हूँ। लेखक को मूलतः एक नैतिक आवारा होना चाहिए। आवारा से मेरा मतलब यह है कि उसे बराबर समाज के निचले स्तरों पर, अनुभव के बिल्कुल कच्चे स्तरों पर अपने को जीवित रखना चाहिए। उसको अपने इर्द-गिर्द विचार की, किसी भी तरह के चिन्तन की लौह-दीवार नहीं खड़ी करनी चाहिए। उसे बराबर अपने समाज में, अपने चारों ओर बहती जीवन्तता में एक तरह से घुलते-मिलते रहना चाहिए। तभी वह अपने समय और समाज का एक स्वाभाविक अंग बना रह सकता है। जब भी विशिष्टता का नारा देकर कोई लेखक अपने को उस बहती हुई जीवन्तता से अलग करता है तो फिर वह अपने को पूरे समाज, पूरे माहौल से काट लेता है। फिर वह एक चिन्तनपरक और बना-बनाया साहित्य लिखता है। जैनेन्द्र का सारा परवर्ती साहित्य इसका सबूत है।

जब आपने यह कहा कि अगर वह किसी दल का सदस्य नहीं बनता तो अपने को अपने समाज से, अपने समाज की समस्याओं से कैसे जोड़ सकता है ? मुझे यह लगता है कि जब भी एक लेखक किसी दल-विशेष से जुड़कर अपने आपको सामाजिक समस्याओं से जोड़ने की कोशिश करता है तो वह पहले से ही एक ख़ास किस्म का काला या हरा या लाल 'चश्मा' पहन लेता है। इसका क्या यह अर्थ नहीं हुआ कि लेखक की कोई अपनी वैचारिक इयत्ता नहीं है ? वह परोपजीवी है। वह लेखक होने की बुनियादी शर्त–अपनी वैचारिक और रचनात्मक पहचान के अभिमान–से शून्य है। सीधे शब्दों में वैचारिक धरातल पर वह दिवालिया है। 'डिफ़ंक्ट' है।

इससे अच्छा यह है कि काले या हरे या लाल 'चश्मे' को आप न पहनें। और बिल्कुल एक साधारण नागरिक की हैसियत से अपने को सामाजिक समस्याओं में डुबो लें। यह नहीं कि बहुत दूर से आप देखते रहें, बल्कि यह भी कि उसमें अपने को बिल्कुल मिलाए रखें। मेरा ख़याल है कि ऐसी स्थिति में आप अपने आपको बिल्कुल तटस्थ रखकर मिलाए नहीं रख सकते। आपको उस सम्पूर्ण जीवन को भुगतना ही पड़ेगा। अक्सर भुगतना ही पड़ता है। इसलिए, बराबर, अगर आप उस जीवन को, अपने सामाजिक सन्दर्भों को, जैसे दूसरा भुगतता है उसी स्तर पर, उसी तरह अगर आप भी भुगतते हैं, अगर

कतराते नहीं तो आपको मूल्य देना ही पड़ेगा। भुगतने से तभी बचता है आदमी जबकि वह मूल्य देना नहीं चाहता। और इस तरह वह समाज से कटता जाता है। ऐसी ही स्थितियों में लेखक बने-बनाए विचारों की आड़ लेता है। जबकि वह सीधे-सीधे कन्फ्रंट नहीं करता। आँख नहीं मिलाना चाहता। तभी वह दलगत राजनीति या दूसरों के विचारों की शरण लेता है। क्योंकि इसमें सुविधा होती है। लेकिन यह सुविधाजनक चिकनी, दूसरों की बनाई हुई राह अन्ततः रचनाहीनता की अँधेरी खोह में आकर ख़त्म होती है। यही वह खोह है जो लेखक को 'गड़प्' कर लेती है। इतिहास साक्षी है। क्या इसकी पुनरावृत्ति अनेक बार नहीं हुई ?

मैं, बराबर, इसीलिए कहता हूँ कि लेखक को 'कार्ड-होल्डर' नहीं होना चाहिए। क्योंकि 'कार्ड-होल्डर' होने के बाद दल अपना एक 'चश्मा' देता ही है। और वह 'चश्मा' पहनकर समाज में जाने पर आप बहुत-सारी चीज़ों को रंगीन तो देख सकते हैं किन्तु वास्तविकता की सच्ची पहचान आप नहीं कर सकते। इसीलिए मैं बार-बार कहता हूँ कि लेखक को आवारा होना चाहिए। आवारा का मतलब दुश्चरित्र या 'अनार्किस्ट' नहीं। बल्कि वैचारिक दृष्टि से समर्थ और समझदार और वैशिष्ट्यहीन, मिलनसार, एक सहभागी व्यक्ति, जो अपने समाज में घुल सके और अपने को उसमें जज़्ब कर सके। उसमें घुला सके। उसकी समस्याओं को देख भी सके, परख भी सके, भुगत भी ले। उसके लिए कीमत अदा करने में उसे हिचक भी न हो। और साथ ही उसमें इतनी ताकत होनी चाहिए कि वह उनके द्वारा, फिर मैं कहता हूँ उन सारी स्थितियों के द्वारा खा न लिया जाए। उसमें इतनी अतिरिक्त ताकत और संवेदनशीलता तो होनी ही चाहिए कि वह उनको बटोरे। अगर भुगतता है, अगर उसके लिए वह मूल्य देता है तो फिर कहीं-न-कहीं सबके सामने उसे उजागर भी करे। उसे रचे।

इसीलिए मैं दास्तोवस्की को गोर्की से बड़ा लेखक मानता हूँ। क्योंकि एक सीधे-के-सीधे अपने समाज के माहौल को भुगतता है। दूसरा भुगतता भी है लेकिन इस भुगतने को एक रंगीन 'चश्मे' से देखता है। दोनों की मौलिकता और दोनों की रचनात्मकता में जो गुणात्मक अन्तर है वह इसी कारण आया हुआ है। चाहे वह कोई अमेरिकन लेखक हो, या कोई रूसी लेखक हो, या चीनी लेखक हो या कोई हिन्दुस्तानी लेखक हो, जब भी हम किसी दल से सम्बद्ध होते हैं तो कहीं-न-कहीं हमको एक 'चश्मा' तो मिलता ही है।

रमेश शौनक : आधुनिक काल से पूर्व भी व्यक्ति अपने समाज से सम्बद्ध होता था, किसी जाति में पैदा होने के नाते, किसी सम्प्रदाय में दीक्षित होने के नाते–अर्थात् कहीं-न-कहीं, किसी-न-किसी संस्था से सम्बद्ध रहता था। आप जब कम्युनिस्ट पार्टी या किसी भी दल का सदस्य बनने से इनकार करते हैं क्योंकि 'वह मुझे लील जाएगी, खपा लेगी', क्या इसी कारण आप सूरदास के लिए भी यह कह सकते हैं कि सूरदास को 'अष्टछाप' अथवा किसी सम्प्रदाय का अंग नहीं होना चाहिए था या तुलसीदास को किसी सम्प्रदाय-विशेष से सम्बद्ध नहीं होना चाहिए था ? सूरदास की रचनात्मकता कैसे सम्भव होती यदि वह 'अष्टछाप' से सम्बद्ध न होते ?

दूधनाथ सिंह : बात यह है कि हमारा जो समाज था–भारतीय समाज, जैसा कि मैंने अभी पहले कहा है, वह एक अजीब तरह से अन्तर्मुख किस्म का समाज था। इसकी अन्तरमुखता की बुनियाद में धर्म-चेतना सर्वप्रमुख थी। मध्यकाल के जितने भी सम्प्रदाय हैं वे इसी धर्म-चेतना पर आधारित हैं। उनकी बुनियाद एक ही है। इसीलिए मध्यकाल का लेखक जब किसी सम्प्रदाय-विशेष से जुड़ता था तो वह आश्रमवासी होते हुए भी सम्पूर्ण भारतीय जन-जीवन से जुड़ता था। इसीलिए उसकी रचनाओं में एक गहरी व्यापकता है। तो उसके जुड़ने को और आज किसी दल या राजनीतिक विचारधारा से जुड़ने को, समान स्तर पर देखना अनुचित होगा। सूरदास या तुलसीदास का 'चश्मा'–अगर भक्ति एक 'चश्मा' है तो–एक सार्वजनिकता का चश्मा है। सिर्फ़ सन्तई नहीं है।

रमेश शौनक : जहाँ तक प्रतिबद्धता का प्रश्न है क्या आज के दल किसी-न-किसी रूप में मध्यकालीन सम्प्रदायों के पर्याय नहीं हैं ?

दूधनाथ सिंह : नहीं, मुझे नहीं लगता। मुझे बराबर यह लगता है कि सिद्धान्त ठीक हैं। किन्हीं से मैं सहमत नहीं हो पाता, किसी से होता हूँ। सवाल यह है कि राज़ी होते हुए भी और राज़ी न होते हुए भी मैं जो बराबर यह कहता हूँ कि किसी भी दल से सम्बद्ध क्यों नहीं होना चाहिए, उसमें मुख्य ख़तरा यह है कि उसका सीधा-सादा उल्था लेखक करने लगते हैं। चाहे झूठे सन्त्रास या अकेलेपन के विचार को लेकर लिखी गई रचनाएँ हों या गांधीवाद को लेकर लिखी गई या मार्क्सवाद के प्रभाव में लिखी गई हों, जिन लेखकों ने भी इन वैचारिकताओं के आलोक में अपनी रचनात्मकता की, अपने ही अनुभवों की पुनर्पहचान करने की जगह उन विचारों का सीधा-सीधा उल्था किया वे सभी निम्नकोटि के लेखक हैं। चाहे राजकमल चौधरी या निर्भय मल्लिक हों या सतीश

जमाली और मधुकर सिंह–दोनों इसी ख़तरे के शिकार हैं। अपनी निजी वैचारिकता से शून्य–डिफ़ंक्ट।

इसीलिए मैं कहता हूँ कि दल कोई भी हो, साहित्य में सीधे-सीधे उसका उल्था नहीं होना चाहिए। अनुभव जो है, जीवन का जो पैटर्न है, अक्सर हमको सिद्धान्तों का उल्था नहीं लगता। जैसे हमारे भारतीय समाज का जो आज संघर्ष है वह मार्क्सवाद का जस-का-तस उल्था नहीं लगता। कैपिटलिस्ट, बुर्जूआ या जो 'जार्गन' हैं इसको सीधे-सीधे यहाँ लागू नहीं किया जा सकता। या जो जनसंघ की विचारधारा है, समाजवादी पार्टी का जो घोषणा-पत्र है, उसका ठीक-ठीक उल्था आज का हमारा सामाजिक जीवन दिखाई नहीं देता।

अपनी सामाजिक परिस्थितियों के अन्दर आदमी का जो बुनियादी आचरण है, जो उसका संघर्ष है, जो उसकी तकलीफ़ हैं वे एक लेखक के लिए सबसे अधिक महत्त्वपूर्ण हैं और होनी चाहिए। और यह आचरण संघर्ष और तकलीफ़ दल के 'चश्मे' के अन्दर पूरी तरह फ़िट नहीं बैठती। दल या विचारधारा समाज से अपनी ज़रूरत के मुताबिक बातों को ही ग्रहण करती है। लेखक का नैतिक धर्म उसे समग्रता से ग्रहण करना होता है। इसीलिए मैं कहता हूँ कि एक रचनाकार सबसे बड़ा इतिहासकार होता है। क्योंकि वह आदमी को उसकी समग्रता में चित्रित करता है। यह नहीं कि अपने 'चश्मे' के भीतर जितना कुछ दिखाई देता है। मार्क्सवाद या गांधीवाद के घेरे में जितना कुछ फ़िट बैठता है, उतना ही वह उठा ले और बाकी छोड़ दे। मेरे कहने का मतलब यह है कि भारतीय स्थितियों में इस प्रकार का लेखकीय आचरण सच्चाई से आँख मूँदना होगा, एक प्रकार से यथार्थ की अनदेखी होगी।

आपने जो मध्यकालीन स्थिति की बात की, कुछ हद तक यह वहाँ भी लागू होती है। आप क्या यह नहीं समझते कि अगर सूरदास या जायसी या तुलसीदास भक्ति या सूफ़ीज़्म के टिपिकल माहौल में एक टिपिकल सिद्धान्त से दीक्षित न होते तो उनकी प्रतिभा का इतर प्रयोग भी हो सकता था। जो उसी काल में रहीम ने किया है। उसी काल में अमीर खुसरो ने किया है। दीक्षित न होने से जिस तरह का साहित्य पैदा हुआ, या दीक्षित होते हुए भी उस दीक्षा के ऊपर अपनी मौलिकता को उभारकर जिस तरह कि कबीर का पूरा-का-पूरा साहित्य है। तो क्या आप नहीं समझते कि अगर इतना ज़्यादा समर्पण कृष्ण के प्रति या राम के प्रति सूर-तुलसी का न होता तो उनकी प्रतिभा के और भी चैनल्स हो सकते थे ? मुझे लगता है कि हो सकते थे।

रमेश शौनक : यह मैं मान भी लूँ कि किसी राजनीतिक दल या सामाजिक संस्था की सदस्यता को स्वीकार कर लेना आवश्यक नहीं है तो भी रचनात्मक शक्ति का स्रोत तो कहीं-न-कहीं ढूँढना ही होगा ?

दूधनाथ सिंह : किसी भी देश का, किसी भी समाज का, किसी भी राष्ट्र का जो जीवन है, लगातार खौलता हुआ जो जीवन है, उससे बड़ा स्रोत कोई भी सिद्धान्त नहीं है। सिद्धान्त, जीवन से बड़ा स्रोत हो ही नहीं सकता।

रमेश शौनक : उस स्रोत से आप जुड़ेंगे कैसे ?

दूधनाथ सिंह : सीधा-सीधा जुड़ेंगे। अनुभव के स्तर पर। व्यवहार के स्तर पर। मनुष्य-मनुष्य के व्यवहार के भीतर, उनकी समस्याओं के भीतर जाकर। उसके इर्द-गिर्द रहकर। उसको भोगकर। उसको भुगतकर। उसकी अच्छाइयों और बुराइयों—दोनों से अपने को जोड़कर। उसका नुकसान और उसका फ़ायदा दोनों उठाकर। उसके लिए मरकर। उसके लिए जीवित रहकर।

●●

रमेश शौनक : आपने कब लिखना शुरू किया था ?

दूधनाथ सिंह : मैं जिन दिनों इलाहाबाद पढ़ने के लिए आया उन दिनों डॉ. धर्मवीर भारती और मुंशी लक्ष्मीकान्त वर्मा 'निकष' पत्रिका निकाल रहे थे। पहले-पहल मैं नए साहित्य के सम्पर्क में उसी पत्रिका को पढ़कर आया। उसके पहले मैंने कुछ कविताएँ ज़रूर लिखी थीं। लेकिन मैं सन् '57 से लेकर '60 के आसपास के समय को एक तरह का अभ्यास-काल कहूँगा। उस समय मैं नहीं जानता था कि अन्ततः मैं लेखक बनना चाहता हूँ। जैसे बहुत सारे लोग शुरू में लिखते हैं वैसे मैं भी थोड़ा-बहुत लिखता था।

लेकिन '60 में मैं यहाँ से कलकत्ते गया। और कलकत्ते जाने के बाद बहुत सारे इधर-उधर के काम और एक तरह का 'भूमिगत' (मतलब कलकत्ते के अन्तस्तल से है) जीवन बिताने के बाद, कलकत्ते के 'अंडरवर्ल्ड' (यहाँ अर्थ है भीतरी दुनिया) में अपने कुछ साथियों के साथ घूमने के बाद, और अनेक नौकरियाँ छोड़ने, और अनेक नौकरियों के फिराक में घूमने के बाद—मुझे लगा कि मैं और कुछ नहीं कर सकता। फिर मुझे बराबर यह लगा कि शायद मैं लिख सकता हूँ।

वैसे मेरे परिवार में लिखने-पढ़ने की कोई परम्परा नहीं थी। मेरे पिता ज़रूर अच्छे-ख़ासे पढ़े-लिखे व्यक्ति थे और उर्दू के जानकार थे। वह उर्दू की चीज़ें ज़्यादा पढ़ते थे। लेकिन कुछ ख़ास तरह की घरेलू,

व्यक्तिगत और सामाजिक स्थितियों में अपने को एक अजीब-सा असफल और अनुपयोगी व्यक्ति पाने के बाद मुझे लगा कि जिस तरह की असफलता और अनुपयोगिता (यह असफलता और अनुपयोगिता इसलिए कि मैं चारों ओर के भ्रष्ट समाज, व्यवहार और सड़ाँध को भुगतते हुए भी उसका अंग बनने से इनकार करता था।) के दर्शन मैंने अपनी सारी शक्तिमत्ता के साथ किए हैं, उसका बदला मैं सिर्फ़ लिखकर ही ले सकता हूँ। और मुझे लगा कि यह बदला लेना ही चाहिए। तो अनजाने ही मेरे लेखन की शुरुआत बदले की मनःस्थिति से, चाहे वह बदला अपने से हो, अपनी असफलताओं से हो, अपने चारों तरफ़ के समाज द्वारा दी गई विडम्बनाओं, और जो एक तरह की आन्तरिक और बाहरी मार पड़ती रही–उससे सीधा-का-सीधा सबसे पहले बदले की भावना से, प्रतिशोध की भावना से मैंने लेखन शुरू किया। और मुझे बराबर यह लगा कि मैं ज़्यादा सही तरीके से लोगों को, दुनिया को, अपने समाज को, अपने इर्द-गिर्द के जीवन को जानता हूँ। और उससे अलग जो कुछ भी मुझे ओढ़ा दिया जाएगा, और जिस तरह का भी आदमी मैं बना दिया जाऊँगा, उस तरह का आदमी बनने की अपेक्षा यह ज़्यादा अच्छा है कि जिस तरह से मैंने दुनिया को जाना है, और जिस तरह से मैं आज जानता हूँ और जिस तरह का मैं हूँ उसको लिखते जाना चाहिए।

मैंने मिडियाक्रिटी के लेवेल पर एक घरेलू आदमी बनना अस्वीकार कर दिया। क्योंकि मैं एक 'नॉर्मल' आदमी नहीं रह गया था। क्योंकि मैंने तकलीफ़ों से अपनी जान नहीं छुड़ाई। क्योंकि मैं सुविधा के लिए मरा नहीं। क्योंकि मैं तड़पता हुआ, विक्षिप्त-सा जीवित रहना चाहता था। और यहीं से इसी तरह–शायद–अनजाने ही लिखने की शुरुआत हुई–सारी अमानवीय स्थितियों के सामने मैं तनकर खड़ा हो गया।

क्या इस तरह लिखना एक तरह का बदला लेना नहीं है ? हालाँकि आज मैं जानता हूँ कि प्रतिशोध रचना का अन्तिम मूल्य नहीं है।

रमेश शौनक : क्या आपकी औपचारिक शिक्षा ने आपको लेखन-कार्य के लिए पर्याप्त रूप से तैयार कर दिया था ?

दूधनाथ सिंह : नहीं। बिल्कुल नहीं।

रमेश शौनक : क्या आप मानेंगे कि आप या आपके समकालीन साहित्यकार साहित्य रचना के लिए पर्याप्त रूप से शिक्षित हैं ?

दूधनाथ सिंह : अगर साहित्य-रचना के लिए अनुभव को, और जीवन को बहुत गहराई तक, समाज और विचार के स्तर पर जाकर जीने को आप शिक्षा मानते हैं तो अच्छे लेखक जो हमारे समकालीन हैं, वे अधिकांश शिक्षित हैं।

लेकिन अगर विश्वविद्यालयों की शिक्षा को 'शिक्षित' होने के लिए अनिवार्य माना जाता है तो मैं विश्वविद्यालयी शिक्षा को किसी लेखक के लिए बिल्कुल अनिवार्य नहीं मानता।

और मैं आपको बताऊँ। मेरी विश्वविद्यालयी शिक्षा ने मेरे लिखने में मेरी कोई सहायता नहीं की। बल्कि थोड़ी-बहुत बाधा अवश्य उत्पन्न की है। सहायता तो नहीं ही मिली। यह ज़रूर है कि मैं विश्वविद्यालय में पढ़ते हुए थोड़ी अंग्रेज़ी पढ़ गया था। संस्कृत-उर्दू पढ़ गया था। इस तरह बहुत सारे लेखकों, रचनाकारों को पढ़-पढ़ाकर उससे एक अपनी रचनात्मकता की पुनर्पहचान जो हुई वह तो हुई, लेकिन विश्वविद्यालयों की ठेठ पाठ्यक्रमीय शिक्षा को मैं रचना की सहायक शिक्षा नहीं मानता। और हर लेखक के लिए यह ज़रूरी होना चाहिए कि वह विश्वविद्यालयों की शिक्षा को अपनी साहित्य-रचना की शिक्षा का आधार नहीं ही बनाए। आज जो हज़ारों अधकचरे लेखक हिन्दी में फैले हुए दिखाई पड़ते हैं उसकी वजह यही है कि वे अपनी स्कूली शिक्षा को साहित्य-शिक्षा का पर्याय मान बैठे हैं।

रमेश शौनक : मध्यकालीन गुरु-शिष्य परम्परा तो ख़ैर अब नहीं रही लेकिन क्या आप किसी किस्म के रचनात्मक अभ्यास-काल से गुज़रे हैं ?

दूधनाथ सिंह : किसी को व्यक्तिगत तौर पर कभी मैंने अपनी रचनाएँ दिखाकर सुधरवाई नहीं। शुरू में तो मैं इसके बहुत ख़िलाफ़ था। एक बार तो मेरे एक मित्र ने मेरी एक कहानी में दो-तीन लाइनें बदल दी थीं तो मेरा उनका सदा के लिए झगड़ा हो गया।

लेकिन सच पूछिए तो इस मामले में मैं 'एकलव्यपन' को ज़्यादा अच्छा समझता हूँ। 'एकलव्यपन' से मेरा मतलब है कि गुरु हमारे सामने नहीं होना चाहिए। एक नए लेखक के लिए गुरु एक अूमर्त अवधारणा होनी चाहिए। वह इस तरह से कि जैसे हम सारी दुनिया का साहित्य पढ़ते हैं। राजेन्द्र सिंह बेदी को पढ़ते हैं। काफ़्का को पढ़ते हैं। कामू को पढ़ते हैं। जान वेन को पढ़ते हैं। स्पेंडर को पढ़ते हैं। इलियट को पढ़ते हैं। पाउंड को पढ़ते हैं। यानी जिसको भी पढ़ते हैं। व्यास को पढ़ते हैं। तुलसीदास को पढ़ते हैं। निराला को पढ़ते हैं। जार्ज सेफ़रिस को पढ़ते हैं। ब्रेख़्त हैं। आयनेस्को हैं। 'ज्याँ' क्रिस्तोफ़ है। 'अपराध और दण्ड' है। 'फ़ादर सर्जियस' है। पास्तरनाक हैं। 'कैंसर वार्ड' है। 'शब्द की छाया' है। तो इन सबको पढ़ने से हमारे सामने एक 'अमूर्त द्रोण' बनता है–अमूर्त द्रोणाचार्य, जो कहीं है तो ज़रूर लेकिन उसने हमें यह नहीं सिखाया कि तुम ऐसे न लिखके ऐसे लिखो। बल्कि वह यह सिखाता है कि जो कुछ भी लिखो अपने निजी अनुभव,

निजी परिश्रम और निजी क्षमता से, अपने ही द्वारा निजी ढंग से उसको ढालकर लिखो। यानी कि तुम्हें अपनी क्षमता की पुनर्पहचान होनी चाहिए। तभी तुम बड़े-बड़े धनुर्धारियों के लिए आश्चर्य बन सकते हो। तभी तुम उनके समकक्ष खड़े हो सकते हो।

इसीलिए सच्चा लेखक ग्रहणशील कभी नहीं होता। उसे नहीं होना चाहिए। उसे इन गुरुओं के प्रति आदर, श्रद्धा के साथ ही उनके सम्पूर्ण कौशल को एक चुनौती के रूप में झेलना चाहिए।

तो यह तो एकलव्यपन और अमूर्त द्रोण वाली स्थिति है। और मुझे लगता है कि हर लेखक–अच्छा लेखक–एक अूमर्त द्रोणाचार्य से ही अपनी शिक्षा लेता है। मूर्त द्रोणाचार्य से नहीं लेता। हालाँकि यह एक अजीब-सा मिथकीय विखंडन है। लेकिन मेरा ख़याल है कि मैंने अपनी बात साफ़ कह दी है।

रमेश शौनक : क्या आपके मन में अपने किसी समकालीन के लिए मित्र-भाव (कॉमरेडशिप) या एकबद्ध-भाव (सालिडेरिटी) की भावना है ?

दूधनाथ सिंह : किस स्तर पर सालिडेरिटी की भावना ? रचना के स्तर पर ?

रमेश शौनक : रचनात्मकता के स्तर पर।

दूधनाथ सिंह : काफ़ी लोगों के साथ ऐसा है–काशीनाथ सिंह हैं। ज्ञानरंजन हैं। धूमिल हैं। कमलेश हैं। प्रभात रंजन हैं। और भी बहुत सारे लोगों का नाम है जिसे मैं ले सकता हूँ जिनके साथ कॉमरेडशिप इस स्तर पर है।

वे मुझे बराबर अपने सहयोगी अपने साथी इसीलिए लगते हैं कि वे भी अपनी रचनात्मकता में कहीं-न-कहीं सम्पूर्णतः मौलिक हैं। और उनकी प्रतिक्रियाएँ जो हैं मुझसे और एक-दूसरे से भी सर्वथा भिन्न हैं। 'कॉमरेडशिप' हमारे बीच इस अर्थ में नहीं है कि हम सभी एक तरह सोचते हैं। बल्कि इसलिए है कि एक ही तरह के भारतीय माहौल में होते हुए भी हमारी रचनात्मक प्रतिक्रियाएँ और उनसे सामने आने वाले परिणाम भिन्न-भिन्न हैं।

मैं हर लेखक के लिए यह ज़रूरी मानता हूँ कि उसके लेखन में कहीं भी सामूहिकता न झलके। उस पर उसके निजत्व की अनहोनी मुहर अवश्य लगी हो। उसकी अपनी निजी छाप, उसकी वह अकेली पहचान, जो और किसी की भी न हो–उसकी व्यक्तिमत्ता की अटल निशानी–यह मौलिक लेखक की पहली शर्त है। तो सामूहिकता को मैं कॉमरेडशिप के अर्थ में नहीं लेता। बल्कि एक-दूसरे से जितने भी लोग रचनात्मक स्तर पर असहमत हैं और एक-दूसरे की प्रतिक्रियाओं से अलग प्रतिक्रियाएँ जितने लोगों की हैं उनके साथ मेरी अपनी कॉमरेडशिप है। क्योंकि वे अलग-अलग कोणों और दिशाओं से

साहित्य को समृद्ध करते हैं। अगर वे मौलिक हैं, ईमानदार हैं, तो कभी भी घातक नहीं सिद्ध होंगे।

रमेश शौनक : सामाजिक अथवा राजनीतिक प्रतिबद्धता को लेकर अथवा साहित्यिक सिद्धान्तों को लेकर आपके किसी समकालीन से आपका मौलिक मतभेद हुआ है ? और क्या इस मतभेद के कारण किसी प्रकार का मनमुटाव भी हुआ है ? आपका कोई साथी कभी कटकर आपसे दूर जा पड़ा है ? या आप किन्हीं कारणों से अपने साथियों से कटकर दूर जा पड़े हैं ?

दूधनाथ सिंह : कटकर दूर जाने का तो सवाल ही नहीं उठता। और मैं ऐसा कह भी नहीं सकता कि कटकर दूर किस तरह से या कैसे मैं गया हूँ। लेकिन साहित्यिक प्रतिबद्धता, सामाजिक या राजनीतिक या दलगत सैद्धान्तिक प्रतिबद्धता या विचारात्मकता के स्तर पर हम एक-दूसरे से बहुत हद तक राज़ी नहीं हैं।

काशीनाथ सिंह और हमारे बीच बहुत सारा मतभेद है। ज्ञानरंजन मेरे हमजोली हैं। लेकिन मुझे बराबर लगता है कि कहीं-न-कहीं हमारे और उनके बीच भी एक तरह का वैचारिक मतभेद है। और प्रभात रंजन से भी हो सकता है। लेकिन इसको बड़ा मुद्दा बनाकर सिद्धान्त के स्तर पर कभी अलग नहीं हुए हैं यानी कि कम-से-कम मैं अपनी तरफ़ से इस वैचारिक मतभेद को घातक नहीं समझता। छोटी-मोटी व्यक्तिगत बातों को लेकर अक्सर झगड़े हो जाया करते हैं। और उससे छोटे-मोटे मनमुटाव हो जाया करते हैं। लेकिन मैं उसको सैद्धान्तिक अलगाव नहीं मानता हूँ। दरअसल काशीनाथ सिंह प्रगतिशीलता की मुद्रा बनाते हैं। अन्दर से वे निहायत प्रतिक्रियावादी, जातिवादी, संकीर्ण मन वाले आदमी हैं। उनके सारे लेखन में प्रगतिशीलता की छद्म मुद्राओं में उनका वास्तविक 'सवर्ण' जगह-जगह फूटता दिखाई पड़ता है। मुझे उनकी इस मुद्रा से नफ़रत है। यानी वे प्रगतिशील होते तो कुछ खोने को तैयार रहते। लेकिन ऐसा नहीं है। वे न भोले हैं न सहज। और आप जानते हैं एक कैलकुलेटिव आादमी अच्छा लेखक कभी नहीं हो सकता—कॅरियरिस्ट हो सकता है। और हिन्दी में क्या कॅरियरिस्ट लेखकों की कमी है जो उसी तरह होने पर हम काशीनाथ की प्रशंसा करें।

रमेश शौनक : आप अपनी राजनीति को कैसे परिभाषित करेंगे ?—रेडिकल लेफ़्टिस्ट, माडरेट कंज़रवेटिव, अल्ट्रा कंज़रवेटिव या बिल्कुल इनडिफ़रेंट ?

दूधनाथ सिंह : इनडिफ़रेंट रहना तो किसी भी ज़िम्मेदार आदमी के लिए सम्भव नहीं है। यह एक प्रकार की अनैतिकता होगी। पिछले 25 वर्षों में हमारे देश

के हालात बहुत ख़राब हो गए हैं। आज़ादी कुछ भी नहीं है। बल्कि अनर्गल, निरर्थक हो गई है। स्थितियाँ इतनी ख़राब हो गई हैं कि उन्हें बीच में सुधारने से कुछ नहीं बनेगा। यानी कि 'स्पेयर पार्ट्स' लगाकर अब आप इस देश को नहीं चला सकते। सत्ताधारी वर्ग, पूँजीपति और नए साम्राज्यशाह इस देश को अपने बाप का उपनिवेश समझ बैठे हैं। उन तक इस देश की आम जनता की तकलीफ़ें नहीं पहुँच पातीं। दिल्ली के ऑक्टोपसी हाथ हर गाँव और घर में पहुँच गए हैं अब इस विशाल ऑक्टोपस की जड़ काटने से ही कुछ होगा। यानी कि इस देश के आदमी की हालत यह हो गई है कि वह नहीं जानता कि कल उसका क्या होगा।–ऐसी स्थिति में इनडिफ़रेंट कोई कैसे रह सकता है।

आपने राजनीति के जितने भी 'टर्म्स' अपने सवाल में उद्धृत किए हैं वे पश्चिमी देशों की राजनीति और वहाँ के आदमी के लिए शायद ठीक हों। हिन्दुस्तान की स्थितियों में इन शब्दों का कोई अर्थ नहीं है। यहाँ सामाजिक परिस्थितियाँ और राजनीति इतनी विकसित नहीं हो पाई है कि उनके लिए आदमी को इतने नफ़ीस शब्दों की ज़रूरत पड़े।

यहाँ तो हिसाब बहुत सीधा-सादा है–कि आप परेशान हैं या नहीं। कुढ़ रहे हैं, छटपटा रहे हैं, सह रहे हैं, टूट रहे हैं, तिरस्कृत- बहिष्कृत हो रहे हैं या नहीं। आप संघर्ष कर रहे हैं या नहीं। अगर आप ऐसे आदमी हैं तो आप एक ओर हैं। और अगर आप ऐसे आदमी नहीं हैं तो दूसरी ओर हैं। ज़ाहिर है कि हम सभी परेशान हैं–अतः हम सभी एक ओर हैं। विरोधी ख़ेमे में हैं। सवाल सिर्फ़ इसका है कि विरोधी ख़ेमे के लोग अपने दुश्मन को नष्ट करने के लिए कौन-सा तरीका अख़्तियार करते हैं। दारोमदार इसी पर है।

एक रास्ता गांधी जी का भी था। लेकिन वह उनको समझाने के लिए था जिनके अन्दर कहीं कोई नैतिकता शेष रह गई हो। वह आदमियों के लिए था। गांधी जी की आध्यात्मिक किस्म की राजनीति से आज के भूखे भेड़ियों को नष्ट नहीं किया जा सकता। जिन्होंने शोषण का उत्तराधिकार अंग्रेज़ों से हस्तगत किया उन जंगलियों और सत्तापरस्तों के लिए वह रास्ता कारगर नहीं हो सकता।

यदि मेरी इन बातों के बाद भी आप जानना चाहते हैं तो मैं कहूँगा कि मेरा झुकाव सही मायनों में वामपंथ की ओर है। मुझे आदमी की सही तकलीफ़ों से लेना-देना है–सिद्धान्त से नहीं। अगर सिद्धान्त आदमी को समझने में आड़े आता है तो मैं उसे नकार दूँगा। यदि मार्क्सवाद को ज़िन्दा रहना है तो उसे भी आदमी की मुक्ति के सन्दर्भ

में अपने को पुनः जाँचना-परखना चाहिए। यानी कि उसे मस्तिष्क-सफ़ाई और वैचारिक विकास के अन्तर को समझना चाहिए।

मेरे मन में कहीं-न-कहीं वर्तमान संसदीय लोकतन्त्र के प्रति आस्था ख़त्म होती जा रही है क्योंकि उसमें 'जनता के अँगूठे चूमकर'[1] उसे चूसा जा रहा है। उसका मज़ाक उड़ाया जाता है। दूसरे मुझे यह भी डर है कि वर्तमान संसदीय लोकतन्त्र से अन्ततः दक्षिणपन्थियों और सेना की राजनीति शुरू हो सकती है। एक बात और। मेरे इस झुकाव का यह अर्थ नहीं है कि मैं किसी तात्कालिक लाभ या अवसर की राजनीति के कारण तुरन्त एक कार्ड-होल्डर बन जाऊँगा। मार्क्सवाद से मेरी संसक्ति और मेरी आस्था 'सहज धार्मिक किस्म' की है।

रमेश शौनक : इलाहाबाद, बनारस, दिल्ली, पटना, जयपुर, कलकत्ता आदि शहरों में से क्या कोई शहर हिन्दी-क्षेत्र की साहित्यिक राजधानी होने का दावा कर सकता है ?

दूधनाथ सिंह : इस तरह का गर्व और इस तरह की घोषणाएँ हर शहर में रहने वाला लेखक करता रहा है। इलाहाबाद वाले भी करते हैं। दिल्ली वाले भी अब करने लगे हैं। बनारस वाले भी करते हैं। पटना और कलकत्ता वाले बेचारे नहीं करते। लेकिन मुझे यह बराबर लगता है कि अच्छा और गम्भीर लेखन 'सबर्व्स' में ही हो सकता है। क्योंकि बम्बई या दिल्ली का जीवन हमारे भारतीय जन-जीवन का प्रतिनिधित्व नहीं करता।

रमेश शौनक : 'सबर्व्स' से आपका क्या मतलब–सिविल लाइंस ?

दूधनाथ सिंह : 'सबर्व्स' मैंने एक ख़ास निजी अर्थ में लिया है। मतलब जहाँ जीवन में दोगलापन प्रवेश न कर गया हो। जिसमें 'एनार्की' न हो। छद्म फ़ैशनपरस्ती को ही जहाँ जीने का पर्याय न मान लिया गया हो। जहाँ अपने निजत्व की पहचान बाकी हो। जहाँ सोचने-समझने की फ़ुर्सत हो। जहाँ आदमी सुखपूर्वक एक झूठा जीवन जीते हुए ख़त्म न हो गया हो। जहाँ आलस्य में लेटने का अवकाश हो, जब आप चीज़ों और स्थितियों पर अख़बारी ढंग से सोचने के बजाय, उन पर गहरी निगाह डाल सकें। जहाँ लालचों और समझौतों की गुंजाइश कम हो। ऐसी जगहों को मैं 'सबर्व्स' कहता हूँ।

दिल्ली या बम्बई मेरी इन शर्तों के ठीक विपरीत पड़ते हैं। वहाँ आदमी को सोचने का अवकाश नहीं है। वहाँ अनन्त लालचों और समझौतों के जाल हैं। वहाँ आदमी का सारा दिन बस की क्यू में,

---

1. **किसी ने विहार किया, किसी ने अँगूठे चूमे**
लोगों ने कहा कि धन्य हो गए
मगर खँजड़ी न गई।

–निराला।

ऑफ़िस की फ़ाइलों में, दाँत चियारने में, तिकड़म करने और ठगने-ठगाने में बीत जाता है। आप देखिएगा दिल्ली से थोड़े ही दिनों में हिन्दुस्तान ग़ायब दिखाई देगा। इसके अलावा हमारा देश एक मन्थर गति से चलने वाला देश है। यहाँ के ठीक-ठाक आदमी को आप दौड़ा नहीं सकते। उसका प्रतिनिधित्व हमारे कस्बे, छोटे शहर और गाँव करते हैं।

हो सकता है दिल्ली का दोगलापन ही अन्ततः उसका चरित्र बन जाए, उसका मूल्य बन जाए। हो सकता है कि इस दोगलेपन को दिल्ली के समूचे अस्तित्व से काट फेंकना असम्भव हो जाए। तब दिल्ली लिखने के लिए एक कच्चा माल हो सकता है। लेकिन उसके बारे में भी दिल्ली में रहकर नहीं लिखा जा सकता। क्योंकि दिल्ली संवेदनशील आदमी के ख़िलाफ़ साजिश करती है। उसके लिए हमें फिर 'सबर्ब्स' में जाना ही पड़ेगा। क्योंकि दिल्ली अपनी कीमत माँगती है। और वह कीमत चुकाकर कोई सच्चे मायनों में लेखक बना रह सकता है, इसमें मुझे सन्देह है।

इसीलिए साहित्यिक राजधानी होने का गर्व तो किसी भी शहर को नहीं करना चाहिए। दिल्ली या बम्बई में जो साहित्यिक गतिविधियाँ दिखाई देती हैं उनमें अख़बारीपन के अतिरिक्त क्या-कुछ और होता है ? उससे कोई शहर साहित्य की राजधानी होने का अभिमान कैसे कर सकता है !

रमेश शौनक : इन शहरों में से किसी एक शहर के हिन्दी-क्षेत्र की राजधानी होने के दावे को आप न भी स्वीकार करें तो भी यह तो मानेंगे कि हिन्दी-क्षेत्र छोटे-छोटे उपक्षेत्रों में बँटा हुआ है ? और उन टुकड़ों का प्रतिनिधित्व ये शहर करते हैं ? साहित्यिक केन्द्र अवश्य हैं, साहित्यिक राजधानी न भी हों ?

दूधनाथ सिंह : हाँ, साहित्यिक केन्द्र कुछ तो अपनी परम्परा के कारण हैं। जैसे मथुरा और काशी हैं। यह दोनों एक तरह से मध्यकाल में साहित्यिक परम्परा का प्रतिनिधित्व करते रहे हैं। इसकी एक ख़ास वजह है। हमारा सारा-का-सारा मध्यकालीन श्रेष्ठ साहित्य आश्रमों में बैठकर लिखा गया है। बाकी राज-दरबारों की देन है। लेकिन राज-दरबारों के साहित्य से ये नगर साहित्यिक राजधानी नहीं बन गए। जैसे रहीम और गंग की वजह से आगरा साहित्य की राजधानी नहीं बन गया। मुख्य केन्द्र तब भी काशी या मथुरा ही रहे।

हमारा नया साहित्य आश्रमों की देन तो नहीं है, लेकिन आप देखिए कि मुख्य केन्द्र फिर भी वाराणसी, इलाहाबाद और पटना ही

हैं। यानी कि दिनकर या अज्ञेय के दिल्ली चले जाने से वह केन्द्र-परिवर्तन नहीं हुआ।

इसके कारण बहुत गहरे हैं। हिन्दी की प्रवृत्ति हमेशा से लोकोन्मुखी रही है। चाहे मध्यकाल में हो या आज–हिन्दी अपने को दिल्ली से (यानी कि राजधानी या राज-दरबार से) जोड़ने के प्रति हमेशा उदासीन रही है। इसीलिए कवि का आश्रमवास आज भले ख़त्म हो गया हो, उसकी जनोन्मुखता बरकरार है।

कहा जाता है कि जब गीदड़ की मौत आती है तो वह शहर की ओर भागता है। आजकल जब किसी लेखक की मौत आती है तो वह दिल्ली या बम्बई की ओर भागता है। वहाँ जाकर उसका चमरौंधा टूट जाता है। उसे चमचमाते बूट की फ़िक्र सताने लगती है और वह अपना निजत्व और कर्म भूलकर सदा के लिए खो ज़ाता है। वह 'हरिनाम' की निष्ठा सदा के लिए गवाँ बैठता[1] है।

इसके ठीक विपरीत आप उर्दू को देखिए। वह सत्ता और दरबार की भाषा रही। इसीलिए उसका विकास भी दरबारों में हुआ। चाहे वह दिल्ली हो, रामपुर, लखनऊ या हैदराबाद। उर्दू में कभी भी जनोन्मुखता रही ही नहीं। क्योंकि उर्दू का मुँह हमेशा से सत्ता की ओर रहा–जनता की ओर कभी नहीं। इसलिए उर्दू एक वर्ग-विशेष की भाषा रही। और आज भी है। चाहे यहाँ या पाकिस्तान में। वह अंग्रेज़ी की तरह एक लादी हुई भाषा है। यानी कि सच्चे मायनों में उसकी कोई 'नेशनलिटी' नहीं है। इसलिए चाहे आप जितना ज़ोर लगाएँ वह विनष्ट हो जाएगी। हिन्दी के विशाल उदर में उसका अवसान निश्चित है।

दरअसल उर्दू अलग से कोई भाषा नहीं है। आप किसी भी भाषाविद् से यह सवाल करें, असलियत आपके सामने खुल जाएगी। उर्दू फ़ारसी-अरबी के शब्दों का बूढ़ा मुखौटा लगाए हुए वह हिन्दी है, जो अपना ख़ूबसूरत चेहरा किन्हीं साहित्येतर कारणों से छिपाए हुए है। फ़ारसी-अरबी के कठिन तत्सम शब्दों का उसका मुखौटा हटा दीजिए, फिर देखिए–क्या ग़ालिब, मीर, इकबाल, फ़िराक, वामिक, बेदी, मंटो हिन्दी के कवि-लेखक नहीं हैं। ठीक उसी तरह जैसे कि पद्मावत फ़ारसी लिपि (?) में लिखने से किसी दूसरी भाषा की रचना नहीं हो गई। बहारहाल इस प्रसंगान्तर के लिए मुआफ़ी चाहता हूँ।

रमेश शौनक : इन केन्द्रों के बीच कोई परस्पर वार्तालाप की स्थिति है ?

दूधनाथ सिंह : मेरा ख़याल है कि कोई बहुत ज़्यादा आपस में संघर्ष की स्थिति तो

---

1. संतन को कहा सीकरी सों काम
आवत जात पनहियाँ टूटीं बिसरि गयो हरिनाम।
–कुम्भनदास।

नहीं है। और वार्तालाप जो है वह साहित्य के स्तर पर तो है नहीं। यह ज़रूर है कि दिल्ली में जो लेखक-वर्ग है वह अपने कम लेखन से ज़्यादा सुविधाएँ प्राप्त करके अपनी रचनात्मकता का क्षरण कर लेता है और अन्ततः एक विशिष्ट किस्म के कॅरियरिज्म में जाकर अपने को समाप्त कर लेता है। चाहे वह भारतभूषण अग्रवाल हों, माचवे हों, श्रीकान्त वर्मा हों, सर्वेश्वरदयाल सक्सेना हों।

आप देखिए कि हिन्दी का पिछला लगभग 80 वर्षों का जो साहित्य है वह सबर्ब्स में 'सबर्ब्स' के बारे में लिखा गया साहित्य है। जो ज़्यादा हमारे भारतीय माहौल के निकट है। दायरा शाह अजमल और अहियापुर या बनारस की गलियाँ हिन्दुस्तान का ज़्यादा सही प्रतिनिधित्व करती हैं, बनिस्बत कनॉट प्लेस के या मैरीनड्राइव के या मद्रास के सी-बीच के।

इसीलिए मैं कहता हूँ कि राजधानी होने की तो कोई बात नहीं है। लेकिन यह ज़रूर है कि हिन्दुस्तान के लेखक को 'पुरवासी' ही होना चाहिए। और अगर ऐसा नहीं है तो फिर एक नए लेखक में इतना खुला साहस होना चाहिए कि वह मुचड़े कुर्ते-पायजामे में, कहीं भी फुटपाथ पर रह सके। वह उस लिबास में किसी भी तरह अपने को हीन न महसूस करे। लिखना उसका पहला आइटम हो। यह नहीं कि वह ख़ानापुरी भर जाए या कभी-कभार चौंकाने का काम दे। वह अपनी टूटी चप्पल को उतारकर फेंक न दे।

लेकिन सच पूछिए तो, दरअसल लालचों को इनकार करना थोड़ा कठिन होता है। आदमी तो आख़िर आदमी है। वह जब सुविधाएँ जुटा सकता है तो क्यों न जुटाए। यहीं वह भूल जाता है कि वह किन शर्तों पर सुविधाएँ जुटा रहा है और यहीं से सारा बंटाढार होता है।

रमेश शौनक : क्या 'प्रगतिशील लेखक संघ' या 'परिमल' के इतिहास को लेकर हिन्दी साहित्य के पिछले 20 वर्षों के साहित्य का इतिहास लिखा जा सकता है ?

दूधनाथ सिंह : दोनों संस्थाओं को मिलाकर बहुत सारे समर्थ लेखक, बहुत सारे अच्छे लेखक आ ही जाते हैं। इसलिए संस्थाओं का इतिहास लिखते वक्त वे लेखक तो सारे आ ही जाएँगे। और एक तरह से पूरे-पूरे साहित्य का एक लेखा-जोखा तो सामने आ ही सकता है। आपका कहना गलत नहीं। लेकिन अगर लेखक की वास्तविता इसके बावजूद जाँचनी हो तो आपके सामने कुछ दूसरे ही तथ्य प्रकाश में आएँगे। वह यह है कि अधिकांश अच्छे लेखक इन संस्थाओं से छिटकते रहे हैं। जहाँ उन्हें यह लगा कि संस्था उनके ऊपर हावी हो रही है, वे छिटककर अलग हो गए। उन्होंने अपनी मौलिक वैचारिक भूमि को बनाए रखा।

दरअसल ये संस्थाएँ एक तरह के 'जेनेरेटर' का काम करती हैं। 'प्रतिशील लेखक संघ' या 'परिमल' ने भी यही किया। इससे साहित्यिक सरगर्मियाँ बढ़ीं। उनसे हानि-लाभ दोनों ही हुए। दरअसल किसी भी आन्दोलन, नारे, घोषणापत्र, गुट या लेखक संघ का मुख्य रोल एक 'जेनेरेटर' का ही होता है। इससे अलग उनका कोई महत्त्व भी नहीं होता।

क्योंकि साहित्य-रचना कभी भी सामूहिक कर्म नहीं रहा। साम्यवादी देशों में भी लेखक संघों का उपयोग साहित्येतर कामों के लिए होता है। यदि कोई भी लेखक संघ आपके लिए सुविधाएँ जुटाता है, आपकी रॉयल्टी और अनुबन्ध का मामला तय करता है, कोई साहित्यिक पत्रिका निकालता है–वहाँ तक तो उसका रोल ठीक है। लेकिन अगर वह रचना-सम्बन्धी कोई नियम लागू करता है तो वह एक गलत काम करता है।–शायद इसीलिए अच्छे लेखक 'परिमल' और 'प्रगतिशील लेखक संघ'–दोनों से छिटककर बाहर आ गए। और 'परिमल' और 'प्रगतिशील लेखक संघ' कुछ लोगों की धरोहर बन के रह गए। क्योंकि मौलिक और शान्त लेखकों पर कभी भी रचनाधर्मिता के हास्यास्पद नियम लागू नहीं किए जा सकते।

रमेश शौनक : शान्त से आपका क्या मतलब है–पैसिफ़िस्ट ?

दूधनाथ सिंह : शान्त से मेरा मतलब जो बहुत लाउड टाक नहीं करते। जो बहुत मुखर नहीं हैं। बल्कि जिनका पहला कन्सर्न अपनी रचना है। यशपाल या अज्ञेय–इन लोगों ने कभी गले में हार की तरह किसी संस्था को नहीं पहना। यह ज़रूर है कि किसी की रुझान किसी तरफ़, किसी की रुझान किसी तरफ़। इन लेखकों की हिन्दी में एक परम्परा है। लगातार–भारतेन्दु से लेकर आधुनिक काल तक। जितने भी अच्छे लेखक हैं, चाहे वह प्रसाद हों, निराला हों, महादेवी हों, अमरकान्त हों या रेणु, निर्मल, रामकुमार अथवा मन्नू भंडारी, राही मासूम रज़ा हों या श्रीलाल शुक्ल।

आप नवीन या माखनलाल चतुर्वेदी का उदाहरण लीजिए। अपनी सारी प्रतिभा के बावजूद वे बड़े लेखक क्यों नहीं हो सके ? क्योंकि राजनीति के प्रति कमिटमेंट उनका पहले था, रचनाधर्मिता के प्रति बाद में। माखनलालजी के साथ भी ऐसा ही है। इसी तरह आप राहुल, भदन्त आनन्द कौशल्यायन या शील जी का उदाहरण ले सकते हैं। पन्त का सारा ह्रास इसीलिए हुआ कि वे एक विचार से दूसरे विचार तक छलाँग लगाते रहे। किसी एक विचार-दर्शन के प्रति सम्पूर्णतः प्रतिबद्ध होने तथा एक विचार-दर्शन से दूसरे विचार-दर्शन

तक छलाँग लगाते रहने और निजी वैचारिक विकास में बहुत फ़र्क है।

इस तरह का निजत्वपूर्ण वैचारिक विकास और उस विकास के आलोक में अपनी रचनात्मकता की पुनर्पहचान हमें निराला और मुक्तिबोध में सबसे ज़्यादा मिलती है। मुक्तिबोध ने मार्क्सवाद का सबसे अच्छा उपयोग अपनी रचनात्मकता की पुनर्पहचान के लिए किया है। वे उस अर्थ में ठस मार्क्सवादी नहीं हैं जो किसी विचार-दर्शन के प्रति अपनी प्रतिबद्धता के कारण अपनी रचनात्मकता का क्षरण कर लेता है। उन्होंने 'मार्क्सवाद' के लिए कविताएँ न लिखकर अपने कठिन अनुभवों की पहचान के लिए मार्क्सवाद का उपयोग किया है। इसीलिए मुक्तिबोध 'अभिव्यक्ति आत्मसम्भवा' की बात कर सके हैं।

रमेश शौनक : क्या आप 'परिमल' अथवा 'प्रगतिशील लेखक संघ' में से किसी एक संस्था के साथ सम्बद्ध रहे हैं ?

दूधनाथ सिंह : सन् '57 से '59 तक, जब मैं विद्यार्थी था, मैं 'परिमल' का सदस्य रहा। तब 'प्रगतिशील लेखक संघ' एक विलुप्त संस्था थी और इलाहाबाद में 'परिमल' का बड़ा ज़ोर था। नए लेखक और विद्यार्थी इस संस्था की तरफ़ आकर्षित होते थे। लेकिन संस्था की दो-चार बैठकों में शामिल होने के बाद ही मुझे लगा कि यह संस्था प्रतिक्रियावादियों और साहित्य-विरोधियों का गढ़ है। यहाँ पर किसी भी नए लेखक के रचनात्मक विकास की सम्भावनाएँ नहीं के बराबर हैं। तब हमने दो वर्षों बाद ही इस्तीफ़ा दे दिया।

सच पूछिए तो मैं जब 'परिमल' में गया तो उसमें वह आग नहीं थी जिसके बारे में हमने सुना था। वहाँ एक सामूहिक निष्क्रियता छाई हुई थी। लोग ऊबे हुए या उदासीन थे। साहित्य से उनकी सक्रियता ख़त्म हो गई थी और वे संस्था को साहित्यिक पोलेमिक्स का अखाड़ा बनाए हुए थे।

दरअसल, डॉ. धर्मवीर भारती 'परिमल' की वह फूटती हुई चिनगारी थे जिससे उस संस्था के अधिकांश लेखक रह-रह के सुलग उठते थे। उनकी अपनी कोई आग नहीं थी। इसीलिए भारती के बम्बई जाते ही वे सभी ठंडे पड़ गए। इसीलिए आज 'प्रगतिशील लेखक संघ' जितनी निष्क्रिय है उतनी ही 'परिमल' भी है।

●●

रमेश शौनक : कई बार मुझे महसूस होता है कि भारत सरकार केन्द्रीय स्तर पर और राज्य स्तर पर कला और साहित्य की, कम्युनिस्ट ब्लॉक के बाहर, सबसे

बड़ी और सबसे मुखर संरक्षक है। क्या आप समझते हैं कि कला और साहित्य के संरक्षण के लिए ख़र्च किया गया सारा पैसा अपना भुगतान कर लेता है ?

दूधनाथ सिंह : इस सवाल में कई पेंच है। भारत सरकार कला और साहित्य के संरक्षण का नाटक बख़ूबी करती है। दरअसल जो लोग इसमें लगे हैं वे कला और साहित्य के मामले में नितान्त अशिक्षित हैं। यहाँ का शिक्षा मन्त्री कल वित्त-मन्त्री भी हो सकता है। वैसे यहाँ कोई संस्कृति-मन्त्रालय भी नहीं है। इसकी ज़रूरत शायद इसलिए नहीं समझी गई कि सरकार की निगाह में अभी तक भारतीय संस्कृति नाम की कोई चीज़ नहीं है। क्या मज़ाक है। वे शिक्षा-मन्त्रालय से ही साहित्य, संस्कृति और कलाओं को भी संरक्षण, प्रोत्साहन दे देते हैं। दरअसल वे और विभागों की तरह यहाँ भी फ़ाइलें निपटाने में यकीन रखते हैं। और इसी को संरक्षण और प्रोत्साहन का पर्याय मान बैठे हैं।

और जो पैसा ख़र्च किया जाता है—वह भी माशाअल्लाह ! नाम न लीजिए—शर्म आती है। एक 'साहित्य अकादमी' नामक संस्था है। वहाँ से हिन्दी के केवल दो उपन्यास अनुवाद योग्य समझे गए। एक 'नारी'—सियारामशरण गुप्त का, क्योंकि वे जवाहरलाल के चहेते मैथिलीशरण गुप्त के छोटे भाई थे। और दूसरा—'बाणभट्ट की आत्मकथा'—आचार्य हज़ारीप्रसाद द्विवेदी का, जो 10 वर्षों तक वहाँ एक कार्याधिकारी रहे। क्या गलाज़त है ! यानी कि प्रेमचन्द, जो हमारे दादा गुरु हैं, और जो आज भी किन्हीं मायनों में एक सार्थक लेखक हैं, इस लायक नहीं समझे गए। या कि हिन्दी में निराला, अज्ञेय, जैनेन्द्र, यशपाल, अमरकान्त, रेणु, राकेश, मुक्तिबोध नामक लेखक ही नहीं हैं।

जबकि रवीन्द्रनाथ के अधिकांश साहित्य का अनुवाद भारत की सभी भाषाओं में हुआ है। अगर रवीन्द्र साहित्य पर ख़र्च किए गए रुपए से अन्य किसी भी भारतीय भाषा के लेखक के साहित्य पर ख़र्च किए गए रुपए का अनुपात निकालें तो मजा आएगा। इस सम्बन्ध में 'खोसला कमेटी' की रिपोर्ट पढ़िए। फिर इस संरक्षण और प्रोत्साहन का इतिहास आपकी समझ में आएगा।

यही हाल इनामों का भी है। हज़ारीप्रसाद द्विवेदी हमेशा बूढ़े, अपाहिज लेखकों को इनाम दिलवाते रहे। पिछले 18 वर्षों में सिर्फ़ तीन किताबें हैं जो इनाम के योग्य थीं और जिन्हें इनाम मिला। बाकी सबों ने पैसे और झूठे नाम के लिए तिकड़म किया या पाँच हज़ार की एकमुश्त रकम का पेंशन लिया।

रमेश शौनक : क्या उन पुस्तकों के नाम बताएँगे ?

दूधनाथ सिंह : उनमें से दो तो जीवनियाँ हैं। एक अमृतराय लिखित प्रेमचन्द की जीवनी, और दूसरी रामविलास शर्मा लिखित निराला की जीवनी। तीसरी पुस्तक 'राग दरबारी' है। यानी कि 1954 के बाद प्रकाशित निराला की कविताएँ इस योग्य न समझी गईं। यशपाल, मुक्तिबोध, रघुवीर सहाय, विजयदेव नारायण साही, राकेश, अमरकान्त, रेणु, राही मासूम रज़ा, मन्नू भंडारी की रचनाएँ इस योग्य न समझी गईं। दरअसल जिसे आप सरकार का संरक्षण और प्रोत्साहन कहते हैं–वह कुछ खूसट अय्यारों का तिलस्म है।

रमेश शौनक : क्या आपके विचार में पुरस्कारों की इस तरह की घोषणा से पाठकों की रुचि का परिष्कार या रुचि का परिवर्द्धन होता है ?

दूधनाथ सिंह : हिन्दी का पाठक सीधा-सीधा बहुत हद तक लेखकों से जुड़ा नहीं है। वह एक बहुत विरूप और अमूर्त किस्म का पाठक है। जो अच्छा पाठक है। लेकिन पुरस्कार मिलने से किसी भी लेखक के पढ़े जाने की सम्भावनाएँ नहीं बढ़तीं। उदाहरण के लिए दिनकर को अभी एक लाख रुपए का पुरस्कार मिला है। उससे दिनकर के पुनर्मूल्यांकन की सम्भावना नहीं बढ़ती। ऐसा नहीं है कि हिन्दी का पाठक 'कुरुक्षेत्र', 'उर्वशी' और 'परशुराम की प्रतीक्षा' को फिर से पढ़ना शुरू करे। जिस पाठक ने पढ़ा है और उसकी जो धारणा है, उसमें इनामों की घोषणा कोई परिवर्तन नहीं लाती है।

दरअसल इनाम पाना आजकल एक तरह की अयोग्यता का प्रमाणपत्र पाना है। उससे एक लेखक सरकारी या पूँजीपतियों के तन्त्र में बाकायदा शामिल हो जाता है। उसका बुढ़ापा आराम से कटता है और वह सुखी होकर लेखक के रूप में सदा के लिए मर जाता है। इनामों का कोई भी रचनात्मक मूल्य नहीं है।

रमेश शौनक : क्या आपको ऐसा लगता है कि हिन्दी का सामान्य पाठक साहित्यिक रुचि के पाताल-लोक से अभी नहीं उभरा है ?

दूधनाथ सिंह : मैं और दूसरी भाषाओं की बात तो नहीं जानता लेकिन हिन्दी में एक समानान्तर पाठक-वर्ग है। देवकीनन्दन खत्री द्वारा जो पाठक वर्ग तैयार किया गया वह पाठक वर्ग प्रेमचन्द का पाठक वर्ग नहीं बना। उसने हिन्दी इसलिए सीखी कि देवकीनन्दन खत्री के उपन्यासों में जो अय्यारों, जासूसों का एक चमत्कारिक माहौल था उस तरह का माहौल उससे पहले हिन्दी या भारतीय पाठक को नहीं मिला था। किसी भी भाषा में नहीं मिला था। बँगला में भी नहीं मिला था। पहली बार एक ऐसा भुतहा और आकर्षक माहौल 'चन्द्रकान्ता' से मिला। उसको पढ़ने

के लिए, यह सच है कि, बहुत सारे लोगों ने हिन्दी सीखी। लेकिन उसको पढ़ने का अर्थ कोई बहुत गम्भीर पाठक वर्ग का विकास नहीं था।

प्रेमचन्द पहले लेखक थे जिन्होंने हिन्दी कथा-साहित्य को उस चमत्कारिक और मनोरंजक जासूसी वातावरण से हटाकर भारतीय जनता के सुख-दुख से जोड़ा। जो पाठक-वर्ग उस चत्मकारिक और अय्यारी उपन्यासों को पढ़ने वाला पाठक-वर्ग था उसने प्रेमचन्द को पसन्द नहीं किया। यह एक तथ्य है। प्रेमचन्द का पाठक-वर्ग तो एक दूसरी सतह से उभरा, जो प्रेमचन्द की रचनाओं की ज़िन्दगी अपनी ज़िन्दगी में पाता था। जो पढ़ा-लिखा किसानों का तबका था। और चूँकि उपन्यास-कहानी हिन्दी में एक नई विधा थी, और पत्रिकाओं के माध्यम से आनी शुरू हुई थी इसलिए कस्बों और शहरों के पढ़े-लिखे लोग भी प्रेमचन्द को पढ़ने लगे। इस तरह प्रेमचन्द ने देवकीनन्दन खत्री के समानान्तर एक नए पाठक-वर्ग का विकास किया। इस पाठक-वर्ग का विशिष्ट विस्तार अज्ञेय, जैनेन्द्र, यशपाल या नए लेखकों को पढ़ता है।

लेकिन यह पाठक-वर्ग बहुत कुछ छिपा हुआ पाठक-वर्ग है। अमूर्त है। जबकि देवकीनन्दन खत्री से शुरू होकर कुशवाहा कान्त, प्यारेलाल आवारा, गोविन्द सिंह, रानू, गुरुदत्त, कर्नल रंजीत, दत्त भारती और गुलशन नन्दा के पाठकों को आप हर समय देख सकते हैं। रेल-यात्राओं में, सोने के कमरों में, बस-स्टैंड पर—हर जगह।

तो आप जिसे पाताल-लोक का पाठक कहते हैं वह अब खुली दुनिया में आ गया है और जिसे खुली दुनिया में रहना चाहिए वह गम्भीर साहित्य के पाताल-लोक में चला गया है।

रमेश शौनक : क्या आपको कभी यह महसूस हुआ है कि साहित्यिक कहे जानेवाले लेखक अपने पाठक-वर्ग के दिलो-दिमाग पर एक ऐसी फिसलनी खोल चढ़ा देते हैं कि इस खोल को चीरकर दूसरे साहित्यिक लेखकों द्वारा उन पाठकों के दिलो-दिमाग तक पहुँचना असम्भवप्राय हो जाता है ?

दूधनाथ सिंह : यह प्रयत्न लेखकों द्वारा अनजाने ही होता होगा। कोई भी लेखक अपनी रचनाओं में क्या डालकर अपने पाठकों की रुचि को सिर्फ़ अपनी रचनाओं तक सीमित कर लेता है, यह कहना कठिन है। अगर उस लेखक की मौलिक तेजस्विता, अद्वितीयता और अनहोनापन, अगर समय और समाज की उसकी अपनी समझ, अगर उसकी निजी भाषा पाठकों को लुभा लेती है और वह उनके दिलो-दिमाग पर छा जाता है

तो यह बुरी बात नहीं है। जैसे कि बँगला में रवीन्द्रनाथ का साहित्य है। बंगाली पाठक-वर्ग का रवीन्द्रनाथ से मुक्त होना लगभग असम्भव लगता है। लेकिन इसके लिए रवीन्द्रनाथ को दोषी नहीं ठहराया जा सकता।

लेकिन दूसरे दर्जे के घटिया लेखक भी ये हरकतें करते हैं। वे पाठक-वर्ग की रुचि का नहीं बल्कि कुरुचि का निर्माण करते हैं। कुछ इस तरह से कि पाठक-वर्ग को उनका चस्का पड़ जाता है है। इसके लिए वे एक तरह की लिजलिजी मीठी कोटिंग का इस्तेमाल अपनी रचनाओं में करते हैं। जैसे आज के अधिकांश बँगला उपन्यासकार कर रहे हैं। उनके उपन्यासों में लबलबाता यह मीठा शीरा चाटने की आदत हिन्दी के पाठक-समुदाय को इधर कुछ इस हद तक बढ़ गई है कि वह जैनेन्द्र, राकेश, श्रीलाल शुक्ल या यशपाल, प्रेमचन्द को पढ़ना भूलता जा रहा है।

यह कोटिंग कहाँ से आती है ? शायद बंगाल की नम जलवायु का भी इसमें योगदान है। हिन्दी सूखे प्रदेश की भाषा है–उसमें एक ठोस खुरदुरापन और यथार्थ से सीधी टकराहट अधिक है। वह पाठक को 'पलायन' नहीं देती, उसकी आँखों में उँगली डालकर उनकी वास्तविकता से उसे परिचित कराती है। शायद इसीलिए पाठक-वर्ग को घबराहट होती है और वह भागकर बँगला उपन्यासों की शरण में जाता है।

रमेश शौनक : क्या आपको कभी ऐसा महसूस हुआ है कि गुलशन नन्दा, रानू और गुरुदत्त जैसे लेखक आपकी कीमत पर पनप और फल-फूल रहे हैं ?

दूधनाथ सिंह : अगर ये लेखक न होते तो सम्भवतः जो गम्भीर पाठक-वर्ग है उसकी संख्या कुछ ज़्यादा होती। लेकिन इतनी न होती जितनी कि उन लेखकों के पाठक-वर्ग की है। इसलिए विशेष फ़र्क तो न पड़ता। लेकिन कुछ तो पड़ता ही।

रमेश शौनक : कलकत्ता के कथा-समारोह में आपने एक विशिष्ट पाठक-वर्ग को सम्बोधित करने की बात कही थी, क्या इस बीच आपकी धारणाओं में कोई परिवर्तन हुआ है ?

दूधनाथ सिंह : मैंने उसे पाँचवें पाठक की तलाश कहा था। उसे विमल ने भी बहुत बार दोहराया। लेकिन मेरा पाँचवाँ पाठक कोई ऐसा मॉडर्न पाठक-वर्ग नहीं था। उसको लोगों ने बहुत गलत समझ लिया। मैंने, दरअसल, यह कहा कि एक वर्ग है जो यात्राओं में पढ़ता है। उसको पढ़ने-लिखने से कुछ लेना-देना नहीं। जब वह गाड़ी पर चढ़ेगा तो कोई किताब ले लेगा। एक दूसरा पाठक वर्ग है जो रानू, देवकीनन्दन खत्री से लगायत कुशवाहा कान्त, कर्नल रंजीत, आवारा, गुलशन नन्दा को पढ़ता है।

एक तीसरा पाठक वर्ग है जो अपने उपयोग की चीज़ें पढ़ता है। जैसे कविराज हरिनामदास की पुस्तकें, हिदायदनामा खाविन्द-बीवी और कोकशास्त्र या वैद्यक की पुस्तकें। बहुत सारी चीज़ें हैं। यह तीनों पाठक साहित्य के पाठक होते ही नहीं।

इसके बाद का चौथा पाठक जो है वह साहित्य का पाठक होता है। लेकिन चौथे पाठक के रूप में मैंने उस पाठक को लिया जिसकी रुचियाँ निर्मित हो जाती हैं। वह जिस तरह का साहित्य या जिस लेखक को पढ़ने लगता है उसी के लेखन के अनुकूल अपनी रुचि को भी ढाल लेता है। यह चौथा पाठक आगे आने वाले नए साहित्य को नकारता है। उससे मुँह बिचकाता है। उसकी समझ उसके पास नहीं होती। यह हमेशा होता है। अब प्रेमचन्द या जैनेन्द्र का पाठक राकेश या रेणु को शायद ही पसन्द करेगा। उसी तरह राकेश का पाठक हमारी चीज़ें नहीं पढ़ेगा। पढ़ने की कोशिश भी करेगा तो उसे एक तरह की घबराहट होगी। होती ही है। क्योंकि उसकी एक पूर्व रुचि निर्मित हो चुकी है।

रमेश शौनक : मैंने जब 'कोटिंग' की बात कही थी तो उसका अर्थ यह भी था कि हो सकता है प्रेमचन्द की मृत्यु के बाद उनका पाठक कहने लगे कि प्रेमचन्द जो लिख गए सो लिख गए, बाकी सब झख मार रहे हैं ?

दूधनाथ सिंह : हाँ, बिल्कुल। तो यह पाठक भी चौथा पाठक-वर्ग है जिसकी रुचि पहले के लेखन से बन जाती है। वो अक्सर आगे आने वाले लेखक को नहीं पचा पाता। नहीं समझ पाता, रुचि से नहीं पढ़ पाता। उसके माहौल को समझ नहीं पाता। इस चौथे पाठक-वर्ग की रुचि साहित्यिक तो है लेकिन साहित्य की पिछली परम्पराओं से निर्मित हुई है। वह अपनी उस रुचि को नए साहित्य पर भी लादता है और घपला पैदा करता है। उसको गलत ढंग से परिभाषित करता है, उसके गलत अर्थ निकालता है। और सारी जो बुराइयाँ हैं और साहित्य के बारे में जो गलतफ़हमियाँ फैलती हैं, वो यही पाठकवर्ग फैलाता है।

इसीलिए किसी भी नए दौर का साहित्य इन चार तरह के पाठकों से कोई उम्मीद नहीं रख सकता। इसीलिए उसको पाँचवें पाठक की तलाश करनी चाहिए, उसका निर्माण करना चाहिए और उसी पाँचवें पाठक को सम्बोधित करना चाहिए।

यह इतना साफ़ था। लेकिन बात यह है कि लोग आधी बात सुनते हैं, आधी सुनते नहीं। पता नहीं क्या-क्या, कि कुछ ख़ास लोगों को हम सम्बोधित करते हैं, कि पाँचवाँ पाठक पता नहीं क्या चीज़ है ! लेकिन पाँचवें पाठक का मतलब ही था कि तीन तरह के पाठक तो पाठक ही नहीं होते गम्भीर साहित्य के। चौथा होता है। लेकिन उसकी

रुचि पूर्वनिर्मित होती है। वह अपनी पूर्वनिर्मित, भूत की रुचि को वर्तमान और भविष्य पर अक्सर लादता है।[1] वह उस माहौल से छुटकारा नहीं पा पाता। ऐसा पाठक नए साहित्य के साथ न्याय नहीं कर सकता जो हमारा पाठक है वह आज से बीस साल, पचीस साल बाद आने वाले साहित्य के साथ कभी भी पूरा न्याय नहीं कर पाएगा, मैं आपको बताता हूँ। इसलिए हर नए लेखक को उस पाँचवें पाठक की तलाश रहती है। और उसे करनी भी चाहिए। वह तलाश किस तरह से होती है ? अपनी कहानियों से होती है, थोड़ा-थोड़ा, धीरे-धीरे ज़ोर पकड़ती हैं चीज़ें, और अन्ततः वह पाँचवाँ पाठक थोड़ा मूर्त थोड़ा अमूर्त रूप से प्रकट हो जाता है।

रमेश शौनक : व्यक्ति रूप में आपको...कलकत्ता समारोह कब हुआ था ? सन् '65 में। इन आठ सालों में क्या आप अपना वह पाँचवाँ पाठक पा गए ?

दूधनाथ सिंह : अगर कहें कि अच्छे-बुरे दोनों रूपों में मिला है, तो मिला है। एक बहुत बड़ा तबका ऐसा पैदा हो गया है जो कहानियों की प्रशंसा भी करता है। उनको चाहता भी है, उनकी बुराई भी करता है। लेकिन मैं उन दोनों को अपना पाठक मानता हूँ। अगर वह हमारी कहानियों की बुराई भी करता है तो इसका कारण यह नहीं है कि उसकी रुचि उस चौथे पाठक की रुचि है। बल्कि उसकी वजह आज की साहित्यिक पोलेमिक्स या बतकड़ी भी है। लेकिन मुझे लगता है कि एक अच्छा-ख़ासा पाठक-वर्ग इधर पिछले दस वर्षों में बना है, जिसकी रुचि-अरुचि उस पूर्वनिर्मित रुचि वाले पाठक-वर्ग से अलग है। उसकी रुचि का विश्लेषण करके अगर आप देखें तो उसका पहला हमला पुराने कथाकारों पर होता है। वह इस कारण ही है कि उसकी रुचि आज की कहानियों के हिसाब से निर्मित हुई है। तो इसलिए एक पाठक-वर्ग तो है।

यह पाठक-वर्ग, फिर मैं कहूँगा, प्रेमचन्द का पाठक वर्ग नहीं है जो निचले तबके से आता था। तुलसीदास का पाठक-वर्ग भी नहीं है। तुलसीदास के पाठक-वर्ग से मेरा मतलब साधारण किसान और बहुत बड़ा बौद्धिक–दोनों। शायद उतनी व्यापकता नहीं है हमारी कहानियों में। सम्भव भी नहीं है। यह एक ख़ास किस्म का पढ़ा-लिखा पाठक-वर्ग है जो प्रेमचन्दोत्तर सारे साहित्य को पढ़ता है। छोटा, बहुत छोटा हिस्सा है लेकिन वह साहित्य में दीक्षित पाठक वर्ग है। वो ऐसा नहीं है कि वह बिना साहित्यिक दीक्षा के अचानक कोई कहानी पढ़ने लगे और उसको समझ ले। उसको पचा ले, वो उसकी अच्छी लगे। मुझे कम-से-कम ऐसे किसी पाठक का पत्र अब तक नहीं मिला जो

अचानक पाठक बन गया हो। उसकी कोई-न-कोई साहित्यिक दीक्षा ज़रूर है। चाहे वह दीक्षा प्रेमचन्द से शुरू करके फिर मोहभंग के द्वारा नए साहित्य तक पहुँची हो। इसलिए वह एक तरह का विशिष्ट पाठक-वर्ग है और बहुत सीमित है।

●●

रमेश शौनक : क्या भारत में आप प्रत्यक्ष रूप से या परोक्ष रूप से शासकीय सेंसरशिप को मानते हैं ? क्या आपको अपने कॅरियर में कभी सेंसरशिप का शिकार होना पड़ा है ? यदि हाँ, तो किस ढंग से ? उसके मोड्स, मैथड्स क्या हैं ?

दूधनाथ सिंह : व्यक्तिगत रूप से भी मुझे इस तरह की चीज़ों का सामना करना पड़ा है लेकिन बहुत प्रत्यक्ष ढंग से नहीं, अप्रत्यक्ष ढंग से। और पिछले आठ-दस वर्षों में मुझे ऐसा लगता है कि बहुत सोच-विचार के एक सेंसर ऊपर से लागू किया जा रहा है। 'राग-दरबारी' जैसे उपन्यास को लेकर काफ़ी-कुछ ये हुआ। क्योंकि वह राजनीतिक वर्गों का खोखलापन ज़ाहिर करता है। क्योंकि श्रीलालजी सरकारी नौकरी में हैं, इसलिए उनको काफ़ी कठिनाई पड़ी। बाद में वो छपा और उस पर इनाम भी दिया सरकार ने, एक दूसरी राजनीति के कारण।

लेकिन बहुत व्यापक स्तर पर अभी हमारी स्वतन्त्रता कायम है हिन्दुस्तान में। मतलब हम कुछ भी लिख सकते हैं और उसको छपा भी सकते हैं और उस पर कोई सीधा-सीधा सेंसर सरकार का या किसी का देखने में नहीं आता। जो आता है वह बहुत अप्रत्यक्ष ढंग से। उदाहरण के लिए पिछले दिनों मैं दिल्ली गया तो अपने कुछ मित्रों से मिलने 'केन्द्रीय हिन्दी निदेशालय' गया। वहाँ बहुत अन्दर मुझे पता चला कि मेरा संग्रह 'सुखान्त' ख़रीद के लिए जब पेश किया गया तो जो उसको पढ़कर राय देने वाले थे, उनमें से एक बहुत अच्छे सज्जन ने उसे पढ़कर कुछ शब्दों को गोल कर दिया। 'क्या ये शब्द साहित्यिक हैं ? अगर हैं तो इस पुस्तक को ख़रीदा जाए।' पुस्तक नहीं ख़रीदी गई।

रमेश शौनक : कौन-से शब्द थे... ?

दूधनाथ सिंह : जैसे 'मादरचोद'। जैसे 'चूतिया'। जैसे 'घामड़'। तो मुझे लगा कि...

रमेश शौनक : क्या यह सेंसरसिप मात्र रुचि के स्तर पर ही...

दूधनाथ सिंह : मेरा ख़याल है कि रुचि के स्तर पर ही। क्योंकि जिन्होंने शब्दों को गोल करके भेजा वे इस स्थिति में हैं कि मात्र एक इशारे से उसकी ख़रीद रुकवा सकते थे। हमारे ऊपर कुछ नहीं लादा गया लेकिन अगर

इसे किताब को पीछे ढकेलने वाला सेंसर कह सकते हैं तो यह एक तरह का सेंसर तो है ही। दूसरा उदाहरण उसी पुस्तक का। एक बार कहीं ख़रीद में आने को हुई किसी दूसरे प्रदेश में। तो उसमें सुखान्त कहानी में एक जगह है–'प्रधानमन्त्री फ्रॉक पहने फुदक रही हैं और मूँगफली चबा रही हैं।' इस वाक्य को उन्होंने गोल कर दिया और पुस्तक को अनपयुक्त ठहरा दिया। अगर कोई सेंसर है तो इस तरह का भी है। मैं वैसे इसे कोई ख़ास सेंसर तो मानता नहीं। ये घटनाएँ अधिकारियों की सत्ता के प्रति दयनीय स्वामिभक्ति की सूचक हो सकती हैं।

लेकिन मैं अभी इस बात से थोड़ा-सा प्रसन्न हूँ कि अभी भी हमारी अभिव्यक्ति की स्वतन्त्रता कायम है। जैसे मुझे लगता है कि मैं कुछ भी बोल के, कुछ भी लिख के, उतनी ही हेकड़ी से बाहर आ-जा सकता हूँ और मुझे कोई व्यक्तिगत, साहित्यिक या जीविका-सम्बन्धी क्षति नहीं पहुँचेगी। हो सकता है यह मेरा वहम हो। शायद मेरे इतने भोले विश्वास पर लोहे की चादर के भीतर बैठे लोग हँसें भी। क्योंकि अभी-अभी आसाम में एक लेखक ने सरकार के ख़िलाफ़ लिखा तो उसको जेल में डाल दिया गया है। अभी पिछले दिनों अनिल कुमार ने मध्य-प्रदेश के गवर्नर सत्यनारायण सिंह के किसी वक्तव्य का विरोध किया तो उन्हें नौकरी से हाथ धोना पड़ा। तो अगर इन्हें सेंसर कहा जा सकता है तो ये हैं तो।

इस तरह की बात पहले नहीं थी। मेरा यह कहना है कि नेहरू के ज़माने तक मुझे कहीं भी इस तरह का सेंसर दिखाई नहीं दिया। हो सकता है मैं उदाहरण न जानता होऊँ। लेकिन नेहरू इस मामले में ज़्यादा उदार व्यक्ति थे। यह भी सम्भव है कि नेहरू यह समझते हों कि एक हिन्दुस्तानी लेखक मेरा क्या बिगाड़ सकता है। लेकिन एक लेखक होने के नाते, एक दार्शनिक होने के नाते, एक भावुक, स्वप्नदर्शी आदमी होने के नाते कहीं-न-कहीं उनके मन में लेखकों के प्रति एक आदर की भावना भी थी। इसलिए उस तरह की बात कभी नहीं हुई। लेकिन आज अप्रत्यक्ष रूप से प्रेस पर जिस तरह का सेंसर लगाया जा रहा है, या अनिल कुमार या दूसरे लेखक का जो हश्र हुआ, या मेरे मित्र वेणु गोपाल को उनकी कविता की एक पंक्ति पर हैदराबाद में जेल में डाल दिया गया। यह कहा गया कि तुम नक्सलपन्थी हो। तो ये छोटी-छोटी बातें कहीं-न-कहीं इस बात का उदाहरण तो प्रस्तुत करती ही हैं कि सरकार की आँख लेखक पर है। और वह यह समझती है कि लेखक उसका कुछ बिगाड़ सकता है। उसके आड़े आ सकता

है। उसके रास्ते में आ सकता है। इसलिए उसके प्रति थोड़ी-सी सावधानी वह इधर बरतने लगी है।

रमेश शौनक : क्या आप समझते हैं कि इसके पहले भारतीय लेखक 'न सुने जाने की नियति' का शिकार था ?

दूधनाथ सिंह : कुछ हद तक आपकी बात सही है। लेकिन कुछ हद तक ही। दरअसल भारतीय लेखक ऐसा कुछ कहता भी कहाँ था जो 'सुने जाने' लायक हो। आज़ादी के बाद लगभग 20 वर्षों तक भारतीय लेखक की राजनीतिक चेतना और अभिव्यक्ति सत्ता के पक्ष में थी। वह सत्ता का पक्षधर था क्योंकि सत्ता आज़ादी का प्रतीक थी। लेकिन अब अगर असहमति लेखक में है और वह सच्ची असहमति है तो वह सुनी जाती है। बल्कि बढ़ा-चढ़ाकर सुनी जाती है। अब वह न सुने जाने की नियति से पीड़ित नहीं है। श्री-श्री और ज्वालामुखी का उदाहरण हमारे सामने है। दरअसल सवाल आज यह नहीं है कि लेखक सुना जाता है या नहीं। बल्कि यह है कि क्या वह सुने जाने लायक कुछ कहता है ? अधिकांश भारतीय लेखक अपनी जीविका और चमड़ी बचाकर विद्रोह या असहमति प्रकट करते हैं। यानी कि वे यह भी नहीं चाहते कि उनके विरोधी स्वर के लिए उन्हें दंडित होना पड़े। सत्ता उनकी कायरता को सहलाती है और टाल देती है। इस तरह उनके विरोध का भी कोई अर्थ नहीं रह जाता। ऐसे कायर लेखक अगर 'न सुने जाने की नियति' से पीड़ित हों तो उसमें बुराई भी क्या है।

रमेश शौनक : क्या आपके ख़याल में भारत के बढ़ते हुए लालकरण के साथ-साथ यह सेंसरशिप बढ़ेगी ?

दूधनाथ सिंह : निश्चय ही बढ़ेगी। उरा सेंसरशिग का रूप बहुत साफ़ होगा। साम्यवादी व्यवस्था में आने से लेखक के ऊपर दूसरी तरह के दबाव आएँगे ही। वह अभिव्यक्ति की स्वतन्त्रता को दूसरे ढंग से परिभाषित करेंगे। और फिर उसका उसी तरह से प्रयोग और इस्तेमाल करेंगे। और उस इस्तेमाल में बहुत-सी ऐसी बातें होंगी जिसमें मेरे ख़याल से, जैसा कि लेखकीय स्वतन्त्रता के बारे में सोचता हूँ, उसमें लेखकीय स्वतन्त्रता बाधित तो होगी ही। और कुछ ऐसे लोग–जो लाल चश्मे पहनेंगे उनका समय आएगा और मेरा ख़याल है कि सही लेखक, स्वतन्त्र विचार वाले लेखक इसमें कहीं-न-कहीं दबाए जाएँगे। साहित्य को प्रगतिशीलता, हथियार और सर्वहारा वर्ग की तथाकथित पक्षधरता के नाम पर पंगु करने की कोशिश आज़माई जाएँगी। क्योंकि यह आशा करना तो व्यर्थ ही होगा कि सत्ता में आने के बाद साम्यवादी, मार्क्सवाद के अन्दर एक लेखक की हैसियत और उसके स्वातन्त्र्य को पुनर्परिभाषित करेंगे।

हालाँकि होना यही चाहिए।

रमेश शौनक : अब तक के शासन में, मेरा मतलब है केरल में तो पिछले कई वर्षों तक साम्यवादी मन्त्रिमंडल रहा है। लेकिन इस तरह के सेंसर की कोशिश वहाँ सरकार ने नहीं की।

दूधनाथ सिंह : मुझे मालूम नहीं। लेकिन केरल और बंगाल दोनों प्रान्तों में उनको अभी इतना मौका नहीं मिला है कि वे सत्ता में बने रहने की राजनीति से अलग इन समस्याओं के बारे में दूर तक सोच सकें। क्योंकि दोनों जगहों पर उनको लगातार यह महसूस होता रहा कि वे सत्ता में बहुत दिनों तक कांग्रेस के गन्दे कूटनीतिक माहौल में टिकने के नहीं। इसलिए उन्होंने इस ओर अपना ध्यान केन्द्रित नहीं किया। लेकिन मैं आपको बताता हूँ कि अगर उन्हें यह विश्वास हो जाए कि सत्ता से उन्हें कोई हिला नहीं सकता तो वे एक तरह का सांस्कृतिक, साहित्यिक सेंसर लगाने की कोशिश कर सकते हैं। क्योंकि वे कला और साहित्य के सम्बन्ध में किसी भी पुनर्विचार के लिए तैयार नहीं हैं।

रमेश शौनक : क्या आज दल-बल के साथ जो लोग आपके यहाँ आए थे, भविष्य में कहीं आपकी बहस का सिला आपको भुगतना पड़ेगा ?

दूधनाथ सिंह : कतई नहीं। वे मेरे दोस्त लोग हैं और उनकी दोस्ती पर मुझे गर्व है। मैंने इधर एक कविता लिखी है–रफ़ है (मैं सुनना चाहूँगा–शौनक)

धीरे-धीरे तुम्हारा समय जा रहा है
और एक हुड़दंग बरसता हुआ आ रहा है
जो लिबास से सही हैं
और जनता में नहीं हैं
उनका समय धीरे-धीरे आ रहा है।

अब वे प्रदर्शित कर सकते हैं अपना लिबास
और उद्धृत कर सकते हैं अपना सुगन्धित पसीना
धीरे-धीरे तुम एक सहज चुप्पी की तरफ़ बढ़ जाओगे
और उनका अन्तहीन शोर सिद्धान्त की तरह चारों ओर
बरस जाएगा।
जो चारदीवारी का मस्ती से
घोड़े की ज़ीन की तरह इस्तेमाल करते थे
वे अचानक ही उछलकर कूदेंगे
और झपट्टा मार कर अवसर लपक लेंगे।
जो अपने को हर परिभाषा के अनुकूल रखे हुए हैं
धीरे-धीरे उनका समय आ रहा है।

जब तुम्हारे लिए ख़तरा बढ़ रहा है
उनके लिए सारे ख़तरे टल रहे हैं
अब धीरे-धीरे तुम्हारा समय जा रहा है
और एक हुड़दंग बरसता हुआ आ रहा है।

यह एक मनःस्थिति है। जो प्रश्न आपने किया वह इतना ज़्यादा मेरी मनःस्थिति के इस वक्त निकट है। लेकिन उसका नुक़्ता आपके सवाल के ठीक उलट है। लेकिन यकीन मानिए, मेरे बहुत सारे दोस्त सुबह जब सोकर उठेंगे तो उनका दिमाग साफ़ होगा। और वे कुल्ला-दातौन करते-करते अपने को 'फ़िट-इन' कर लेंगे। मैं मानता हूँ कि ऐसा समय आए नहीं। मुझे बराबर यह भी लगता है कि ऐसी स्थिति आ जाने से पहले हर लेखक एक लड़ाई तो लड़ेगा, इसके लिए एक संघर्ष तो करेगा ही कि वह ऐसा माहौल न आने दे जिसमें उसकी जुबान हमेशा के लिए बन्द कर दी जाए।

रमेश शौनक : क्या कहीं, किसी स्तर पर, बहुत क्षीण रूप में ही सही आपको कोई दुराशंसा हुई, किसी किस्म का ख़तरा महसूस हुआ आज सुबह। व्यक्तिगत रूप में, शारीरिक असुरक्षा की बात मैं नहीं पूछ रहा। जानना मैं यह चाहता हूँ कि क्या आपको ऐसा लगा कि यह सब दल-बल किसी दिन आपसे रचनात्मकता के सभी अवसर छीन लेगा ?

दूधनाथ सिंह : नहीं। यह आपका वैचारिक भ्रम है। लेकिन अगर मार्क्सवादी व्यवस्था में लेखक-कलाकार के 'रोल' को फिर से नहीं पहचाना गया, उसे फिर से परिभाषित नहीं किया गया तो यह स्थिति आ सकती है। मार्क्सवादियों को लेनिन का विथोवेन के संगीत के प्रति जो आकर्षण था उससे शिक्षा ग्रहण करनी चाहिए। लेखक न तो पैरासाइट होता है और न मात्र क्रान्ति की लड़ाई का हथियार। उसे मार्क्सवाद अथवा किसी भी सिद्धान्त की विज्ञापनबाज़ी तक सीमित कर देना रचनात्मकता के प्रति एक जघन्य अपराध है।

सच्चा लेखक समाज और इतिहास की वह भीतरी आँख होता है जो सचाई के अलावा कुछ नहीं देखती। वह भविष्य-द्रष्टा होता है। और वर्तमान तथा अतीत के प्रति ज़िम्मेदार होता है। इतिहास के प्रति उसकी गवाही किसी भी क्रान्तिकारी से ज़्यादा महत्त्वपूर्ण और सच्ची होती है। उसकी पहली और अन्तिम ज़िम्मेदारी मनुष्यता के प्रति होती है–किसी व्यवस्था के प्रति नहीं। अतः एक प्रतिभासम्पन्न मौलिक लेखक के हर शब्द को प्रतिक्रान्ति अथवा शत्रु-पक्ष से जोड़ देना गलत होगा। जैसे कि अनेक अवसरवादी लेखकों को रचनाओं को मित्र-पक्ष और क्रान्ति से जोड़ना गलत होगा।

किसी भी नए देश में जहाँ मार्क्सवादी क्रान्ति या दक्षिणपंथी तानाशाही आए इसके प्रति व्यवस्था और बुद्धिजीवियों को सजग रहना चाहिए। क्योंकि हमारे सामने सोवियत रूस का पचास वर्षों का और चीन का 25 वर्षों का इतिहास है। क्या वजह है कि रूस में जितने महत्त्वपूर्ण लेखक पिछले पचास सालों में पैदा हुए वे सत्ता-विरोधी लेखक हैं। चाहे पारस्तरनाक हों, सोल्झेनेत्सीन हों या वोजेनेसेंस्की। बाकी सारे लेखक जो व्यवस्था की तारीफ़ में लिखते हैं उनका योगदान क्या है ? लगभग शून्य के बराबर। अगर रूसी साहित्य से इन चार-पाँच लेखकों को निकाल दिया जाए तो पिछले पचास वर्षों का रूसी साहित्य बंजर-रेगिस्तान है। इसी तरह क्या वजह है कि 'सौ फूलों को खिलने दो' जैसे नारों के बाद भी चीन में साहित्य-रचना के नाम पर केवल माओ का जाप होता रहा है। 'सफेद बालों वाली लड़की' या 'प्वायनियर्स' जैसे उपन्याओं की लू शुन की किसी भी कहानी से क्या तुलना की जा सकती है ?

इसीलिए मैं कहता हूँ कि यदि मार्क्सवाद के अन्तर्गत रचनाकार के 'रोल' की पुर्नव्याख्या नहीं की जाती तो साहित्य, कला और संस्कृति को बंजर कर देने की ज़िम्मेदारी फिर किसी 'ज़दनोव' पर आएगी ही। इसके अलावा कुछ नहीं होगा। यह कम दुखद बात नहीं होगी। ऐसी स्थिति में मस्तिष्क-सफ़ाई की जगह मैं सच बोलना ज़्यादा उचित समझूँगा। चाहे सच किसी के भी पक्ष में हो या न हो। वह सचाई के तो पक्ष में होगा। किसी भी लेखक के लिए यह सन्तोष सबसे बड़ा होना चाहिए।

रमेश शौनक : क्या आपने अपने किसी समकालीन साथी को इस मनःस्थिति में पाया है ?

दूधनाथ सिंह : मेरी बातचीत तो नहीं हुई लेकिन मुझे अपने साथियों के बारे में शक है। मेरे बहुत सारे अच्छे साथी–अच्छे लेखक ऐसे हैं जो इस माहौल में अपने को बदल लेंगे। और अपने को उस माहौल के अनुकूल बना लेंगे। वे अपने को एक ऐसी चहारदीवारी पर रखे हुए हैं जिसमें उनकी एक टाँग इधर है, एक टाँग उधर है। जिधर भी मौका आएगा और जैसा भी आएगा, वह किसी भी स्थिति में जुबान बन्द करने या सच बोलने की अपेक्षा उस माहौल में अपने को 'फ़िट-इन' कर लेंगे, अपने को एडजस्ट कर लेंगे। काशीनाथ सिंह का भी हाल, मेरा ख़याल है कि ऐसा ही है। वह तो पहले ही से मुद्रा बनाए बैठे हैं। कालिया के साथ भी ऐसा ही है। वे रोज़ मजदूरों-कर्मचारियों को निकालते-पैठाते हैं। इंस्पेक्टर को घूस देते हैं और सबसे ऊँची आवाज़ में क्रान्ति के बारे में बोलते हैं।

रमेश शौनक : काशीनाथ के उपन्यास 'अपना मोर्चा' का अन्त भी क्या इसी मनःस्थिति का द्योतक है ?

दूधनाथ सिंह : देखिए, उसमें प्रगतिशीलता की मुद्रा तो है लेकिन वह नौकरी को बचाकर लिखा गया उपन्यास है। यानी कि विरोध के लिए भुगतना भी न पड़े और लोगों पर प्रगतिशीलता का रौब भी पड़े। यह वही गड़बड़ी है जिसका ज़िक्र मैंने पीछे किया है। यह लेखक अपनी तथाकथित क्रान्तिकारिता के लिए कोई कीमत भी नहीं देना चाहता और विरोधी कहाना भी चाहता है। मन से, अपने आन्तरिक चिन्तन से वह जो बातें सोचते हैं वह अक्सर लिखते नहीं। जो लिखते हैं वह 'चश्मे' से देखी हुई चीज़ें लिखते हैं। और वह चश्मा निश्चय ही इस तरह का चश्मा है जिसको साम्यवाद के अन्तर्गत फ़िट किया जा सकता है। और अवसर का लाभ उठाया जा सकता है।

तो मैं नहीं कह सकता कि क्या स्थितियाँ हैं। लेकिन मुझे यह बराबर लगता है कि अधिकांश मेरे दोस्त इस अवसर का शिकार होंगे। यह उनके व्यक्तित्व पर शंका करना तो ज़रूर है। लेकिन बहुत तकलीफ़ के साथ यह शंका मेरे दिमाग में बनी हुई है। जो उनका व्यवहार है, साहित्यिक व्यवहार—मेरे साथ नहीं—बल्कि उनका साहित्यिक व्यवहार, उस व्यवहार से मुझे यह झलक बराबर मिलती रहती है।

रमेश शौनक : लेखक पर दबाव डालने के लिए क्या मोड्स एंड मैथड्स, तौर-तरीके अपनाए जाते हैं ? कोई विशिष्ट उदाहरण दे सकेंगे ?

दूधनाथ सिंह : हमारे देश में सीधा-सीधा कोई दबाव तो अभी तक नहीं है। अभी भी हमारी लिखने-पढ़ने की आज़ादी कायम है। लेकिन यहाँ जिस तरह के दबाव हैं वे बहुत अप्रत्यक्ष और विचित्र हैं। वे दबाव एक सभ्य समाज के लिए शर्मनाक तथ्य हैं और साहित्यिक नैतिकता के ख़िलाफ़ हैं।

एक तो जीविका-सम्बन्धी दबाव पड़ता है। यह बड़ा कारगर साबित होता है। एक बार जीविका मिल जाने पर उसे बनाए रखकर ही यहाँ का लेखक जुबान खोलता है। और वह भी उन मुद्दों से कन्नी काट जाता है जिनके कारण उनकी जीविका जाने की सम्भावना रहती है। इससे क्या यह साबित नहीं होता कि यहाँ का लेखक पूरा सच कभी नहीं बोलता।

लेकिन एक दूसरे तरह का दबाव भी यहाँ लाया जाता है। लेखक की चर्चा बन्द कर दो। इससे बेचारे छोटे दिमाग के लेखक बड़े नर्वस होते हैं और जल्दी-जल्दी अपने को बदलने लगते हैं। इस तरह का छोटा दिमाग अक्सर हिन्दुस्तानी लेखकों के इर्द-गिर्द काम करता हुआ पाया जाता है। ऐसे लेखकों का कोई अपना विश्वास नहीं होता। वे

सस्ती ख्याति के फेर में बड़े हास्यास्पद कारनामे करते हैं। ये लोग रातों-रात कुछ से कुछ हो जाते हैं। ऐसे हज़ारों उदाहरण फ़िलहाल हिन्दी में पड़े हुए हैं।

●●

रमेश शौनक : मुझे अक्सर ऐसा लगता है कि समूचा हिन्दी-कथा साहित्य विशेषतः हिन्दी कहानी और हिन्दी उपन्यास सामान्यतः हिन्दू कथा-साहित्य और हिन्दू उपन्यास हैं। आप इससे सहमत हैं ?

दूधनाथ सिंह : हिन्दूवाद की जो परिभाषा मेरे दिमाग में है उसके अनुसार अगर हिन्दी साहित्य हिन्दू साहित्य है तो कोई बुराई भी नहीं है। मैं यह मानता हूँ कि हिन्दू होना एक मनुष्य होना है। एक बहुत ही आम, बहुत ही साधारण, बहुत ही सरल आदमी होना है। जैसे कि गांधी जी थे। इस अर्थ में यदि हिन्दी-साहित्य हिन्दू-साहित्य है, तो ठीक है। उससे कोई ख़तरा नहीं उपजता। लेकिन इससे अलग अगर कोई संकीर्ण अर्थ आपके दिमाग में है और उस अर्थ में यदि हमारा साहित्य, हिन्दू-साहित्य है तो उस साहित्य को मैं कोई अच्छा साहित्य नहीं मानता। क्योंकि भारतीयता सिर्फ़ हिन्दूवाद तो नहीं है। और न उसका बहुत बड़ा अंश ही मात्र हिन्दुत्व की देन है। सांस्कृतिक स्तर पर। मैं नहीं जानता आप हिन्दूवाद का क्या अर्थ लेते हैं।

रमेश शौनक : मेरा कहने का भाव यह है कि हिन्दू जाति (कम्युनिटी) एक बहुत बड़े भूभाग पर फैले होने पर भी और सैकड़ों उप-संस्कृतियों, उप-परम्पराओं में विभक्त होने पर भी एक सेल्फ़-एन्क्लोज्ड, स्व-सीमित...

दूधनाथ सिंह : फ़िलहाल हिन्दू-जाति—बावजूद सैकड़ों उप-संस्कृतियों और उप-परम्पराओं के—एक 'सेल्फ़-इन्क्लोज़्ड जाति नहीं है। क्योंकि उसके सर्वनाश का कोई ख़तरा उसके सामने नहीं है। क्योंकि वह बहुमत में है। और सत्ता में है। उसका 'सेल्फ़-इन्क्लोज़्ड' होना बहुत कुछ मुसलमानी शासन-काल की देन है।

रमेश शौनक : मुझे लगता है कि उससे इतर जीवन का चित्रण हिन्दी-कथा-साहित्य में बहुत कम हुआ है। मतलब यह कि पिता एक हिन्दू पिता है, माँ एक हिन्दू माँ है, भाभी है तो हिन्दू भाभी है...

दूधनाथ सिंह : इसका एक कारण यह भी तो हो सकता है कि जो लेखक है वह अपने परिवेश के प्रति, अपनी सामाजिक और पारस्परिक परिस्थितियों के प्रति सबसे पहले अपने को ज़िम्मेदार समझता है। दूसरे, मुझे नामों के अलावा किसी हिन्दू पिता, माँ या भाभी में हिन्दुत्व की बू नहीं आती। अच्छे लेखक वैसे भी किसी धर्म या सम्प्रदाय-विशेष के पात्र का चित्रण करते वक्त उसका अन्तर्राष्ट्रीयकरण कैसे कर सकते हैं !

रमेश शौनक : अक्सर देखा गया है कि—और इसके अपवाद बहुत ही कम हैं—एक क्रिश्चियन का चित्रण एक स्टॉक-कैरेक्टर के रूप में ही होगा, एक सिख का चित्रण स्टॉक कैरेक्टर के रूप में ही होगा। एक ऐंग्लोइंडियन लड़की फ्रॉक पहनने वाली एक विशिष्ट चारित्रिक स्तर की लड़की होगी। एक सिख का चित्रण विशिष्ट बौद्धिक स्तर के ऊपर के व्यक्ति के रूप में नहीं किया जाएगा।

दूधनाथ सिंह : मैं आपकी बात समझ रहा हूँ। लेकिन इसका एक दूसरा पक्ष भी है। क्या हिन्दू-समाज के अलावा जो बाकी समाज हैं—चाहे हमारे देश का ईसाई समाज हो, या सिख-समाज या मुसलमान—क्या वे भी आपके ही शब्दों में एक बन्द-समाज नहीं हैं ? अपवादों को छोड़ दीजिए तो क्या इनमें से किसी का भी अन्तर्धर्मिकीकरण अथवा अन्तर्राष्ट्रीयकरण हुआ है ? क्या एक ईसाई लड़की साड़ी को अधिकांशतः त्याज्य नहीं समझती ? क्या फ्रॉक उसका अपना पहनावा नहीं बन गया है। क्या एक सिख पगड़ी और कंघा उतार सकता है। बाहरी आवरण ही नहीं—अन्दर से भी ये सारे समाज अभी भी स्टॉक-कैरेक्टर ही बने हुए हैं। यह विशिष्टता की एक पहचान भी है। ऐसी स्थिति में अगर एक लेखक उन्हें स्टॉक-कैरेक्टर के रूप में न चित्रित करके दूसरे ढंग से चित्रित करे तो क्या वह झूठा नहीं कहलाएगा ?

वैसे बावजूद इस 'बन्द सामाजिकता' के इन सबमें एक भारतीयता तो है ही। अतः जब लेखक उन्हें एक स्टॉक-कैरेक्टर के रूप में भी उठाए तो निर्णय इस पर होना चाहिए कि उसके चित्रण में से छनकर, फ़िल्टर होकर उनकी 'भारतीयता' सामने आती है या नहीं। वह एक अ राष्ट्रीकृत, धर्मान्ध, नफ़रतभरा चरित्र तो नहीं बन जाता।

रमेश शौनक : भारतीयता के प्रश्न पर मैं फिर लौटूँगा। लेकिन अभी जो प्रश्न मैंने पूछा उसको पूछते हुए शायद मेरे अवचेतन में यशपाल के उपन्यास 'बारह घंटे' की ईसाई नायिका थी। मुझे नहीं लगता कि हिन्दू चरित्र को लेकर यशपाल अपनी बात कह पाते। जब तक वह क़ब्रिस्तान का वातावरण, क़ब्र पर फूल चढ़ाए जाने वाली बात न सामने लाते...वैसी बात किसी भी हिन्दू लेखक ने हिन्दू पात्रों के माध्यम से नहीं कही।

दूधनाथ सिंह : एक तो हिन्दू पात्रों के अनुकूल वह माहौल ही नहीं है। फूल चढ़ाने और क़ब्र पर हिन्दू पात्र जा भी कैसे सकते हैं। इसलिए हिन्दू पात्रों के माध्यम से उस बात को व्यक्त करने का सवाल ही नहीं उठता।

इसके अलावा भी एक बात है। कोई भी हिन्दू पात्र—चाहे वह स्त्री हो या पुरुष—ऐसा नहीं कर सकते कि अपना दुख लिए हुए एक तीसरी जगह पर जाएँ और वहाँ से उस दुख को एक नए सुख और नए जीवन

में परिवर्तित करके तुरन्त ले आएँ। क्योंकि हिन्दूवाद दरअसल एक तरह का अन्तःकरणवाद भी है। और वह ऐसा अन्तःकरणवाद है जो अपना एक निर्णय लेने के पहले अन्य दस तरह के निर्णयों से अपने को आक्रान्त करता है। उस पर बार-बार 'ननु-नच' लगाता है। उसमें लोक-परलोक शामिल करता है। क्योंकि आम हिन्दू सिर्फ़ इसी दुनिया के धरातल पर नहीं जीता कि वह मृत्यु के दुख को टालकर जीवन के सुख का इतनी आसानी से आलिंगन कर सके। मृत्यु उसकी एक सार्थक और अमर स्मृति है। वह उसे सँजोता है। किसी नए सुख में उसे भुलाता नहीं।

रमेश शौनक : क्या आप सोचते हैं कि हिन्दू विधवा अपने पति की समाधि पर फूल चढ़ाने जाती है और वहाँ उसे एक अन्य व्यक्ति, हिन्दू पुरुष मिल जाता है और वह उसके घर बस जाती है—जैसा कि विनी ने किया—तो यह हिन्दू पात्रों को स्वीकार्य हो जाता ?

दूधनाथ सिंह : एक तो हिन्दुओं में समाधि की प्रथा नहीं है। कुछ बड़े लोगों की समाधियाँ ही बनाई जाती हैं। इसलिए समाधि पर जाने का चित्रण वैसा ही होता जैसे गाँवों में सराय में ठहरने का वर्णन। दूसरे अगर ऐसा अविश्वसनीय चित्रण कोई लेखक करता भी तो वह स्वीकृत तो नहीं ही होता। किसी भी तरह से नहीं होता।

दूसरे मैंने कहा न, हिन्दूवाद एक तरह का अजीब अन्तःकरणवाद है। हिन्दू विधवा शायद पहले मिलन में कभी भी किसी भी तरह का निर्णय नहीं ले सकती, जब तक कि उसका वह पूर्व प्रेम-प्रसंग न हो और अपने पति की मृत्यु उसके लिए छुटकारे का वरदान न बन जाए। या वह निहायत अमानवीय वृत्तियों का शिकार न हो।

इसलिए यशपाल के लिए सम्भव नहीं है कि जिस तरह के संस्कार हिन्दू समाज के साथ लगे हुए हैं इन संस्कारों को हटाकर वे उनका कोई बनावटी चित्रण करते। क्या आप यह नहीं मानते कि यह अविश्वसनीय होता ?

रमेश शौनक : अविश्वसनीय तो होता लेकिन उस उपन्यास का भारतीयकरण करने के लिए यशपाल को एक अन्य ईसाई पात्र द्वारा सावित्री और सत्यवान की कहानी सुनाए जाने की आवश्यकता क्यों महसूस हुई ?

दूधनाथ सिंह : यशपाल द्वारा प्रयुक्त 'ऑटोसज्जेशंस' से मैं सहमत नहीं हूँ। दूसरी चीज़ यह है कि आपने जो भारतीयकरण की बात कही तो मुझे वह कहानी अभारतीय कहीं से भी नहीं लगती। क्योंकि ईसाई समुदाय, मेरे ख़याल से, अभारतीय तो नहीं है। हम उसे अभारतीय इसलिए मान लेते हैं कि हम हिन्दू लोग शेष सारे भारतीय समाजों को हाशिए पर

रखकर देखने के आदी हो गए हैं। यह प्रवृत्ति एक तरह के प्रतिशोध के रूप में पिछले 25 वर्षों में विकसित हुई है। पहले मुसलमान शासक थे फिर अंग्रेज़। लेकिन मुसलमानों या अंग्रेज़ों–दोनों के लिए हिन्दू जाति को हाशिए पर रखना सम्भव नहीं था। उनकी उपेक्षाओं और अत्याचारों का बदला अब हिन्दू लोग इन समाजों को हाशिए पर रखकर ले रहे हैं। यह एक तरह का जघन्य अपराध है।

शायद यशपाल के मन में भी यही खटका होगा। इसलिए उस तनाव को भारतीय समाज की मुख्य धारा से मिलाने के लिए उन्होंने सावित्री-सत्यवान की कहानी का प्रवेश कराया। लेकिन मेरा ख़याल है कि इसकी कोई ज़रूरत नहीं थी।

दरअसल, यशपाल जी की खूबी क्या है ? वे हमेशा अपने किसी विचार को कथा में बुनते हैं और बड़ी ख़ूबसूरती से बुनते हैं। कुछ इस तरह कि जीवन झरझराता हुआ उसमें से बहता हुआ दिखाई देता है। और विचार की केन्द्रीयता पर ध्यान नहीं जाता। (वैसे हमारा तो चला जाता है।) लेकिन इस प्रयत्न में कभी-कभी यशपाल असफल भी हो जाते हैं। जैसे उनका उपन्यास 'क्यों फँसें' है। आपने पढ़ा होगा। अब यशपाल विवाह के ख़िलाफ़ कोई ज़ोरदार निबन्ध लिखते तो हम उनका साहसिक विचार मानकर उसे पढ़ते। लेकिन उन्होंने कृत्रिम पात्रों को खड़ा करके उस विचार को अत्यन्त अविश्वसनीय तरीके से बुन दिया।

रमेश शौनक : वह एक नए ढंग का पिकरेस्क नॉवेल है ?

दूधनाथ सिंह : हाँ, और इसलिए मुझे विश्वसनीय नहीं लगा।

रमेश शौनक : आपने भारतीयता की बात कही, क्या आपके विचार में हम एक मोनोलिथिक इंडियन लिटरेरी ट्रेडिशन, भारतीय सांस्कृतिक परम्परा की बात कर सकते हैं ? विशेषतः कथा-साहित्य के सन्दर्भ में हम बँगला कथा-साहित्य की, तमिल कथा-साहित्य की, पंजाबी कथा-साहित्य की अलग-अलग बात करते हैं। क्या हम एक समग्र रूप से भारतीय साहित्य की बात कर सकते हैं–पठन-पाठन–दोनों स्तरों पर ?

दूधनाथ सिंह : अपने बाहरी आचार-व्यवहार में भले ही हिन्दुस्तान की विभिन्न भाषाओं का साहित्य अलग-अलग लगे लेकिन उनकी आन्तरिक बनावट में एक अजब-सी एकरूपता है। जैसे बड़ी-से-बड़ी पराजय को भी जीवन की अन्तिम असफलता न मान बैठना। एक ऐसी आस्था का अबाध विस्तार जिसका बाहरी आधार चाहे खंडित दिखाई पड़े–भीतर से वह कभी नहीं टूटती। यह एक मोनोलिथिक कैरेक्टर है, चरित्र है जो मलयालम से लेकर कश्मीरी तक के कथा-लेखन में समान रूप से आपको मिल जाएगा।

रमेश शौनक : आप हिन्दी से इस मनःस्थिति का कोई उदाहरण दे सकते हैं ?

दूधनाथ सिंह : इस मनःस्थिति का उदाहरण शिवप्रसाद सिंह का उपन्यास है– 'अलग-अलग बैतरणी'। उसका जो मास्टर पात्र है वह अन्ततः इसी स्थिति में जाकर अपने को सारी असफलताओं और स्थितियों से उबारकर और एक ख़ास तरह की आस्था से जुड़ता है। एक बेकाबू और पहचानहीन स्थिति में अपने को पाकर वह एक नई तरह की आस्था से अपने को जोड़ता है।

रमेश शौनक : आप 'अलग-अलग बैतरणी' के शशिकान्त की ही बात कर रहे हैं न ? वह तो गाँव छोड़कर भाग जाता है रातों-रात। उसकी किस आस्था की बात कर रहे हैं आप ?

दूधनाथ सिंह : हाँ, वह भाग तो जाता है, वैसे तो देवनाथ भी भागता है, विपिन भी चला जाता है, हरिया भी भाग जाता है, बशीर मियाँ भी भाग जाते हैं। लेकिन उनका भागना जीवन से भागना तो नहीं है। एक नए जीवन की खोज में भागना है। अपनी शक्ति का अपव्यय होते देख उसे सृजनात्मक काम में लगाने के लिए भागना है। यह भागना मेरे ख़याल में 'पलायन' नहीं है। एक बदबू से भागना, एक सड़न से भागना– शायद साफ़ हवा की तलाश में जाना है।

रमेश शौनक : उसका भागना अन्ततः जीवन से भागना तो नहीं है, लेकिन जिस आस्था की आपने बात कही उसके विखंडन की स्थिति तो है ही।

दूधनाथ सिंह : मुझे उसका भागना, बराबर एक संकेत लगता है–एक नए माहौल, एक नई आस्था और एक शुरुआत से जुड़ने का संकेत। इस उपन्यास को छोड़ दीजिए आप। मान लीजिए, इसमें हम-आप असहमत हैं। 'आधा गाँव' के फत्ते मियाँ को लीजिए। उनका लड़का भी आज़ादी की लड़ाई में शहीद हुआ है। लेकिन शहीद-दिवस पर उसका कोई ज़िक्र नहीं होता। फत्ते मियाँ अपनी मुचड़ी शेरवानी में अन्ततः हताश और टूटे हुए लौटते हैं। यह अनुभव तेज़ कील की तरह चुभता है उन्हें, कि पाकिस्तान भारतीय मुसलमान के गले में एक हड्डी की तरह फँसा हुआ है। हिन्दुस्तान की मिट्टी से जुड़ा होना भी उसके प्रति शंका उत्पन्न करता है। यह सब पाकिस्तान बन जाने के कारण ही है। जिसे न तो वह उगल पाता है, न निगल पाता है। फत्ते मियाँ नैराश्य के इसी घनघोर अँधेरे में लौटते हुए मारे जाते हैं। क्या उस पात्र का टूटना और समाप्त होना हिन्दुस्तानी मुसलमान की हिन्दुस्तान में बची-खुची आस्था का मर जाना है ? क्या उसका अन्तिम रूप से अ-राष्ट्रीकृत हो जाना है ? मेरा ख़याल है राही यह नहीं कहना चाहते। मरकर वह बची-खुची आस्था से यहाँ की मिट्टी

को सँवारता है, उसे ऊर्वर करता है। इसी नुक्ते पर उपन्यास हमें हैमर करता है।

रमेश शौनक : मुझे लगता है कि भारतीयता को परिभाषित करने के लिए ही दोनों उपन्यास सचेतन रूप से लिखे गए हैं ?

दूधनाथ सिंह : हाँ, ठीक है।

रमेश शौनक : आप अपने आपको किन अर्थों में एक भारतीय कथाकार मानते हैं ?

दूधनाथ सिंह : इसका बहुत सपाट उत्तर हो सकता है कि मैं एक भारतीय हूँ, इसलिए मैं भारतीय लेखक हूँ। लेकिन मैं अपने आपको एक भारतीय लेखक इसी अर्थ में मानता हूँ कि मैं कुछ भी ऐसा नहीं लिख सकता जो हमारे चारों तरफ़ के माहौल से अलग हो। मेरी कोई भी रचना उठाकर अमेरिका या योरोप में रखकर उसकी पहचान दबाई नहीं जा सकती। ऐसा इसलिए नहीं कि मेरी किसी कहानी के पात्र का नाम भारतीय है। यानी कि सत्येन्द्र मलहोत्रा हटाकर अगर आप 'जॉन हीथ' कर दें तो भी मेरी कहानी की 'भारतीय पहचान' आप नहीं दबा सकते। वह अपने सारे भौगोलिक, ऐतिहासिक और सांस्कृतिक रचाव में एक भारतीय कथा-कृति ही रहेगी। क्योंकि भारतीय मनुष्य की जो विनम्रता है, अन्तर्मुखता है, फ़िलहाल जो एक परिणामहीन गुस्सा है—आज के भारतीय युवा वर्ग का, वही उसे एक भारतीय कहानी बनाता है। उसका यह व्यवहार टिपिकल भारतीय व्यवहार है।

रमेश शौनक : आप यह सारी बात शायद 'प्रतिशोध' कहानी को लेकर ही कह रहे हैं ?

दूधनाथ सिंह : जी हाँ, और भी हैं—मेरी दूसरी कहानी 'कोरस' है जो फ़न्तासी के रूप में लिखी है। या 'सपाट चेहरे वाला आदमी'।

रमेश शौनक : 'सपाट चेहरे वाला आदमी' को आप किन अर्थों में भारतीय कहानी कहेंगे ? अनूदित होकर वह किन अर्थों में भारतीय कहानी रह जाएगी ?

दूधनाथ सिंह : 'सपाट चेहरे वाला आदमी' उन्हीं अर्थों में एक भारतीय कथा-कृति है जिनका ज़िक्र मैंने अभी-अभी किया है। शायद आत्मघात के प्रयत्न में निकले हुए किसी फ्रेंच या अमेरिकन आदमी की चरित्र-परिणति वह नहीं होती जो इस कहानी के चरित्र की हुई है। शायद जीवन को इतने निरीह स्तर पर प्रताड़ित होते देखकर आज के पश्चिम का आदमी अपने आत्मघात का निर्णय नहीं बदलता। सारी आस्थाओं से विमुख होने के बाद वह एक औरत पर चढ़े हुए जानवर को लात न लगाता। वह जीवन के फिर आमने-सामने न होता। उसे सपाट चेहरे में डबडबाते आँसू और एक अन्धे आदमी के निरीह असमंजस से प्रेरणा

न मिलती। शायद अमेरिकन चरित्र को ये स्थितियाँ आत्मघात की भावना को और गहरा करतीं। पश्चिम का चरित्र इस सड़ाँध-भरे माहौल को अपने आत्म-हनन से और गहरा कर देता।

लेकिन भारतीय मनुष्य जो आपको अनेक बार बड़ा चुप, अन्तर्मुख, निर्विकार और कुछ सीमा तक निर्दयी दिखाई देता है, सहसा कब इन स्थितियों को फाड़कर एक सजग निर्णय ले लेगा, यह कहना कठिन है। तो उसका यह व्यवहार ही भारतीय व्यवहार है जिसके कारण यह कहानी अनुवाद के बाद भी कोई दोगली रचना नहीं साबित होगी। सारे दिग्भ्रम, सन्त्रास और टूटन के बीच भी भारतीय व्यवहार की अदृश्य करुणा, कर्मण्यता और विश्वास उस कहानी में निहित हैं।

हो सकता है मैं भारतीयता को बड़े अमूर्त ढंग से परिभाषित कर रहा होऊँ। लेकिन सचाई यही है। इसको आप आसानी से अन्तर्राष्ट्रीयता से जोड़ सकते हैं। लेकिन मैं जो यह बराबर कहता हूँ कि हमारे भौगोलिक, ऐतिहासिक, राष्ट्रीय, सामाजिक सीमाओं में जो भारतीय मनुष्य का व्यवहार है, वह व्यवहार पश्चिमी मनुष्य के व्यवहार से बिल्कुल अलग है। और वह व्यवहार जब तक हमारी कहानी में है तब तक हम भारतीय लेखक हैं।

यह व्यवहार विमल की कहानी में अक्सर नहीं रहता। यह व्यवहार कालिया की बहुत सारी कहानियों में नहीं रहता जो फ़ैशन में लिखी गई है। लेकिन ज्ञानरंजन की किसी भी कहानी में आपको यह व्यवहार मिल जाएगा।

भारतीयता कोई ऐसी चीज़ नहीं जिसको परिभाषित करने में देर लगे। लेकिन मैं उसको एक ख़ास स्थिति से जोड़ता हूँ कि जो भारतीय मनुष्य की अन्तर्मुखता है, उसको बार-बार किसी भी तरह की असफलता के बावजूद, एक विशिष्ट आस्था से, एक विशिष्ट विचार से, मनुष्य के जीवित रहने और उसकी पहचान बने रहने में जो बार-बार एक ख़ास तरह का विश्वास प्रकट करता है—कभी स्ट्रक्चर के माध्यम से, कभी जैस्चर्स के माध्यम से, कभी सूक्तियों के माध्यम से, कभी अपनी निराशा के माध्यम से। यह विश्वास ही भारतीयता का सबसे बड़ा लक्षण है। कन्याकुमारी से लेकर कश्मीर तक के साहित्य में, किसी भी कहानी में, किसी भी कविता में आप आसानी से इसे ढूँढ़ सकते हैं।

रमेश शौनक : अगले 30 वर्षों में हिन्दी-साहित्य में कौन-सी विधा प्रमुख विधा होगी ?

दूधनाथ सिंह : मुझे लगता है कि अगले वर्षों में उपन्यास ही भारतीय साहित्य की प्रमुख विधा रहेगी। उसके बाद नाटक। फिर कविता। क्योंकि कविता का जो विवरणात्मक तत्त्व है वह उपन्यास में समाहित होता गया है और उसका काव्य-तत्त्व नाटकों में। इसीलिए कविता की इधर सम्भावनाएँ कुछ कम हुई हैं। उपन्यास की सम्भावनाएँ सबसे ज़्यादा यों बढ़ी हैं कि आज के भारतीय जीवन में जो विशाल उथल-पुथल और अँधेरा है, उसे उपन्यास में ही चित्रित किया जा सकता है। क्योंकि मंच की एक अपनी सीमा है। और कविता विस्तार को सूक्तियों में समेटती है। इसमें 'डिटेल्स' के छूट जाने की सम्भावनाएँ फिर भी रहेंगी। इसीलिए कविता कुछ पीछे जाएगी।

लेकिन फिर भी यह इतना आसान नहीं है। कविता भारतीय मनुष्य की नस-नस में रची हुई है। वह हमारे ख़ून में हज़ारों वर्षों से है। हमारी बोल-चाल, हमारी दैनिक अभिव्यक्ति का एक अविभाज्य अंग है।

रमेश शौनक : आपका मतलब कवि-सम्मेलनों और कवि-गोष्ठियों से है ?

दूधनाथ सिंह : आप ग़लत समझे। मेरा मतलब कवि-गोष्ठियों या कवि-सम्मेलनों से नहीं था। मेरा मतलब भारतीय सन्दर्भों में कवित्व की मूल भावना की उपज से था। भारतीय मनुष्य का जो प्रमुख गुण है—सूत्रों और सूक्तियों में बोलने का—कविता के उद्‌गम के मूल में वही है। यानी कि कविता अपने प्राण रूप में हर भारतीय मनुष्य में रची हुई है। भारतीय मनुष्य ठस और विवरण की भाषा में कभी नहीं बोलता। 'ओऽम्' पहली सूक्ति थी जिससे कविता अपनी सम्पूर्ण लय और अर्थ के साथ शुरू हुई। फिर वैदिक ऋचाएँ हैं। कविता इसी सूक्तिमयता के गर्भ से जन्म लेती है।

दरअसल हमारे यहाँ की सारी दूसरी साहित्यिक विधाओं का जन्म भी कविता की इसी सूक्तिमयता से हुआ है। सूक्ति का पहला 'एक्सटेंशन' बुद्ध के छोटे-छोटे कथा-गर्भित प्रवचन हैं, जो सूक्ति की व्याख्या और फिर सूक्ति की सिद्धि में समाप्त होते हैं। यही कथात्मकता आगे चलकर विवरण और संवाद में प्रस्फुटित हुई जिसमें से उपन्यास और नाटक का विकास हुआ। स्वामी रामकृष्ण परमहंस ने भी इसी लघु-प्रवचन शैली को अपनाया था। इसीलिए मैं कहता हूँ कि कविता फिर भी एक महत्त्वपूर्ण विधा है। और वह महत्त्वपूर्ण विधा रहेगी। क्योंकि सूक्तियाँ और सूत्र भारतीय मनुष्य के संस्कारों के सबसे निकट पड़ते हैं। उसमें प्रतिपाद्य ही रहता है—तर्कजाल

तिरोहित हो जाता है। अनुभव का उच्चतम सार–यही तो भारतीय कविता है।

रमेश शौनक : क्या हिन्दी में नए उपन्यास के अभ्युदय का कोई संकेत नज़र आता है ?

दूधनाथ सिंह : इधर हिन्दी में जितने उपन्यास नए आए हैं, मुझे कुछ आशा बँधी है। लेकिन उनमें अभी भी उपन्यास की पुरानी शास्त्रीयता बरकरार है। एक उपन्यास महेन्द्र भल्ला ने लिखा है–'एक पति के नोट्स'। कथा है उसमें, लेकिन एक ख़ास तरह की कथाहीनता ज़्यादा प्रखर है। 'अपना मोर्चा' भी कुछ-कुछ स्कैच, संस्मरण, एक प्रभावपूर्ण निबन्ध और ख़ास तरह का सूक्तिपरक माहौल–इन सबको मिलाकर कथा-तत्त्व को काटता है। इस दृष्टि से तो वह भी कुछ-कुछ नयेपन का आभास देता ही है। 'राग दरबारी' भी बावजूद इसके कि कथा का एक स्रोत उसमें है, कथात्मकता को काटता है। लेकिन इस तरह की अ-शास्त्रीयता मुझे सबसे अधिक 'आधा गाँव' में लगती है। 'मुहर्रम' वह केन्द्र-बिन्दु है जिसके चारों ओर एक चक्रीयता में सारा उपन्यास घूमता है। यानी कि वह शिल्प के स्तर पर पुराने उपन्यासों की तरह किसी एक ही दिशा में नहीं चलता। वह कहीं नहीं जाता और हर जगह जाता है। और इस तरह मुहर्रम के 'उत्सव' को एक अभिधात्मक उदासी और मातम में बदल देता है।

रमेश शौनक : मुझे लगता है कि कहीं-न-कहीं यह कथानक की चक्रीयता समय की भारतीय अवधारणा से मेल खाती है ?

दूधनाथ सिंह : हो सकता है। मैंने इस नज़रिए से कभी सोचा नहीं। उसमें नयेपन का संकेत है। हालाँकि उससे हिन्दी उपन्यास को पुनर्परिभाषा के छोर पर नहीं लाया जा सकता। यह कहीं बीच में है।

रमेश शौनक : पिछले दो-तीन वर्षों में प्रकाशित होने वाले कुछ एक उपन्यासों में आपको कहीं उपन्यास की पुनर्परिभाषा की दिशा में किए गए प्रयत्नों की सार्थकता नज़र नहीं आई ?

दूधनाथ सिंह : बहुत छोटे-छोटे उपन्यास प्रकाशित हुए और बहुत नए लेखकों के, जिनको मैंने पढ़ा है। एक तो उनकी कहानियाँ पढ़ने के बाद उनके ये उपन्यास पढ़ने की मुझे इच्छा नहीं हुई। लेकिन जिस एक उपन्यास की मैं चर्चा कर सकता हूँ वह है भीष्म साहनी का उपन्यास 'तमस'। परिभाषाओं से अलग एक जैनुइन लेखन के रूप में मुझे अच्छा लगा। अभी हाल ही में आया है। गिरिराज किशोर का एक उपन्यास आया है 'जुगलबन्दी'। 'सफेद मेमने' नाम का एक उपन्यास है मणिमधुकर का। उसमें कुछ इस तरह की चीज़ें हैं जो मुझे कुछ-कुछ ठीक लगीं।

लेकिन उससे भी हिन्दी उपन्यास की पुनर्परिभाषा नहीं की जा सकती।

रमेश शौनक : क्या वदीउज़्ज़माँ का 'एक चूहे की मौत' आपने पढ़ा है ? क्या उस उपन्यास को 'नये उपन्यास' का उदाहरण न भी सही, 'नये उपन्यास' को दिशा देने वाली कलाकृति कह सकते हैं ?

दूधनाथ सिंह : 'एक चूहे की मौत' में जो फ़न्तासी है वह इतनी प्रमुख हो गई है कि चौंधिया देती है। मतलब इतनी तेज़, डैज़लिंग लाइट उस फ़न्तासी की पड़ती है कि उसकी जो सम्भावनाएँ हैं, नए उपन्यास के रूप में वे कम हो जाती हैं और चूहे की फ़न्तासी ज़्यादा महत्त्वपूर्ण हो जाती है। इसलिए नए उपन्यास के नुक्ते तक जाते हुए भी फ़न्तासी कहीं-न-कहीं उसको काटती है। वैसे मुझे अच्छा लगा पढ़कर। कुछ अलग हटकर है। लेकिन बहुत सम्भावना नहीं लगी।

रमेश शौनक : गंगा प्रसाद विमल के 'कहीं और कुछ' को आप नए उपन्यास की शुरुआत कह सकेंगे ?

दूधनाथ सिंह : हाँ हो सकता है, लेकिन मुझे बनावटीपन की बू ज़्यादा आई उस उपन्यास से।

रमेश शौनक : यह बनावटीपन आपको थीम के स्तर पर खटका या भाषा के स्तर पर ?

दूधनाथ सिंह : थीम के स्तर पर तो ज़्यादा कुछ नहीं। थीम तो फिर भी उसकी कुछ ग़नीमत है लेकिन भाषा के स्तर पर मुझे विमल कभी अच्छा नहीं लगा। मुझे एक अजीब किस्म का बनावटीपन, एक अजीब किस्म की बनाई हुई, सूखी-नीरस भाषा—जो हिन्दुस्तानी आदमी के चरित्र में नहीं है—उस तरह की भाषा रचने की कोशिश की गई है। हिन्दुस्तानी आदमी बहुत ठस, बहुत सूखी और नीरस भाषा बोलने की कोशिश करेगा तो भी वह सूक्तियों में, मुहावरों में, उलट-पलटकर भाषा को बोलता है। कहीं-न-कहीं खट्-से उसमें हल्का-सा रस, हल्का-सा तेवर, हल्का-सा व्यंग्य, हल्की-सी हँसी, हल्की-सी उदासी झाँकने लगती है। लेकिन विमल की भाषा में यह रंग मिलता नहीं। हो सकता है मैं विमल के प्रति प्रेज्यूडिस्ड हूँ। लेकिन मैं क्यों प्रेज्यूडिस्ड होऊँगा, वह मेरा दोस्त है। ऐसी कोई बात तो नहीं।

रमेश शौनक : आपकी कोई उपन्यास लिखने की योजना है ?

दूधनाथ सिंह : एक उपन्यास मैंने लगाया हुआ है।

रमेश शौनक : 'लगाया हुआ है' का मतलब ?

दूधनाथ सिंह : लेकिन खटाई में पड़ा हुआ है। खटाई में इस तरह पड़ा हुआ है कि लिखना मैंने उसे '66 में शुरू किया। लेकिन तब से अब तक मेरी

मानसिकता में बहुत अन्तर आ गया है और मैं बार-बार सोचता हूँ कि लिख ही लूँ।

रमेश शौनक : लिख ले जाएँगे ?

दूधनाथ सिंह : हाँ, लिख तो ले जाऊँगा मैं। थोड़ा-सा परिवर्तन ज़रूर करना पड़ेगा। लेकिन लिख ले जाऊँगा। उसको लेकर एक ख़ास तरह के अँधेरे में टटोल लगा रहा हूँ मैं। कोई आदमी अपनी सारी ईमानदारी, स्वतन्त्रता, स्वाभाविकता से अगर जीवित रहने की कोशिश करता है तो वह आज शेष समाज के लिए एक ख़तरा साबित होता है। उसकी सारी स्वाभाविकता एक प्रकार की अस्वाभाविकता का पर्याय मान ली जाती है। या उसको एक तरह का फ़तवा दे दिया जाएगा। अक्सर दे दिया जाता है। क्योंकि एक सच्चा व्यक्ति दस झूठों के बीच अगर पहुँचता है तो उन दसों के लिए ख़तरा तो साबित होगा ही। ऐसी स्थिति में उसकी सच्चाई को लांछित करने की कोशिश अक्सर होती है। अगर व्यक्ति लांछित कर दिया जाए और वह लगातार अपने को उसी नुक्ते पर खड़ा रखे, लड़ता जाए तो उसका हश्र क्या होगा—यही उस उपन्यास का कथ्य है शायद।

●●

रमेश शौनक : आज सुबह जो आपकी एक दल-बल के साथ आने वाले लोगों से मुठभेड़ हुई उस परिप्रेक्ष्य में आप 'आत्मकथ्य' के रूप में अपने-आपको परिभाषित करने के लिए क्या कहेंगे ?

दूधनाथ सिंह : कोई मुठभेड़ नहीं थी, बातचीत थी। उसके परिप्रेक्ष्य में किसी भी 'आत्मकथ्य' का क्या सवाल उठता है। वे मेरे इतने प्यारे लोग हैं।

सच पूछिए तो अपने आपको लेखन से, और फिर परिवार में जो हमारी क्रियाशीलता है, जो हम करते रहते हैं, जैसे रहते हैं इसके अलावा मैं अपने आपको कैसे परिभाषित कर सकता हूँ। लेकिन ध्यान से मैं अपने को देखूँ तो मैं बार-बार वही बात पाता हूँ कि बुनियादी तौर पर मैं मध्यवर्ग से सम्बन्धित नहीं हूँ। बुनियादी तौर पर मैं एक किसान परिवार से आया हुआ व्यक्ति हूँ। तो कहीं-न-कहीं मेरे पूरे व्यक्तित्व में एक ठेठपन है। वह ठेठपन एक तरह का अजीब-सा भोलापन, एक अजीब-सी शक्ति और साथ ही एक अजीब-सी निराशा का निर्माण करता है। इन्हीं चीज़ों से मेरा मानसिक और शारीरिक निर्माण हुआ है।

वैसे मैं काफ़ी दिनों तक चीज़ों के बारे में निर्णय नहीं लेता। लेकिन जब लेता हूँ तो फिर दोबारा उसको बदलने की कोशिश नहीं करता।

इसीलिए मेरे चरित्र में बदलाव बहुत कम है। दूसरे कठिन-से-कठिन स्थितियों को भी मैं सह लेता हूँ। मैंने यही देखा है कि मैं ही नहीं, मेरे परिवार के दूसरे व्यक्ति भी, मेरे भाई भी, बहुत ही कठिन परिस्थितियों को झेल लेते हैं। उसके आगे घुटने नहीं टेकते। बल्कि उसको झेलते हैं और उसके बाहर निकल आते हैं। उसको फाड़के बाहर निकल आते हैं। कई बार ऐसा हुआ है कि मैं घिर गया हूँ। बहुत सारी चीज़ों से। व्यक्तिगत स्तर पर भी। अपने पारिवारिक जीवन में भी। साहित्यिक जीवन में भी। जीविका के स्तर पर भी। और विचारों के स्तर पर भी। लेकिन सबको फाड़कर मैंने अपने व्यक्तित्व की निजी इयत्ता को हर जगह बनाए रखा है।

एक किसान परिवार से और देहात से आने के कारण मैं अपने, और अपने साथियों के बीच में—जो मेरे लेखक साथी हैं, जो मूलतः शहरों के निवासी हैं, उनके और अपने व्यवहार में अन्तर पाता हूँ।

जैसे मैं जीवन में बहुत ठगा गया। मध्यवर्ग से आया हुआ व्यक्ति अक्सर ठगा नहीं जाता। वह ठगने की कोशिश करता है। और ठगाए हुए व्यक्ति की हँसी उड़ाता है। कई बार इस तरह की हास्यास्पदताओं का शिकार मुझे होना पड़ा है। लेकिन ऐसा होता है कि जब मेरी समझ में आ जाता है कि यह मेरे भोलेपन और मेरे ठेठपन, मेरी एक पवित्र सरलता की हँसी उड़ाई जाती है तो मैं अपनी उस ठेठ, भोली और पवित्र सरलता से और चिपक जाता हूँ। उससे स्टिक करता हूँ कि ठीक है, तुम समझते हो कि यह हास्यास्पद चीज़ है, यह मेरी शक्ति है, मेरा समग्र अस्तित्व है, मेरी पहचान है।

गो कि यह सरल ठेठपन एक ख़ास तरह के माहौल और ख़ास तरह के परम्परागत संस्कारों की उपज है। जैसे मेरा परिवार बहुत धार्मिक किस्म का परिवार था। अब मैं उन अर्थों में धार्मिक तो नहीं हूँ लेकिन मेरे मन में जो एक तरह की ठोस सहनशीलता है, जो कहीं-न-कहीं एक अजीब तरह की शक्तिशाली, नई धार्मिकता की ही देन है। तो यह आत्म-स्वीकृति हो सकती है और नहीं भी हो सकती है।

मैं मानता हूँ कि अपने को अपने उत्तराधिकार से, अपने पारिवारिक वातावरण से और अपने पुरखों से मिली हुई चीज़ों से काट देना, और फ़ैशन में आधुनिक दिखना कोई अच्छी बात नहीं होती। और इस तरह की छद्‌म आधुनिकता का मैं क़ायल नहीं हूँ।

मेरे बाबा एक बार मेरे यहाँ आए। उन्होंने देखा कि मैं अपने छोटे बच्चे को नहलाता-धुलाता हूँ। दिन-भर उसी को लेकर मशगूल रहता हूँ। उन दिनों मैं नौकरी नहीं करता था। दिन-भर उसको प्यार करना, उससे चिपटे रहना। वे यह सब देखते रहे। उसके बाद उन्होंने एक बहुत ही गम्भीर और अजीब बात कही। उन्होंने मुझे अलग बुलाकर कहा कि, ''जिस तरह से तुम अपने बच्चे से जुड़े हो कुछ वो अच्छा नहीं है। तुम हमेशा उसे नहलाते-धुलाते हो, खाना खिलाते हो। यह सब करते वक्त दिल में एक बार ज़रूर यह सोचो कि हो सकता है कि कल ये न रहे। तो तुम्हें एक ख़ास तरह की आदत पड़ जाएगी। और फिर अगर कोई दुर्घटना हुई भी तो तुम अपने को बचा ले जाओगे। लेकिन अभी जिस तरह से तुम इससे संलग्न हो, जिस भावनात्मकता से तुम इससे जुड़े हुए हो, वो यदि बनी रही तो तुम इस बच्चे को खोने पर अपने को भी खो दोगे।' उस समय तो बात मुझे बहुत बुरी लगी लेकिन फिर मुझे लगा कि गहरे अनुभव से निकली एक सनातन अनुभूति है। ऐसा तो नहीं कि मैं अमल करता हूँ लेकिन अमल करना चाहता हूँ। अब बताइए यह बात क्या सिर्फ़ बूढ़े का उपदेश कहकर टाली जा सकती है। और इस तरह की बहुत बातें हैं जो आत्मस्वीकृति हो सकती हैं।

लेकिन जो मैं ख़ास बात कहना चाहता था वो यह है कि भारतीय मनुष्य का ठेठपन, जो मेरे अन्दर भी है, बहुत बड़ी चीज़ है। जिसमें नहीं है उसको मैं एक अजीब-सा कटा हुआ, त्रिशंकु की स्थिति में मानता हूँ। मेरे साथ फ़ायदा ये है कि बहुत अकेलापन और तकलीफ़ें भुगतने के बाद भी मेरा ठेठपन मुझे हर जगह उबार लेता है। बचा ले गया है। दूसरों की नज़र में ये दुर्गुण हो, मेरी नज़र में ये मेरी एक शक्ति है। बहुत बाद में मैंने अनुभव किया कि जिसको मैं दुर्गुण मानता रहा वो तो मेरा गुण था, मेरे लिए बहुत बड़ा 'विनिंग प्वाइंट' था।

रमेश शौनक : साहित्य के क्षेत्र में जीवित रहने के लिए इस ठेठपन ने आपकी क्या सहायता की ?

दूधनाथ सिंह : वो इस तरह से कि ठेठपन एक तरह की जिद पैदा करता है। ठेठ आदमी जिद्दी होता है। वो बातों पर अड़ता है। मेरा अन्दाज़ा है मुझमें साहित्य को लेकर भी इसी किस्म की जिद रही है कि मैं लिखूँगा, मैं ही लिखूँगा। वो कोई दूसरा नहीं लिख सकता। मैं बहुत ही सचेत स्तर पर यह मानता हूँ कि मेरा अनुभव या मेरा जाना हुआ जीवन दूसरों का जाना हुआ जीवन नहीं है। उस एंगिल पर नहीं है, उस प्वाइंट पर

नहीं है, जिस पर मैंने जाना है और इसीलिए उसी को बार-बार परिभाषित करने की कोशिश करता हूँ। तो ये जिद जो है, ठेठपन से आई हुई है। यही जिद मुझे बहुत सारे साहित्यिक फ़ैशनों के टुच्चे माहौल से और लालचों से बचाए हुए है। जैसे अकहानी का दौर आया। बड़ी चर्चा हुई रवीन्द्र कालिया और गंगाप्रसाद विमल की। लेकिन मुझमें ये ठेठ जिद थी कि मैं तो वैसा ही लिखूँगा जिस तरह का माहौल मैंने जाना है।

दूसरे किसी भी थीम को, किसी भी विचार को अन्त तक निचोड़ने की मेरी आदत है। आप मेरी कहानियों को पढ़ें तो देखेंगे कि मैं थककर किसी थीम या विचार को छोड़ता नहीं हूँ बीच में। या सरे-राह एक कहानी नहीं छोड़ दिया करता। यदि मैं कोई थीम उठाता हूँ तो उसे अन्त तक निचोड़कर रख देता हूँ। यह भी मेरी जिद ही होती है। मेरा ठेठपन होता है कि मैं इसको निचोड़ूँगा, मैं इसका रक्त अन्त तक निचोड़कर रहूँगा। जबकि शक्तिहीन, फ़ैशनिस्ट बोर होकर, घबराकर, थककर बीच ही में छोड़ बैठते हैं और अपनी इस बोरियत, घबराहट और थकान को छिपाने के लिए अपनी इस अ-रचनात्मकता को आधुनिकता का स्लोगन भी पहनाते हैं। मेरी भाषा में भी जो एक अजीब किस्म की सपाट भावनात्मकता का मिला-जुला माहौल है वह बार-बार ठेस पहुँचाता है, हैमर करता है। एक मध्यवर्ग के पाठक को बहुत ठेस पहुँचाता है। इन दोनों का मिला-जुला माहौल मेरी कहानियों में अन्त तक मिलेगा। जैसे एक ख़ास तरह की क्रुवेल्टी मेरी रचनाओं में लगी हुई है। मैं बहुत ही निर्दयता के साथ अपनी कहानियों से भी व्यवहार करता हूँ। और उस निर्दयता से ही मैं उसका शिल्प निकाल लेता हूँ।

मध्यवर्ग का आदमी जो एक ख़ास किस्म की कलर्क-मेंटेल्टी से ग्रस्त होता है, इस तरह की निर्दयता, इस तरह की जिद को नहीं अपना पाता। क्योंकि वह चीज़ों को सहलाने, फुसलाने का आदी होता है। वह अपनी इसी आदत का इस्तेमाल रचना के क्षेत्र में भी करता है। यानी कि वह कथ्य या शिल्प को भी हल्के-हल्के फुसलाता है। और जब उसकी यह कोशिश नाकामयाब होती है तो वह छोड़ देता है और साहित्यिक ठगी पर उतर आता है। हो सकता है बड़बोली हो लेकिन मैं जानता हूँ कि यह ठेठ जिद है जिसने मुझे इतना विश्वास दिया है। मेरी तरह की गलाज़तें भुगतकर मेरे सारे साथी लेखक टूट गए होते। लेकिन मैं ? मुझे यह पक्का विश्वास है कि कोई भी रुकावट मेरे रास्ते

में नहीं आ सकती। मेरे बारे में कोई कुछ कहता रहे, मैं जानता हूँ मैं अपने लक्ष्य तक पहुँचूँगा ही। अक्सर इसमें तरह-तरह की दुर्भावनाओं और गलतफ़हमियों का शिकार होना पड़ता है। तकलीफ़ बहुत होती है। कुछ दिन गुमराह होने या दिग्भ्रमित होने की स्थिति भी आ सकती है। लेकिन टाला नहीं जा सकता मुझे सरे-राह। इधर-उधर नहीं किया जा सकता। यह मेरे ठेठपन की वजह से है।

शुरू में ठेठपन को एक दुर्गुण मानकर मैंने एक सोफ़िस्टिकेशन भाषा के स्तर पर भी, थीम के स्तर पर भी—लाने की कोशिश की। लेकिन परोक्ष रूप से वह ठेठ सरलता आ जाती थी बार-बार। वही ठेठ, निजी सपाटता। तो मुझे यह लगा कि यह चीज़ ही मेरी सचाई है।

मेरा ख़याल है, मेरा उपन्यास आएगा तो उसमें बहुत सारी चीज़ें साफ़ हो जाएँगी। मेरा यह भी ख़याल है कि एक लेखक की हैसियत से मेरी स्थिति ज़्यादा साफ़ हो जाएगी।

रमेश शौनक : आप इस उपन्यास को भी एक आत्मकथ्य के रूप में प्रस्तुत कर रहे हैं ? मेरे कहने का अर्थ है कि उसे भी आप एक आत्मकथ्य ही मानेंगे ?

दूधनाथ सिंह : दरअसल तो मेरे निकट के लोग हैं जिनको लेकर मैंने वह उपन्यास लिखा है। वह व्यक्ति सड़कों पर टहलता रहता है—सारा दिन। एक विशिष्ट किस्म की 'एबनॉर्मल नार्मल्सी' में जी रहा है। लेकिन पिछले 15 वर्षों में जिस तरह का जीवन मैंने कलकत्ते और इलाहाबाद में रहकर भुगता है, मैं बता दूँ कि ज़रा-सा सन्तुलन बिगड़ जाने पर मैं और मेरे वे जो मित्र हैं, दोनों की स्थिति एक सी होती। मैं फिर बताऊँ कि मैं क्योंकि अपने ठेठपन से अपने को बचा ले गया। तो बचा ले जाने से ही वह अनुभूति और वह स्थिति तो ख़त्म नहीं हो जाती। कहीं-न-कहीं मैं उस अपने मित्र को अपने भीतर जीता रहा हूँ लगातार।

कभी-कभी मुझे बड़ा ही भयंकर डर लगा। मुझे लगा कि मैं अपने दोस्त से ज़्यादा अलग नहीं हूँ। मेरी भी वही स्थिति हो सकती है। और कितने सचेत स्तर पर, किस प्रतिशोध की भावना से, जैसे कोई अमूर्त चीज़ भयावनी, रहस्यमयी चीज़ मुझसे लड़ रही हो, मैंने उससे संघर्ष किया और उस स्थिति से अपने को बाहर निकाल लाया। लेकिन उस सच्चाई से मैं इनकार नहीं करता। मैं जानता हूँ कि मैं निकाल लाया हूँ, लेकिन मेरी स्थिति उनसे बहुत भिन्न नहीं है। इस स्थिति में यह उपन्यास आत्मकथ्य हो सकता है, कि वह आदमी मेरे भीतर आज भी जी रहा है।

यह ज़रूर है कि अपनी जानकारी के दायरे के बाहर कुछ नहीं लिखता। जो मेरा घर, परिवार, इलाहाबाद, कलकत्ते का माहौल है उससे बाहर नहीं गया मैं। और यह कहना तो थोड़ी बड़बोली होगी, लेकिन मुझे लगता है कि दो-चार-पाँच उपन्यास तो लिखे ही जा सकते हैं। अगर मैं ठीक ढंग से लिखूँ और अगर जीवित रह जाऊँ। और बेकार वक्त बर्बाद न करूँ।

□□

आइनाख़ाने में कोई लिये जाता है मुझे

हेमन्त कुमार

हिमांशु : आप साठोत्तरी पीढ़ी के कथाकार हैं। आपने जब लिखना शुरू किया तब 'नई कहानी' आन्दोलन उतार पर था। आपने जब कथा-लेखन की शुरुआत की होगी तो आपके मन में 'नई कहानी' से भिन्न रूप में कहानी लिखने की योजना रही होगी ! वे कौन-से कथा-सूत्र थे जो नई कहानी से भिन्न साठोत्तरी पीढ़ी के कथा-सूत्र हैं ? और जिन्हें पकड़कर आपकी पीढ़ी नई शुरुआत करना चाहती थी ?

दूधनाथ सिंह : शुरू में मैं उन कथा-सूत्रों को नहीं जानता था जो 'नई कहानी आन्दोलन' की विशेषताओं से भिन्न थे। कहानी लिखना एक सामान्य शौक की तरह शुरू हुआ। उसके पीछे शुरुआती दौर में कोई महत्त्वाकांक्षा नहीं थी। 58, 59, और 60 के सालों में कुछ कहानियाँ मुझसे बन पड़ीं। उन्हें पत्र-पत्रिकाओं में भेजा भी। लेकिन वे लौट आईं। उसके बाद यह सोचना प्रारम्भ किया कि 'माननीय सम्पादकों' द्वारा इनके लौटाए जाने का कारण क्या है ? तब इतना ही समझ सका कि शायद कहानियाँ अपरिपक्व और निरर्थक हों और कला के मानदंडों पर खरी न उतरती हों। किसी नए लेखक के लिए यह एक हृदय-विदारक दुख था। तब पहली बार अचानक मेरी एक कहानी 'सपाट चेहरे वाला आदमी' अजमेर से प्रकाशित होने वाली पत्रिका 'लहर' में छपी। यह सन् '60 की बात है। कहानी ने लोगों का ध्यान आकर्षित किया। पत्र-पत्रिकओं में उसकी चर्चाएँ हुईं तो लगा कि अपन में कुछ दम है। फिर '63 में जब भैरव प्रसाद गुप्त ने 'नई कहानियाँ' के सम्पादक-पद से इस्तीफ़ा दे दिया और उनकी जगह शुरू में उपेन्द्रनाथ अश्क, फिर कमलेश्वर और फिर उसके बाद भीष्म साहनी सम्पादक हुए तो मेरी वही कहानियाँ जो पहले लगातार लौटती रही थीं, धुआँधार एक के बाद एक छपीं। मेरी ही नहीं, ज्ञानरंजन और रवीन्द्र कालिया की भी। ज्ञानरंजन मेरे सहपाठी थे और हम लोग एक ही

मोहल्ले में रहते थे। दोनों ही बेकार और आवारे। कहानी लिखने और घुमक्कड़ी और एक नैतिक आवारागर्दी के अलावा कोई काम नहीं था। मेरी 'रक्तपात', 'आइसबर्ग', 'मम्मी तुम क्यों उदास हो' कहानियाँ 63-64 के 'नई कहानियाँ' के अंकों में लगातार छपीं। 'प्रगतिशील लेखक संघ' के महासचिव और मेरे श्रद्धेय भीष्म साहनी 'नई कहानियाँ' के सम्पादक हुए तो उन्होंने अपने सम्पादकत्व में जून '66 के विशेषांक में मेरी सबसे विवादग्रस्त कहानी 'रीछ' को प्रकाशित किया जिसे लेकर अनेक पत्र-पत्रिकाओं में लगभग हंगामा जैसा दृश्य खड़ा हुआ। मेरे मित्र रमेश उपाध्याय ने 'कल्पना' पत्रिका में छपने के लिए एक पूरी प्रश्नावली भेजी। व्यक्तिवाद, विकृत सेक्स, यौन-कुंठा—इन अनेक आरोपों से मुझे और उस कहानी को धुँधला और समाप्त करने की कोशिश की गई। लेकिन उसका नतीजा उलटा हुआ।

दरअसल, शुरू में कहानियाँ लौटती थीं और जब छपने लगीं, तब भी उनमें 'नई कहानियों' से क्या फ़र्क है, इसको हमने 'फ़ार्मूलेट' करके कहानी लिखनी शुरू नहीं की थी। कहानियाँ तो जीवनानुभवों के रचनात्मक दबाव और बेकार होने की वजह से लिखी गईं। हम लोग (कम-से-कम मैं और ज्ञानरंजन) लीक से हटे निरर्थक लोग थे। उस वक्त हमें समाज और जीवन की कठोरताओं का अन्दाज़ा नहीं था। जब हमारे ऊपर जीवन के शिकंजे कसने शुरू हुए तो एक बेबसी और लाचारी में कहानियाँ फूटीं। यह एक सहज और तनावपूर्ण संवेदनशीलता का तकाज़ा था जिसने लिखने के लिए बाध्य किया था, उसके पीछे तुरत-फुरत का कोई विचारित विवेक और विश्लेषण नहीं। विश्लेषण दरअसल हमने बाद में किया। जब हम सबकी कई-कई कहानियाँ छप गईं और लोगों ने और आलोचकों ने (ख़ासकर देवीशंकर अवस्थी ने) उनकी नई पहचान और नूतन संवेदना के बारे में हमें आगाह किया और उनसे एक झीने रूप में ही सही हमें परिचित कराया; फिर भी, हमारी पीढ़ी के लोगों ने कहानियाँ ही लिखीं, विश्लेषण में कोई रुचि नहीं ली।

लेकिन वह फ़र्क क्या है ? उस फ़र्क का विश्लेषण मैं अब कुछ यूँ कर सकता हूँ या करता हूँ। दरअसल, सारे नए कहानीकार जिन्होंने आज़ादी के बाद लिखना शुरू किया, उनका रचनात्मक किशोर मानस आज़ादी के पहले बन चुका था। वे आज़ादी को एक मूल्य, एक आदर्श, एक उपलब्धि के रूप में मानते थे। यह बात और यह विचार उनके जीवन और मानस का संस्कार बन चुके थे। उनके लेखन में इसका नतीजा यह हुआ कि कई कहानियों में चित्रित किया गया उनका

दुख, उनकी समस्याएँ, उनका प्रेम, जीवन का दर्द, उनका उल्लास और उमंग, उनकी यातनाएँ–यानी कि वह सम्पूर्ण सामाजिक परिधि और जीवन, जिसको वे चित्रित करते हैं, वह अत्यन्त मूल्यवान और आदर्शवादी है। यह वह समय है (50-60 के बीच का) जबकि आज़ादी के अन्तर्विरोध स्पष्ट रूप से उजागर नहीं हो रहे थे। कवियों में सिर्फ़ एक आदमी है जिसने अपनी प्रसिद्ध कविता 'अँधेरे में' (मुक्तिबोध) में आज़ादी के अन्तर्विरोधों को 57-58 के आसपास रेखांकित किया। वे पहले भी अपनी कविताओं में इस अन्तर्विरोध को रेखांकित करते रहे थे। लेकिन बड़े पैमाने पर उनकी कविताएँ छपती भी नहीं थीं और अगर छपतीं तो भी वे अन्तर्विरोध तब लोगों की समझ में न आते। अपनी आगे बढ़ी हुई चेतना के कारण ही और सत्य के निकटतम होने की वजह से ही मुक्तिबोध अपने समय में एक उपेक्षित कवि हैं। 'अँधेरे में' '60 के बाद 'कल्पना' में 'आशंका के द्वीप : अँधेरे में' शीर्षक से छपी। लोगों को उसकी बिम्ब-मालाएँ, उसके खंडित वक्तव्य, उसकी फ़ैंटेसी की अमूर्तताएँ, संसद के गलियारों में फ़ौजी दस्तों से लेकर डोमा उस्तादों के टहलने का बिम्ब–ये सब तब आलोचकों को अजीब और चौंकाने वाले लगे। लेकिन वही सच्चाई थी। आज़ादी के उन्हीं मूल्यों का विखंडन अनजाने ही हमारी कहानियों में 57-58 के आसपास आ रहा था। मुक्तिबोध तो एक सचेत और बिम्बों से लैस कवि हैं। वे बिम्बों के माध्यम से कविता में विचारों का विश्लेषण प्रस्तुत करते हैं। लेकिन हम विचारों में इतने सुस्पष्ट नहीं थे। वैचारिक आधारों का विखंडन हो चुका था। अपने ही लोगों ने अपने ही लोगों को लूटना शुरू कर दिया। नोच-खसोट-भ्रष्टाचार, एक नए तरह की मिश्रित अर्थ-व्यवस्था में पूँजीवादी दबाव के कारण नौकरियों के लिए पढ़े-लिखे युवकों का शहर की तरफ़ पलायन, संयुक्त परिवारों के सुखद स्वप्न का विखंडन–यानी कुल मिलाकर आज़ादी के सुनहरे स्वप्न से मोहभंग और एक विचारहीन दुनिया में निराधार भटकन और इस सच्चाई का एक तपा हुआ चित्रण और अभिव्यक्ति–ये उस समय के ऐतिहासिक सच हैं, जिनको हमारी कहानियों ने व्यक्त किया। इसीलिए वे तत्कालीन सामाजिक और राजनीतिक वास्तविकताओं के ज़्यादा निकट हैं और इसीलिए उन्होंने नई कहानियाँ आन्दोलन की सारी कहानियों के आदर्शवाद को एक ओर परे ठेलकर रख दिया। '60 के बाद भी रचना करते रहने वाले अधिकांश कहानीकारों में से सिवा अमरकान्त और रेणु के, किसी नए कहानीकार ने नई सच्चाई के रू-ब-रू होने का प्रयत्न नहीं किया। वे पुराने आदर्शों और मूल्यों के खंडहरों में भटकते

रहे। यही यह फ़र्क, यह अलगाव था जिसने हमें मौलिक कथाकार के रूप में, सारे विवादों के बावजूद प्रतिष्ठित किया। 'नई कहानी' के सबसे बड़े आलोचक डॉ. नामवर सिंह भी इस बदले हुए तेवर और सच्चाई को पकड़ने और विश्लेषित करने में असमर्थ रहे। क्योंकि उनका भी आलोचनात्मक मानस मूल्यवादी और आदर्शवादी था। और वे सतह के भीतर की अन्तर्ध्वनियों और फूटती हुई नई सच्चाइयों को समझने में कामयाब नहीं हुए। अतः उन्होंने कहानी आलोचना से अपना मुँह फेर लिया।

हेमन्त कुमार हिमांशु : नई कहानी से भिन्न नई शुरुआत तो आपकी पीढ़ी के कई लोग कर रहे थे, जिनमें ज्ञानरंजन, रवीन्द्र कालिया, काशीनाथ सिंह, महेन्द्र भल्ला आदि हैं। कुछ ऐसे कथा-सूत्र होंगे जो आपकी पीढ़ी के सभी कथाकारों में कॉमन हों। हम जानना यह चाहेंगे कि वह कौन-सी नई बात थी जो आपको अपने समकालीन कथाकारों से भिन्न करती है ?

दूधनाथ सिंह : वह कहानियों की अन्तर्वस्तु थी, जो हममें से हर किसी को एक-दूसरे से अलग करती थी। एक ही समय में लिखते हुए भी आज़ादी से मोहभंग की वैचारिक समरूपता के बावजूद कथ्य के स्तर पर हम सबकी कहानियाँ अलग-अलग अनुभवों, क्षेत्रों और भौगोलिक गन्धों के साथ आती हैं। ज्ञानरंजन में एक अत्यन्त सशक्त और नई भाषा में मध्यवर्गीय लम्पटताओं का चित्रण है, जो उन्हें एक अद्वितीय और अभूतपूर्व कथाकार का दर्जा देता है। रवीन्द्र कालिया में एक निर्दय चुटकुलेबाज़ी है, जो जीवन का उपहास करती है। यह उपहास ही उनको और लोगों से अलग करता है। काशीनाथ सिंह थोड़ी-बहुत भटकनों के बावजूद नामवर सिंह की वजह से एक प्रगतिशील वैचारिक आधार (जो वहाँ यानी उस दशक में नहीं था) पकड़े रहे। सी.पी.आई. एम.एल. की तरफ़ छलाँग लगाने में इसीलिए उनको आसानी हुई। इस अनुपस्थित वैचारिक आधार से चिपके रहने का कारण उनके बड़े भाई डॉ. नामवर सिंह थे। मेरी कहानियों में व्यक्तिगत जीवनानुभूतियों का तनाव और ग्रन्थियाँ ही प्रमुख हैं। उस वक्त की मेरी कहानियों में जीवन का निषेध पक्ष कुछ ज़्यादा ही प्रबल है। क्योंकि उल्लास और उमंग का माहौल उन दिनों सम्पूर्ण भारतीय राजनीतिक, सामाजिक और सांस्कृतिक जीवन में अनुपस्थित था। एक नई अनुभूति के लिए यह समय एक प्रस्थान-बिन्दु है। हमने निषेधों और विकृतियों को व्यक्त करके उनसे लड़ने के लिए एक वैचारिक माहौल तैयार किया। हमारी उस वक्त की कहानियों का ऐतिहासिक महत्त्व यही है।

हेमन्त कुमार हिमांशु : आप ग्रामीण पृष्ठभूमि से आए हुए कथाकार हैं। लेखक जिस परिवेश से आता है, उस परिवेश का बहुत बड़ा योगदान उसके लेखकीय विकास में होता है। आपकी कहानियों की जो पृष्ठभूमि है, उसे आपके परिवेश ने कितना प्रभावित किया ?

दूधनाथ सिंह : ग्रामीण परिवेश से आकर मैं एक भटका और खोया हुआ इंसान था। अपनी पृष्ठभूमि से विलग, वियुक्त और बेसहारा। शुरू के दौर की कहानियों में इस विलगाव और बेसहारेपन का चित्रण ही प्रमुख है। 'रक्तपात', 'आइसबर्ग' या 'सपाट चेहरे वाला आदमी' को पढ़ें तो आपको मेरी बात समझ में आएगी। मेरी कहानियाँ मध्यवर्गीय अस्त-व्यस्तताओं की कहानियाँ नहीं हैं। वे गाँव से अलग होते हुए एक युवक की तकलीफ़ों का बेलाग और ईमानदार चित्रण हैं, जिसमें दोनों जीवनों का सामंजस्य बिठाना मुश्किल है। प्रेमचन्द ने जिस तरह एक फ़ॉर्मूलाबद्ध तरीके से गाँव और शहर को इकट्ठा करके जोड़ने का प्रयास किया, वह '60 के दौर में सम्भव नहीं था। ज्ञानरंजन के सामने यह समस्या नहीं थी और न रवीन्द्र कालिया के सामने। क्योंकि ये शुद्ध शहरी मध्यवर्ग से आए हुए कथाकार थे। उन्हें गाँव और शहर का द्वन्द्व फाड़ने और खा जाने के लिए उपस्थित नहीं था। इसीलिए उनकी कहानियाँ चीत्कार नहीं हैं, लम्पटई का खुला उपहास हैं। और इसीलिए शहरी मध्यवर्ग से आए हुए लोगों को यह लुम्पेनिज़्म रास आता है और पसन्द आता है। लेकिन हमारी यह स्थिति नहीं है। हम एक ऐतिहासिक द्वन्द्व में फँसे हुए क्षत-विक्षत लोग हैं। और वही हमारे कथा-लेखन का आधार भी है। इसीलिए हमको सामान्य तौर पर समझना थोड़ा-सा कठिन और गड़बड़ है। क्योंकि आज के हिन्दी लेखकों, आलोचकों और तथाकथित हिन्दी पाठकों का साबका उस जीवन से नहीं पड़ा। वे उस ऐतिहासिक तालमेल से बाहर हैं। इसीलिए फ़िलहाल या तो हम विवाद पैदा कर सकते हैं या उपेक्षा के शिकार हो सकते हैं।

हेमन्त कुमार हिमांशु : आपकी कहानियों में हमें कई बार दुरूहता नज़र आती है। जैसे 'रीछ' को समझने में पाठक कठिनाई अनुभव करता है। कहानी का इस तरह प्रतीकात्मक होना, सम्प्रेषण के लिहाज से बाधक बनता है। इस पर आप क्या कहना चाहेंगे ?

दूधनाथ सिंह : यह सच है कि कहानी को बहुत ज़्यादा प्रतीकों में नहीं उलझना चाहिए। उस ज़माने में प्रतीक और फ़ैंटेसी में बँधी हुई परिकल्पनाएँ मुझे बहुत ज़्यादा आकर्षित करती थीं। इसकी वजह यह भी थी कि जितनी गहराई

के साथ मैं किसी सत्य को महसूस करता था और उसे व्यक्त करना चाहता था, उसे कभी-कभी सामान्य शब्दावली में बाँधना सम्भव नहीं होता था। तब मैंने फ़ैंटेसी और प्रतीकों का सहारा लिया। 'रीछ' का मुख्य कथ्य यह है कि अगर आप पीछे-देखू हैं, अगर आप अतीतजीवी हैं तो आपके लिए रास्ता एक ही है कि आप या तो अतीत का वध कर दें और नहीं तो अतीत आपका वध कर देगा। यानी आदमी को अतीतजीवी नहीं होना चाहिए। बस इतनी-सी बात पर कहानी लिखी गई। कहानी में आया हुआ रीछ का बच्चा उसी अतीत का प्रतीक है जो हर समय उस आदमी का पीछा करता है। और अन्ततः जब वह आदमी उसे मारने की कोशिश करता है तो वह (अतीत) उसके दिमाग को फाड़कर उसके दिमाग के अन्दर प्रवेश कर जाता है। कहानी लिखते वक्त कहानीकार के नाते यह मेरा निश्चय था कि अतीतजीवी ही मरे, अतीत नहीं। क्योंकि कहानी का पूरा कथ्य इसी ओर ले जाता था। अगर कोई प्रगतिशील कहानीकार होता तो वह अतीत-रूपी रीछ को मारकर वाहवाही भी लूट सकता था। लेकिन यह एक थोपा हुआ अन्त होता। और जो कहानी से निकलकर नहीं आता, वह रचनाकार के धर्म के विरुद्ध है। ज़ाहिर है कि कहानी इस प्रतीक में उलझी हुई है। एक ओर पत्नी है जो उस आदमी का वर्तमान जीवन है और दूसरी ओर एक विफल प्रेम है जो रीछ की खूँखार शक्ल में उसके वर्तमान जीवन का पीछा करता रहता है। ऐसी स्थिति में सेक्स और सम्भोग जैसी आनन्दमयी प्रक्रिया घनघोर यातना है। पत्नी को प्यार करते हुए पूर्ववर्ती प्रेम का याद आना दाम्पत्य जीवन का सबसे कठिन दुख है। इसी दुख को कहानी के माध्यम से व्यक्त किया गया है। इसी यातना को, किसी यौन कुंठा को नहीं। लेकिन कला संरचनाएँ मूर्खों के लिए नहीं होतीं। वे अक्सर स्थूल प्रामाणिकताएँ ढूँढ़ते हैं।

हेमन्त कुमार हिमांशु : 'रीछ' और 'धर्मक्षेत्रे कुरुक्षेत्रे' में शिल्प और कथ्य के स्तर पर काफ़ी भिन्नता है। इस भिन्नता का कारण क्या मानते हैं ?

दूधनाथ सिंह : 'धर्मक्षेत्रे कुरुक्षेत्रे' प्रतीकों और फ़ैंटेसी की कहानी नहीं है। वह हमारे ग्रामीण जीवन की एक दुर्घटना, जो आम है, उस पर प्रतिष्ठित है। चुपचाप माँग पर स्त्रियों का ख़रीदना और बेचना। जो लोग कहते हैं कि इस कहानी का कथ्य पुराना है, वे उत्तर प्रदेश के पूर्वी इलाकों और बिहार के बहुत सारे हिस्सों के आज के जीवन से लगभग परिचित नहीं हैं। जहाँ लड़कियों की ख़रीद-फ़रोख्त आम है। वे मिर्ज़ापुर और रार्बड्सगंज के आदिवारी इलाके से भी परिचित नहीं हैं और न ही

गिरीडीह के संथाल इलाकों से। और न उत्तर प्रदेश और बिहार की नेपाल से लगी हुई तराइयों से। यह सूची बढ़ सकती है। गाँवों से आए हुए लोग भी अब गाँवों की ओर रुख़ नहीं करते। थोड़ी बिजली, ट्रैक्टर और सिंचाई की थोड़ी-सी सुविधाओं से वे प्रगति का एक ख़ाका बनाते हैं। उसके बीच में कितना कुछ गाऊँज-माऊँज है। कितना कुछ पुराना नए वेश में बार-बार सतह पर प्रकट हो रहा है। इसे पंचवर्षीय योजनाओं, पंचायतों, ग्राम-सभाओं, 'जवाहर रोज़गार योजनाओं' और मतदाताओं से मत की राजनीतिक अपीलों के आधार पर, यानी स्थूल और दिखाई देने वाली स्थूल प्रामाणिकताओं के आधार पर नहीं समझा जा सकता। वह कहानी आज के समय में स्थित है। लेकिन उसके भूगोल की खोज करनी पड़ेगी। जो कि लोग नहीं करते।

हेमन्त कुमार हिमांशु : 'धर्मक्षेत्रे कुरुक्षेत्रे' में भोजपुरी अंचल के शब्दों का ख़ूब प्रयोग हुआ है। भाषा-प्रयोग के स्तर पर इसे आंचलिकता के खाते में रखा जाएगा। वह कौन-सी ज़रूरत थी जिसके लिए आपको आंचलिक शब्दों का इस्तेमाल करना पड़ा, जबकि आज आंचलिकता का फ़ैशन भी नहीं है ?

दूधनाथ सिंह : कहानी की अन्तर्वस्तु और उसका भूगोल ही आंचलिक शब्द-संरचना के लिए बाध्य करता है। अगर कोई मेवाती यह कहानी लिखता तो निश्चय ही वह वहाँ के शब्द उठाता। शब्द कहानी के वातावरण और संस्कार को निर्मित करते हैं और उसकी विश्वसनीयता को बढ़ाते हैं। यानी कथ्य और उसमें आए चरित्रों का विशिष्ट सम्पादन भी इन्हीं शब्द-सम्पदाओं के द्वारा होता है। ज़ाहिर है कि मैं भोजपुरी अंचल से आता हूँ और वह मेरे जीवन, स्वभाव और संस्कार में रसी-बसी है। जिन चीज़ों का फ़ैशन न हो वह करना सदा से मेरी जिद रही है। जीवन में भी और रचना में भी। इस मायने में मैं एक बिगड़ा हुआ आदमी हूँ। फ़ैशन और फ़न का उपयोग तो मीडियाकार करते हैं। ज़ाहिर है कि ऐसा करने से एक रीतिवाद की सृष्टि होती है। और जहाँ रीतिवाद की सृष्टि होती है, उसको तोड़ना एक कलाकार की नैतिक ज़िम्मेदारी है। जो लोग नहीं तोड़ेंगे वे वैसा ही लिखेंगे जैसा सब लोग लिख रहे हैं। इस तरह की 'सामूहिक संरचना' से एक लेखक को बचना चाहिए। जहाँ सब सबका हो और किसी का भी कुछ न हो, कला के साथ यह एक तरह की अनैतिक आपा-धापी है। उसमें बहुत सारे लोग नहीं समाते।

हेमन्त कुमार हिमांशु : आपकी लम्बी कहानी 'नमो अन्धकारम्' के बारे में चर्चा है कि उसका नायक कथाकार मार्कण्डेय हैं। पाठकों ने इस कहानी का आशय

ठीक-ठीक समझा है या उनसे चूक हुई है ? अगर चूक हुई है तो उसका ठीक-ठीक आशय क्या है ?

दूधनाथ सिंह : यह निहायत झूठ है और इससे मैं इनकार करता हूँ। वह एक कला-संरचना है। भोपाल में जब मैंने कहानी का पाठ किया तो श्रोता ने मध्यप्रदेश के गुरुओं के दर्शन उसमें किए। यह इलाहाबाद ही है जहाँ इस तरह की नंगई और आक्षेप सम्भव है। इस दुष्प्रचार में हमारे मित्र कहानीकार रवीन्द्र कालिया ने बढ़-चढ़कर हिस्सा लिया। एक घटिया साप्ताहिक पत्रिका 'गंगा-जुमना', जिसका वे सम्पादन करते थे, उसमें उन्होंने अपने 'शिखंडियों' से लम्बे-लम्बे लेख लिखवाकर छापे और उसकी फ़ोटो कॉपी 'पहल सम्मान' के दौरान लेखकों में वितरित करवाई। सारे हिन्दुस्तान में लेखकों के पास उसकी कॉपियाँ भिजवाईं। रवीन्द्र कालिया वह मात्र एक मछली है जो इलाहाबाद के सरोवर को पिछले तीस वर्षों से गन्दा कर रही है।

दरअसल, 'नमो अन्धकारम्' पिछले पचास साल के राजनीतिक जीवन पर एक टिप्पणी है। कैसे पुराने आदर्शवादी लोग, विचारक, नेता, माफ़िया, डॉन में परिवर्तित होते चले जा रहे हैं, यह कहानी इसी राजनीतिक जीवन का एक दुखद तर्पण है। लेकिन जैसा कि ऊपर मैंने कहीं कहा, कला-संरचनाएँ मूर्खों के लिए नहीं होतीं।

हेमन्त कुमार हिमांशु : आपकी पीढ़ी पर एक आरोप यह है कि जो अच्छे कहानीकार हुए, वे उपन्यासकार अच्छे नहीं हुए। कुछ लोगों ने तो लिखा ही नहीं और कुछ लोगों ने लिखा तो वे बहुत चर्चित नहीं हुए। ऐसा बड़े 'कथा-विज़न' के अभाव में हुआ या इसके कुछ भिन्न कारण हैं ?

दूधनाथ सिंह : इसका उत्तर देना थोड़ा कठिन है। मैंने अभी-अभी आपके आने के पहले करीब-करीब तीन सौ पृष्ठों का एक उपन्यास लिखकर ख़त्म किया। दरअसल हमारी पीढ़ी के लोग औपन्यासिक कहानियाँ लिखते रहे। लेकिन यह चिन्ता का विषय तो है ही। मैं इसके बारे में बहुत स्पष्ट कुछ भी कहने की स्थिति में नहीं हूँ। रवीन्द्र कालिया तो मात्र चुटकुलेबाज़ हैं। इसीलिए उनकी कहानियाँ खो गईं और उपन्यास भी। काशीनाथ सिंह ने एक छोटा सा उपन्यास ज़रूर लिखा। लेकिन उसे लम्बी कहानी ही कहें तो ज़्यादा अच्छा होगा।

हेमन्त कुमार हिमांशु : लेखक दूधनाथ सिंह के लिए शब्द और कर्म की एकरूपता का क्या अर्थ है ?

दूधनाथ सिंह : यह एकरूपता मेरे जीवन का अंग है। इसके लिए बहुत तपा। बहुत कुछ खोया। बहुत लांछित हुआ। बहुत डिप्रेशन में रहा। बड़े लोगों के

कठिन बोल सहे। उपेक्षा का शिकार हुआ। हँसी का पात्र बना। मित्रताएँ खोईं। साल-डेढ़ साल तक सेनेटोरियम में पड़ा रहा। लेकिन शब्द और कर्म की एकता धूमिल नहीं होने दी। मेरा लिखना ही मेरा जीवन है। और क्योंकि कुछ भी सच नहीं है, सिर्फ़ तथ्य हैं। इसीलिए मैं भी जो लिखता हूँ, वे सामयिक सच्चाइयाँ ही हैं। शब्द और कर्म में द्वैत लगभग नहीं है। लिखना और अपनी बातों पर अडिग रहना, खोना, सहना और उसके लिए मार खाना मेरी जीवन-पद्धति का हिस्सा है। वे सौभाग्यशाली लोग होते हैं जो शब्द और कर्म की एकता बनाए रखते हुए मार नहीं खाते। मुझे लगता है कि ऐसे आवभगत प्रधान लेखकों में कहीं-न-कहीं ऐसे शब्द और कर्म का विखंडन ज़रूर होगा। क्योंकि दोनों की एकता एक कलाकार को मारती है। वह चाहे जितनी बड़बोली हाँके, वह मरता होता है। क्योंकि लोग बलवान और उजड्ड हैं और वे नहीं चाहते कि इस तरह की कोई पवित्र आत्मा उनके बीच में रहे। अपनी खिल्ली उड़वाना और उपहास हमारे जैसे लोगों की नियति है। हमारी यजमानी नहीं चल सकती। क्योंकि हम साहित्य के पंडा नहीं हैं।

हेमन्त कुमार हिमांशु : जो आपके चरित्र में नहीं है उसे क्या आप किसी आदर्श के तहत लिखना पसन्द करते हैं ?

दूधनाथ सिंह : कभी नहीं। क्योंकि वह काल्पनिक होगा। उसमें विश्वसनीयता का अभाव होगा। क्योंकि चरित्र में होने का अर्थ है जो लिखा जा रहा है, उसका संस्कार, उसकी समझ और उसको रचने की कला-सामर्थ्य उस लेखक में है। तभी तो वह लिखता है। अन्यथा वह हाथ ही क्यों लगाएगा। स्थूल प्रामाणिकताओं को आधार बनाकर बिना इस अनुभव, संस्कार और संपन्नता के जो लिखा जाता है, वह नकली होता है। इस तरह की मौसमी चीज़ें अक्सर बहुत सारे लोग करते रहते हैं। लेकिन एक लेखक को अपनी अद्वितीयता में ही प्रमाणित होना चाहिए।

हेमन्त कुमार हिमांशु : कहानी की आलोचना की जो स्थिति है, उस पर आपकी टिप्पणी क्या होगी ?

दूधनाथ सिंह : हाँ, होगी। कहानी आलोचना का वास्तविक प्रारम्भ और विकास 'नई कहानी आन्दोलन' के दौरान डॉ. नामवर सिंह ने किया। ध्यान देने की बात है कि उन्होंने कहानी-कला पर कोई शास्त्रीय अभिलेख प्रस्तुत नहीं किया। बल्कि अलग-अलग कहानियों के लिए अलग मानदंडों का आधार लिया। इससे कहानी की व्यावहारिक आलोचना की नींव पड़ी।

दूसरे महत्त्वपूर्ण आलोचक विजय मोहन सिंह हैं। उन्होंने '60 के दशक पर अत्यन्त मौलिक विश्लेषणात्मक कार्य किया है। लेकिन नामवर सिंह ने '60 तक आते-आते और विजय मोहन सिंह ने अपनी पीढ़ी से विलग होने के बाद कहानी पर लिखना बन्द कर दिया। यह हिन्दी कहानी-आलोचना की एक बहुत बड़ी त्रासदी है क्योंकि न तो उसके बाद कोई मौलिक कहानी-आलोचक पैदा हुए, और जो लिखते हैं वे उठापटक ज़्यादा करते हैं, लिखते कम हैं। इस मामले में राजेन्द्र यादव की कहानी आलोचना की किताब और देवीशंकर अवस्थी का अधूरा काम भी बहुत महत्त्वपूर्ण है। शेष के बारे में मुझे जानकारी नहीं, क्योंकि मैं कहानी-आलोचनाएँ पढ़ता नहीं। इन सब लोगों से ज़्यादा अच्छा काम जैनेन्द्र ने एक किताब 'कहानी : अनुभव और संवेदना' लिखकर किया था। लेकिन वह खो गई। क्योंकि जैनेन्द्र की अटपटी उक्तियों से लोग नाराज़ होते थे और उनके सारतत्त्व में नहीं जाते थे।

हेमन्त कुमार हिमांशु : कहानी-समीक्षा ने क्या आपके साथ न्याय किया ? क्या आपको लगता है कि अब तक आपके कहानीकार को ठीक-ठीक समझा नहीं गया है ?

दूधनाथ सिंह : एक कहानी लिखने के बाद मेरा काम ख़त्म हो जाता है। अगर पाठक पसन्द करते हैं और मेरी बात उन तक पहुँच सकी, तो मेरा श्रम सार्थक हुआ। कहानी-आलोचना में बड़े छेद हैं। और बड़े सुविचारित षड्यन्त्र हैं। लेकिन मुझे नज़रअन्दाज़ करना मुश्किल है। क्योंकि मैं सिर चढ़कर बोलता हूँ। यह ज़रूर है कि लोगों को असुविधा होती है। और तब वे हर तरह के नासमझ हथकंडे अपनाते हैं। हिन्दी कहानी आलोचना में इस वक्त विश्लेषण और समझ से लोगों को परहेज है। उठापटक ज़्यादा है। लेखन एक क्षुद्र कॅरियर की तरह बहुत सारे लेखकों के लिए बन गया है। प्रायोजित आलोचनाएँ कहानी में इस वक्त ज़्यादा हैं। और कुछ लफंगे और दलाल इसके ठेकेदार हैं। कोई भी अच्छा कथा-आलोचक जैसे कि विजय मोहन सिंह थे, इस माहौल में कैसे काम कर सकता है !

हेमन्त कुमार हिमांशु : आपकी पीढ़ी में वह कौन-सा कथाकार है जिसकी कहानियाँ आपके लिए चुनौती रही हों ?

दूधनाथ सिंह : मेरे लिए स्वयं अपनी ही हर कहानी चुनौती रही है। बार-बार एक संरचना को तोड़ना और कुछ नया बनाना एक रचनाकार के नाते मेरा प्रिय काम रहा है। अपने समकालीन रचनाकारों को मैं उत्सुकता और

रस लेकर पढ़ता हूँ। लेकिन उनसे चुनौती कभी भी महसूस नहीं की। वे मेरे मित्र और सहयोगी रहे हैं। दूसरों का अच्छा और मौलिक लिखना मुझे हमेशा प्रिय लगता रहा है। यही मानसिक स्थिति शिवमूर्त्ति, उदय प्रकाश, अखिलेश, संजीव इत्यादि नए कहानीकारों को भी पढ़कर होती है। साहित्य में ईर्ष्या-द्वेष का शिकार द्वितीय श्रेणी के लोग होते हैं। मैं उनमें नहीं हूँ।

हेमन्त कुमार हिमांशु : आप कहानी-लेखन की तैयारी कैसे करते हैं ?

दूधनाथ सिंह : मैं कभी नोट्स लेकर नहीं लिखता। बहुत सारे अनुभव और चीज़ें और घूमना-फिरना और बातचीत। शुरू में नहीं लगता कि इसका कहीं उपयोग होगा। अचानक कभी बैठे-बिठाए अँधेरे में एक चमक के साथ किसी कहानी की पहली पंक्ति प्रकट होती है। फिर वह धीरे-धीरे रूप ग्रहण करती है। पंक्ति-दर-पंक्ति, पैरा-दर-पैरा। कहानी का सन्देश और कथ्य भी धीरे-धीरे उजागर होता है। वह पहले से बना-बनाया नहीं आता। उठा-बैठक लग जाती है। तनाव बढ़ जाता है। बाहर से एकदम भीतर हो जाते हैं हम। बाकी दुनिया तिरोहित हो जाती है। एक समाधि-सम्पन्नता की स्थिति होती है। चलते-फिरते, शाम को टहलते। ऐसे रचनात्मक दिनों में मैं बाहर निकलते वक्त एक छोटी-सी डायरी लेकर निकलता हूँ। क्योंकि कथ्य बार-बार अलग-अलग वाक्यों, प्रारूपों में रह-रहकर उद्‌भासित होता है। उसको 'मिस' करने पर वह सदा के लिए ग़ायब हो जाता है। उसके संकेत, उसके वाक्य, उसके शब्द, तब नोट करने ज़रूरी हो जाते हैं। इसी तरह आगे बढ़ती हुई कहानी का आकार रचनात्मक अँधेरे में स्पष्ट होने लगता है। फिर अन्त का मामला फँसता है और महीनों नहीं सुलझता। झटका देना मुझे पसन्द नहीं। अन्त तर्कसिद्ध और सन्देशयुक्त होना चाहिए और वह काफ़ी छटपटाहट के बाद रचनात्मक सम्पन्नता और श्रम के भीतर से किसी दिन अचानक प्रकट होता है। इस तरह एक कहानी लिखना मेरे लिए यातना से युक्त एक तनावग्रस्त आनन्दमयी प्रक्रिया है, जिसे छोड़ना सम्भव नहीं होता। उसके बाद सिर्फ़ थकान और चिड़चिड़ बचती है। अपनी लिखी हुई रचना दोबारा पढ़ने का कभी मन नहीं होता।

हेमन्त कुमार हिमांशु : आप पेशे से प्राध्यापक रहे हैं। अध्यापन-कार्य क्या आपके रचनात्मक लेखन में बाधक नहीं बना या उससे कोई मदद मिली ?

दूधनाथ सिंह : अध्यापन मेरा बहुत ज़्यादा समय नहीं लेता था। और विभाग से मेरा आत्मिक लगाव था। मैं उसे एक पवित्र आश्रम की तरह समझता रहा।

इसलिए अध्यापन ने मेरे लेखन-कर्म में बाधा नहीं पहुँचाई। मुझे पढ़ाने में रस आता था। और मैं समय-कुसमय का ध्यान नहीं रखता था। दूसरे, मैं और मास्टरों की तरह वे कोई भी काम नहीं करता था, जिसके लिए बाहर-भीतर भागदौड़ मची रहती है। मैं एक 'पेशेवर' अध्यापक कभी नहीं रहा। और यह अक्सर कहा जाता था कि इनमें अकादमिक अनुशासन नहीं है। मैंने न तो रिसर्च किया और न तो रिसर्च कराने में मेरी कोई रुचि रही। मैंने कोशिश की कि हमारे विद्यार्थी साहित्य-रसिक बनें जिसे पुराने काव्यशास्त्री ने 'सहृदय' की संज्ञा दी है। उनका सुर सधे और वे जीवन और संसार की वास्तविकताओं को समझने में कामयाब हों। इस तरह प्रकारान्तर से मुझे जो लिखना होता, उसी को अपने अध्यापन में घुमा-फिराकर विश्लेषित करने की मेरी आदत थी। कई कहानियों के प्रारूप क्लास में जाने और आने के बीच के अन्तरालों में मैंने टीप लिया।

हेमन्त कुमार हिमांशु : निराला पर आपने चर्चित आलोचना-पुस्तक लिखी। जब रामविलास शर्मा जैसा बड़ा और निराला-समर्थक आलोचक निराला पर लिख रहा था, तब वह कौन-सी बात थी जिसने आपको निराला पर आलोचना लिखने के लिए बाध्य किया ?

दूधनाथ सिंह : निराला जी अपने अन्तिम बारह वर्षों में दारागंज में मेरी एक दूर की बहन (या बुआ) के परिवार के साथ रहते थे। जब मैं यहाँ एम.ए. में पढ़ने आया तो अक्सर मेरा वहाँ जाना होता था। ख़ासकर शनिवार और रविवार को। उस परिवार में कमलाशंकर सिंह चित्रकार थे। और उनके भाई उमाशंकर सिंह अत्यन्त संवेदनशील व्यक्ति। निराला जी की कविताओं से और उनके जीवन और व्यक्तित्व से उन्हीं दिनों मेरा परिचय हुआ। मैंने देखा कि कैसे उनकी आँखें बाहर देखती हुई भी अपने अन्दर देखती रहती हैं। कैसे वे अपना आत्मभोज कर रहे हैं। अभिमान और करुणा का ऐसा सम्मिश्रण मैंने किसी कवि-मुख पर नहीं देखा। तब नहीं जानता था कि मैं उनकी कविताओं पर कोई किताब लिखूँगा। मैं आलोचक नहीं हूँ। लेकिन अच्छी कविता पढ़ना मेरा शगल है और उस पर लगातार सोचते रहना और उसमें घुले रहना मेरे जीवन का ढंग। रामविलास जी से मेरी क्या, किसी की भी तुलना नहीं हो सकती। वैसी प्रखर विश्लेषण-क्षमता हिन्दी में रामचन्द्र शुक्ल के बाद किसी आलोचक के पास नहीं है। और न ही उतनी गहरी अन्तर्दृष्टि। जब निराला जी का देहावसान हुआ तो मैं कलकत्ते में पढ़ाता था। मैं बड़ा बाज़ार

पुस्तकालय गया, उसके कई दिनों बाद तक रोज़-रोज़ और लगातार उनके कविता-संग्रह निकालकर पढ़ता रहा। तब तक मेरी कविताओं की समझ कुछ-कुछ विकसित हो चुकी थी। मुझे उनकी कविताओं में अनन्त रंग, अनन्त प्रकाश, उमंग और उल्लास, अँधेरे, नास्ति, अनन्त किस्म की जर्जरताएँ, शब्दों की अद्भुत परख, विविध शिल्प संरचनाएँ और जीवन का एक समग्र चित्र–यह सारी बातें धीरे-धीरे प्रकट हुईं। मैं एक छोटी डायरी लेकर जाता था और अपने मन पर पड़ने वाले प्रभावों को नोट कर लेता था। यह सन् '61 और '62 की बात है। फिर मैं नौकरी छोड़कर इलाहाबाद चला आया। मुझे टी.बी. हुई और खून उगलता हुआ मैं अस्पताल चला गया। वर्षों मेरी डायरी किसी तरह बची-बचाई मेरे कुछ कागजों में पड़ी रही। कभी पुरानी चीज़ें देखने के क्रम में '71 के आसपास उस डायरी के पुनः दर्शन हुए। उन दिनों मैं कहानियाँ लिखने से ऊब चुका था। अपनी औपन्यासिक कथा 'सुखान्त' लिखने के बाद मुझे लगा कि लिखने के लिए अब कुछ नहीं रह गया है। जब उस डायरी में मैंने अपने नोट्स पढ़े, तो मैं एक किताब की दूकान पर गया और उनके सारे संग्रह ख़रीद लाया। तब तक उनकी 'सांध्य काकली' भी आ चुकी थी। मैं दारागंज की उस गली में गया, उस घर में गया। उन सारी जगहों पर गया, जहाँ कभी-कभी टहलने निकलते वक्त 57-58 में मुझे अपने साथ ले लेते थे। कई कविताएँ जो मैंने उनके मुख से सुनीं, उनकी अनुगूँज बाकी थी। इस सबने अचानक एक विस्फोटात्मक तरीके से उस किताब को जन्म दिया। उन दिनों मुझे खाने-पीने, उठने-बैठने, सोने-जागने की सुध नहीं थी। कुल पैंतीस दिनों में मैंने वह किताब लिखी। वह कोई आलोचना नहीं, कवि को देखे गए और बिताए गए क्षणों की स्मृति में एक तरह का नैवेद्य दान है। इससे मैं ही उपकृत हुआ और मैं ही बड़ा हुआ। कवि की ऊँचाई नापना मेरा उद्देश्य भी नहीं था। जैसा मैंने उन कविताओं को समझा, वही लिखा। और बिना किसी वैचारिक चश्मे के। उसमें पूर्व-आरोपित कुछ भी नहीं है। तब तक रामविलास जी की पुस्तक 'निराला की साहित्य साधना' का दूसरा खंड नहीं छपा था। फिर भी उन्हीं को निराला का सबसे बड़ा अध्येता मानते हुए मैंने उन्हीं को किताब समर्पित की। और छप जाने के बाद उसकी पहली प्रति लेकर आगरा मैं स्वयं देने गया। वे अपने अगाध ज्ञान और अन्तर्निष्ठा के कारण हिन्दी के आलोचकों में मेरे लिए आदर्श हैं। लेकिन मैं उतना मजबूत नहीं कि उन जैसा बड़ा काम कर सकूँ।

हेमन्त कुमार हिमांशु : 'यमगाथा' नाम से आपका नाटक जब छपकर आया, तो हमें थोड़ा आश्चर्य हुआ कि एकाएक आपने नाटक की दुनिया में कैसे पैर रखा। 'यमगाथा' के लेखन के पहले रंगमंच का कोई अनुभव आपको था ?

दूधनाथ सिंह : 'यमगाथा' लिखने के पहले मैं 'आधे-अधूरे' का निर्देशन कर चुका था। नाटकों में मेरी गहरी रुचि थी। मैंने **पुरूरवा** और **उर्वशी** के आख्यान को समग्रतः जिज्ञासावश पढ़ना शुरू किया। तब कोई नाटक लिखने का इरादा नहीं था। उन दिनों एक रचनात्मक बंजरपन के दौर से मैं गुज़र रहा था। मेरे अन्दर बहुत सारे वैचारिक परिवर्तन हो चुके थे। दुनिया को समझने की मेरी नज़र बदल चुकी थी। मैं अपनी आत्मग्रन्थियों से छुटकारा पा चुका था। जब मैंने इस मिथक का शुरू से लेकर अन्त तक अध्ययन किया—यानी ऋग्वेद से लेकर उपनिषद्, पुराण, महाभारत, कालिदास, रवीन्द्रनाथ और रामधारी सिंह 'दिनकर' तक, तो मुझे उन चरित्रों में इन सबसे अलग दूसरी दुनिया के दर्शन हुए। एक दूसरा ही विचार-बीज मिला। एक विस्फोटक आत्म-बलिदानी के रूप में पुरूरवा मुझे चलता-फिरता नज़र आने लगा। '80 से लेकर '87 तक मैं उसको लिखता-बिगाड़ता और रचनात्मक आशा-निराशा के बीच झूलता रहा। तब वह पूरा हुआ। '90 में 'संगीत नाटक अकादमी' की 25वीं वर्षगाँठ पर वह अकेली पांडुलिपि थी, जो मंचन के लिए चुनी गई। उसका बांग्ला अनुवाद 'ग्रुप थिएटर पत्रिका', 1997 में छपा है। इसका गुज़राती भाषा में भी मंचन हो चुका है।

हेमन्त कुमार हिमांशु : 'यमगाथा' की 'पहल' में कड़ी आलोचना छपी थी। व्यक्तिगत रूप से पटना के कई रंग-निर्देशकों ने बातचीत में मुझे यह बताया कि 'यमगाथा' की प्रस्तुति बहुत महँगी है। इस पर आप क्या कहना चाहेंगे। नाट्यालेख तैयार करते वक्त क्या रंगमंच आपकी दृष्टि में नहीं था ?

दूधनाथ सिंह : 'पहल' में जब 'यमगाथा' की आलोचना छपी तो उसका मुख्य मुद्दा यह था कि यह पाठ्यक्रमों के लिए लिखी गई एक किताब है। साथ ही यह रोमेंटिक है। लेकिन जिन दिनों यह आलोचना छपी, उन दिनों हिन्दुस्तान की सबसे बड़ी नाट्य संस्था 'नेशनल स्कूल ऑफ ड्रामा' की रेपर्टरी द्वारा उसका रिहर्सल चल रहा था। और 'मेघदूत' के खुले रंगमंच पर उसका प्रदर्शन हुआ। दरअसल 'यमगाथा' एपिक थिएटर के मानदंडों पर लिखी गई एक नाट्य-संरचना है। रंगमंच के 'ब्लॉक्स' में डालकर उसकी पांडुलिपि नहीं तैयार की गई है। उसमें एक संघर्ष

और सन्देश की संरचना है। वही प्रमुख है और वही मेरा उद्‌देश्य था। और पाठ्यक्रमों के लिए तो बिल्कुल नहीं। क्योंकि जो पूरा कथा-सन्दर्भ नहीं जानता, वह शब्दों और पंक्तियों के भीतर के निहितार्थ को समझ ही नहीं सकता। यह सच है कि नाटक लिखते वक्त रंगमंच मेरे ध्यान में नहीं था। लेकिन रंगमंच के लिए लिखी गई स्क्रिप्ट्स का दूर तक कोई साहित्यिक महत्त्व कभी नहीं होता।

हेमन्त कुमार हिमांशु : 'लौट आ ओ धार' संस्मरण और आलोचना का अद्‌भुत सम्मिश्रण है। उसकी भाषा और विश्लेषण क्षमता पर जहाँ मुझ सरीखे कई लोग लहालोट हैं, वहीं कहीं बहुत-से लोगों की नज़र में उसमें बड़बोलापन है। नन्दकिशोर नवल ने तो 'कथा' में उसकी कड़ी समीक्षा लिखी थी। आप पन्त, अज्ञेय और ज्ञानरंजन के प्रति किंचित अनुदार हैं, जबकि शमशेर के प्रति बहुत उदार हैं। इसका कारण बहुतों की नज़र में साहित्यिक नहीं व्यक्तिगत है। इस पर आप क्या कहना चाहेंगे ?

दूधनाथ सिंह : नन्दकिशोर नवल ने मार्कंडेय जी के निर्देशों पर वह समीक्षा लिखी थी। नवल मेरे पुराने ज़माने के मित्र हैं। लेकिन उनकी साहित्यिक समझ का विकास आज भी वहीं का वहीं है, जहाँ रानीघाट, महेन्द्रू पर था। उनकी आलोचनात्मक समझ विश्वसनीय नहीं है। सम्पादक वे ज़रूर अच्छे हैं। मार्कंडेय जी को वह किताब कभी भी अच्छी नहीं लगी। उसका पहला खंड, जिसमें पन्त जी के चरित्र की व्याख्या है, जब उनके घर पर 'जलेस' की एक गोष्ठी में पढ़ा गया तो उन्होंने कहा था कि यह किताब पन्त जी के ताबूत में ठोकी गई अन्तिम कील है। दरअसल, मार्कंडेय जी एक ऐसे शालीन व्यक्ति हैं जो किसी के बारे में सच नहीं बोलते। नवल ने वही लिखा जो मार्कंडेय जी की राय थी। साहित्य सम्मेलन की एक गोष्ठी में नवल यहाँ आए थे। और जब मार्कंडेय जी से मिलने गए तो उन्हें बिठाकर वे सारे निर्देश दिए गए कि क्या लिखना है और क्या नहीं। नवल ने सिर्फ़ आदेशों का पालन किया। मैं समझता हूँ कि वे अगर किसी और से मिले होते तो वह जैसा कहता, वैसा ही लिखते। उस किताब की प्रशस्तिमूलक बहुत सारी समीक्षाएँ छप चुकी थीं और यह एक एंटीडोट था। किताब क्यों लिखी गई, इसके बारे में भूमिका में मैंने बताया है। बिना किसी आयोजन के, पूर्व निर्धारित कार्यक्रम के, मैं गद्य की बनी-बनाई विधाओं को ऊबकर अपनी आदत के मुताबिक तोड़-फोड़कर एक नई संरचना बनाना चाहता था। इलाहाबाद में पन्त जी से ज़्यादा समादरणीय मेरे लिए कौन हो सकता है ! और ज्ञानरंजन से बड़ा अभिन्न और अन्यतम मित्र कौन हो सकता है !

शमशेर तो हमारी ससुराल के एक सदस्य की तरह थे। और अज्ञेय जी मेरी पत्नी को बेटी को तरह मानते थे। इलाहाबाद आने पर हर बार वे मेरे घर आते। एक-दो बार जब वे इलाहाबाद आए तो उन दिनों क्रिकेट चल रहा था। वे चुपचाप बैठकर कमेंट्री सुनने आते। उनकी कविताओं का मेरे द्वारा चयनित एक पाठ भी उन्हीं की आवाज़ में मेरी पत्नी ने रिकॉर्ड किया। उसमें उस प्रसिद्ध कविता 'असाध्य वीणा' का पाठ भी शामिल है। बहुत पहले अपने विद्यार्थी जीवन में ही मैंने उनकी एक किताब का नामकरण किया था और उन्होंने मान लिया। 'आत्मनेपद'—यह नाम मेरा दिया हुआ है। उन्होंने 'आत्मनिबद्ध' नाम रखा था। मैंने कहा कि आप एक विशिष्ट व्यक्ति हैं, जन-समाज की कोई भीड़ नहीं। संस्कृत में परस्मैपदी धातुएँ बहुसंख्यक होती हैं—भीड़ की तरह। आत्मनेपदी धातुएँ बहुत कम और विशिष्ट। इसलिए आपकी किताब का नाम 'आत्मनिबद्ध' नहीं, 'आत्मनेपद' होना चाहिए। उन्होंने बहुत हल्की आवाज़ में स्वीकृति दी और किताब इसी नाम से आई। ये सारी बातें इसलिए कि इस किताब में जितने भी लोग आए हैं, वे सभी मेरे श्रद्धेय, आत्मीय, सरपरस्त, मेरे रोमांस और मेरे विवाह के दिनों में किसी न किसी तरह भागीदार रहे हैं। और ज्ञानरंजन, वह तो हमारा सहपाठी और सघन मैत्री में बँधा हुआ आज भी है। ज्ञानरंजन की कहानियों के विश्लेषण में मेरा जो यह विचार है कि उसका शिल्प वृत्ताकार है, वह एक जगह स्थिर रहता है, विकसित नहीं होता। उसी को वह अनेक छोटे-छोटे पैराग्राफ़ों की हैडलाइटों से चमकाता है और अपने कथ्य से चमत्कृत करता है। कोई इस विश्लेषण को काटकर दिखलाए कि यह गलत है। कोई यह दिखाए कि पन्त बंजर नहीं हुए। और कोई यह बताए कि शमशेर या निराला अपनी अन्तिम कविताओं तक गहरे संवेदनात्मक आवर्तों में बँधे हुए कवि नहीं हैं। तब तो बहस का विषय बनता है। अन्यथा जुमलेबाज़ियाँ हैं, जो हिन्दी आलोचकों और समीक्षकों की घुट्टी में मिली हुई हैं। एक पंडागिरी है जो निर्देशित करती है कि कर्मकांड ऐसे नहीं, ऐसे करो। दरअसल, बहुत सारे लोगों के भीतर का आईना ही टेढ़ा होता है, जिसमें हर शक्ल और हर विचार और हर कार्य-सिद्धि को वे टेढ़ा ही करके देखते हैं।

दरअसल, मैंने इस किताब में संस्मरणात्मक ढंग से एक समृद्ध रचनाकार के धीरे-धीरे बंजर हो जाने की तकलीफ़ों का विश्लेषण किया है। एक रचनाकार के लिए बंजरता का दुख, सन्तान की मृत्यु के दुख से कम बड़ा नहीं है। वह हमेशा सालता रहता है। इसी क्रम में दो बड़े

कवियों और एक बड़े कथाकार का आलोचनात्मक अन्वेषण किया गया है। इसके पीछे कोई भी व्यक्तिगत कारण नहीं है।

हेमन्त कुमार हिमांशु : आप सभी मित्रों ने कहानी लिखना छोड़कर संस्मरण लिखना शुरू कर दिया है। इससे कहानी के क्षेत्र में आप सबों का चुकना माना जाए या कोई दूसरा कारण ?

दूधनाथ सिंह : ज्ञानरंजन ने तो 'अनुभव' लिखने के बाद ही कहानी लिखना बन्द कर दिया। काशीनाथ सिंह ने पिछले वर्ष इन्दौर वाली गोष्ठी में कहा था– "कहानी विधा मेरे काम की नहीं रही।" क्यों कहा यह मेरी समझ से बाहर है। वैसे भी काशीनाथ सिंह के 'कौल-फैल' का एतबार नहीं। वे फिर कभी चुपके से एक कहानी लेकर उपस्थित हो सकते हैं। रवीन्द्र कालिया तो 'फ़्लूक' में कहानीकार हैं। ये कहानियाँ लिखते भी रहें तो उससे कोई फ़र्क नहीं पड़ेगा। मैंने 'यमगाथा' लिखने के बाद धड़ाधड़ कहानियाँ लिखीं। '90 और '95 के बीच लिखी गई कहानियों का संग्रह *'माई का शोकगीत'* मेरा बहुप्रशंसित संग्रह है। उसके बाद 'काशी नरेश से पूछो', 'प्रेम', 'धर्मक्षेत्रे', 'रेत'–मेरी चार कहानियाँ छप चुकी हैं। कहानी लिखना छोड़कर संस्मरण काशीनाथ सिंह ने लिखा या रवीन्द्र कालिया आजकल 'ग़ालिब छुटी शराब' नाम से लिख रहे हैं। मेरी किताब 'लौट आ ओ धार' सिर्फ़ संस्मरण नहीं है। मैंने कहा भी है कि वह 'गद्य का आन्तरिक अवकाश' है। इधर तीन वर्षों से मैं अपने बड़े उपन्यास में लगा था। इसलिए कहानी को छोड़ने का कोई सवाल नहीं उठता। अभी मैंने उपन्यास लिखते-लिखते ऊबकर बीच में 'पंचतन्त्र' शीर्षक से पाँच कहानियों का एक छोटा-सा गुच्छा लिखा है, जो सम्भवतः *'तद्भव'* के अगले अंक में छप रहा है। इसलिए मुझे आप ऐसा नहीं कह सकते हैं। कहानी में पीढ़ियाँ नदारद हो चुकी हैं। समय है जो अपना सही और वास्तविक चित्रण माँगता है। जो करेगा, वह बचेगा। अन्यथा सारे लोग कहानी लिखते हुए भी नष्ट हो जाएँगे। जैसे कि कुछ और लिखते हुए भी।

❑❑

हिन्दी साहित्य दुश्मनों का आपसी खेल है

सुधीर : इधर आपका उपन्यास 'आख़िरी कलाम' प्रकाशित हुआ है। यह आपकी पहली औपन्यासिक कृति है। इस उपन्यास की रचना-प्रक्रिया से ही बात शुरू की जाए, इसमें क्या और कैसे है ?

दूधनाथ सिंह : दरअसल, 'आख़िरी कलाम' की रचना-प्रक्रिया बाद में समझ में आई। यह बात भी बाद में समझ आई कि इसका प्रारूप एक सफ़रनामे का है। लिखते वक्त, क्या कर रहा हूँ इसका स्पष्ट पता नहीं था। कथानक और विचारों को लेकर एक धुँधली सी निरन्तरता बनी हुई थी। एक आदमी था जो संकल्पनाओं में खड़ा हुआ। बूढ़ा, जर्जर, चिड़चिड़ा, स्मरण और विस्मरण के डाँवाडोल में फँसा हुआ। इस विस्मरण वाली बात से बहुत सारी छूट मिली और रचना-प्रक्रिया ने गति पकड़ी। मिथ, यथार्थ, संस्कृति और इतिहास, वर्तमान और भविष्य, इसके मिश्रित एकात्म की मुझे भारी छूट मिली। एकाएक एक कौंध की तरह यह तकनीक मेरे सामने चमककर प्रकट हुई और मैंने इसे मजबूती से थाम लिया। कथा के अन्तिम वाक्य तक मैं उसके अँधेरे में भटकता रहा। सभी की तरह मेरे पास पहले से लिए गए नोट्स या सोची-सोचाई कोई कहानी नहीं थी। नोट्स के नाम पर कनिंघम, फ़्यूहरर, ए.के. नारायण और बी.बी. लाल की अयोध्या की खुदाइयों के विवरण मैंने अवश्य पढ़े, जो सिर्फ़ 'अयोध्या' शीर्षक से लिखे गए एक तीन-चार पेज के अध्याय में ही खप गए। जब उपन्यास का अन्तिम ड्राफ़्ट तैयार हुआ तब इसकी तकनीक मुझे खुद समझ में आई—एक सफ़रनामा। तर्ज़े-बयाँ का नया ढंग। वृत्तान्त की एक नई स्वनिर्मित तकनीक। तब मैंने शुरू की छोटी-सी भूमिका लिखी, जिसको पढ़कर ऐसा लगेगा, जैसे यह पूरी तकनीकी सिद्धि पहले से सोची हुई थी। ऐसा बिल्कुल नहीं था। विषय को लेकर पूरा अँधेरा था। चमकीले बयान थे। इस (बाबरी मस्जिद का ढहाया जाना) कुकृत्य को लेकर मन पर अवसाद की एक भयावह छाया थी। इसको लिखते और सोचते वक्त भी जैसे उल्टी

आती थी। एक अन्तर्राष्ट्रीय, इतनी बड़ी त्रासदी को जिसने पूरे इस उपमहाद्वीप में साम्प्रदायिकता का ज़हर भर दिया, एक कथा वृत्तान्त में बयान करना कठिन था। लगभग असम्भव। कोई कहानी नहीं थी। हर घटना की जानकारी हर आदमी को थी। मेरे पास कोई चरित्र नहीं थे। चरित्रों के परस्पर द्वन्द्व, उनके रोमांस, उनकी निजी या प्रतीकात्मक व्यथाएँ या खुशियाँ–मेरे पास तो कुछ भी नहीं था। उस तरह का कोई स्त्री चरित्र नहीं, जो अपने होने से ही पाठकों को आकर्षित करता है। इसलिए एक कथाकार की हैसियत से मेरे लिए सब 'माइनस' में था। और यही चुनौती भी थी। मुझे नहीं पता कि मैं क्या कर रहा था। सिर्फ़ डिप्रेशन और समय का निरर्थक बीतना। फिर भी मैं एक दुस्साहसिक लफंगे की तरह इस ऐतिहासिक दुर्घटना को कथा में गूँथने में जुटा रहा। मैंने इसे 1996 के आसपास शुरू किया जब मैं भोपाल में था और 10 फ़रवरी, 2000 को इसका पहला ड्राफ़्ट पूरा किया। मैंने इससे छुट्टी पाई और इससे भागने की कोशिश की। मैंने सोचा कि मैं मुक्त होऊँ और मुझे आराम मिले। लेकिन यह कहानी लगातार मेरा पीछा करती रही। छः महीने बाद मैंने फिर से उठाया और इसका दूसरा प्रारूप तैयार किया। फिर इससे छुट्टी ली और इससे भागने के लिए एक लम्बी कहानी लिखी 'निष्कासन'। मैंने पाया कि अब मुझे प्रयोग और विस्तार की आदत पड़ती जा रही है। क्योंकि 'नमो अन्धकारम्' और 'निष्कासन' इन दोनों कहानियों की रचना भी औपन्यासिक ही है। लेकिन 'आख़िरी कलाम' ने फिर भी मेरा पीछा नहीं छोड़ा और अन्ततः सारी अस्वस्थता के बावजूद मैंने 6 अगस्त, 2002 को इसका तीसरा और अन्तिम ड्राफ़्ट तैयार किया और छपने को दे दिया।

इस पूरी परियोजना ने मेरे छः कीमती वर्ष खाए।

अवसाद के छः वर्ष। पागलपन के छः वर्ष। अकेलेपन के छः वर्ष। अपनी पत्नी से कलह के छः वर्ष। यातना और आनन्द के लम्बे छः वर्ष।

यह है 'आख़िरी कलाम' की कहानी की कहानी।

सुधीर : फिर भी इसकी कथा का सारतत्त्व क्या है ?

दूधनाथ सिंह : इसमें दो मौतें हैं, दो शव-यात्राएँ हैं। बूढ़े आदमी का प्रस्थान पहली शव-यात्रा का प्रारम्भ है। उसकी संगीतमय बुदबुदाहट, उसके निरर्थक लेकिन शाश्वत मूल्य के प्रवचन, यह इस शव-यात्रा का त्रासद संगीत है। अगर तुमने चॉयकोव्योस्की की 'फ़्यूनरल मार्च' नामक संगीत-रचना सुनी हो तो तुम इसे समझ सकते हो। या मेरे बचपन में भीख माँगने वाले जोगी। दरवाज़े पर सारंगी बजाते थे। इसकी संरचना शायद मेरी

स्मृति में हो। जब वे भिक्षा के लिए दरवाज़े पर खड़े होते तो मेरे पड़ोस की औरतें, मेरी माँ और मेरी दादी उनको घेरकर बैठ जातीं। जोगी अपनी सारंगी को रुलाता—एक आत्मीय और ट्रैजिक संगीत की धुन, जिस पर उसको घेरकर बैठी औरतें एक साथ सुबकती थीं। बूढ़े आदमी (आचार्यजी) का प्रोटेस्ट मार्च ऐसा ही 'फ़्यूनरल मार्च' है।

दूसरी शव-यात्रा कारसेवकों की है। हल्लाबोल, शोर, धूल और पागलपन और भगवा रंग जो बाबरी मस्जिद की मृत्यु में समाप्त होता है। 'जै श्रीराम' का शोर क्या एक स्तर पर 'राम नाम सत्त है' का शोर नहीं लगता ?

तो, कहानी के पूरे शिल्प का अन्तर्गुम्फन कुछ यों है।

सुधीर : यह तो उपन्यास में एक नए तरह का प्रयोग हुआ।

दूधनाथ सिंह : ऐसा कह सकते हो, क्योंकि मुझे चरित्रगत ढाँचे में पारम्परिक कहानियाँ लिखने में कोई रुचि नहीं रहती। वह तो सभी लोग कर रहे हैं और काफ़ी ख़ूबसूरती से कर रहे हैं। मेरे लिए ऐसा करना उबाऊ था। मैं कुछ एकदम फ़्रेश, ताज़ा, अनहोना और अनिर्वचनीय करना चाहता था। ऐसा सभी लेखक करना चाहते हैं। मैं चाहता था कि इस कथा पर किसी की निगाह न पड़े, इसलिए मैंने इसका नाम तक लोगों से छिपाए रखा। मुझे आश्चर्य होता था कि बँटवारे के बाद सबसे बड़ी दुर्घटना पर हमारे लेखकों की निगाह क्यों नहीं पड़ी। कवियों की तो गई। अनिल कुमार सिंह ने तो मस्जिद ढहने के पहले ही 'अयोध्या 1991' शीर्षक कविता लिखी। मस्जिद गिरने के बाद सर्वोत्तम कविता कुँवर नारायण ने लिखी। फिर कैफ़ी आज़मी और शलभ श्रीराम सिंह ने। लेकिन इस पूरी परिधटना को कथा का विषय बनाने की ओर किसी कथाकार का ध्यान नहीं गाया। यही मेरे लिए सबसे बड़ी चुनौती भी थी। लेकिन मैं इतना सचेत भी नहीं था। स्मृति-विस्मृति के बीच खड़े एक चिड़चिड़े बूढ़े ने मुझे अपनी लपेट में ले लिया और कहानी का ताना-बाना अपने आप एक स्वर-लिपि की तरह चल निकला।

सुधीर : लेकिन, जैसा कि आपने ऊपर कहा कि सब कुछ सबको ज्ञात था, तो इस सार्वजनिक ऐतिहासिक वर्तमान में से आप कथातत्त्व को खींचकर लाने में कैसे सफल हुए ?

दूधनाथ सिंह : यही तो चुनौती थी। तुम देखोगे कि इसके लिए मैंने कितनी साधना की और तकलीफ़ उठाई ! मैंने मिथ और यथार्थ, पुरातन और नवीन, इतिहास और लोकसंग्रह, भौगोलिक और प्राकृतिक परिदृश्य, व्यक्ति और समूह, सबको एक-दूसरे में घोल दिया है। इसी से मैंने कथा का

यह रसायन तैयार किया। लेकिन अनजाने ही। सप्रयत्न और सोच-समझकर लगभग नहीं।

सुधीर : इस उपन्यास के पूरे ताने-बाने में अन्ततः बाबरी मस्जिद का ढहाया जाना और अयोध्या की वही समस्या है जिसका कोई समाधान अभी तक नहीं आ सका। इस उपन्यास की रचना के दौरान, उसके पहले या बाद आपने इस समस्या के समाधान के बारे में कोई नज़रिया बनाया ?

दूधनाथ सिंह : मैंने जो अनुभव किया, वही लिखा। मैंने लिखा है कि 'यह शहर अब कैद में है।' एक लेखक का काम समाधान देना नहीं होता। मेरी राजनीतिक घृणा भी उपन्यास में स्पष्ट है। मेरे नज़रिया बनाने से क्या होता है ? उपन्यास से बाहर मेरा नज़रिया एक स्वप्न है। मेरा नज़रिया यह है कि सन् '92 के पहले जैसा था, वैसा ही होना चाहिए। क्या हमारे पास कोई टाइम-मशीन है जिसमें हम पीछे जा सकते हैं ? नहीं। फिर मेरा नज़रिया वही है जो उपन्यास में है और वह एक दुःस्वप्न की तरह है।

सुधीर : आपकी प्रारम्भिक कहानियों—रीछ, रक्तपात, आइसबर्ग आदि से लेकर अभी तक की कहानियों में न केवल शिल्प के स्तर पर बल्कि भाषा के स्तर पर भी एक बदलाव देखा जा सकता है, यानी जटिल बिम्बों वाली फ़न्तासी से लेकर सहज किस्सागोई तक। आप इस बदलाव को कैसे महसूस करते हैं ?

दूधनाथ सिंह : तुमने अपने सवाल में कहानी के वस्तुगत विकास के बारे में नहीं कहा। दरअसल हमारी कहानियाँ नई कहानी के रोमैंटिक आशावाद, जो कि हमारी स्वतन्त्रता प्राप्ति के बाद का राजनीतिक आचरण भी है, के ख़िलाफ़ विषयगत और शिल्पगत चुनाव की एक नई पहल है। मैं फिर कहता हूँ कि यह भी अनजाने ही हुआ। पिछली कहानी से सोच-समझकर विद्रोह करने का कोई सवाल नहीं था। सन् '60 के बाद का साहित्य और उसकी विसंगत अवधारणाएँ—आज़ादी ने अपना यह स्वरूप राजनीतिक कारणों से बदला, व्यक्तिगत कारणों से नहीं। कभी यह शिल्प में फ़ैंटेसी के प्रयोग के रूप में (जो मुक्तिबोध भी कर रहे थे), कभी अवसाद के रूप में, कभी उद्घोषणाओं के रूप में और कभी विखंडित सेक्स अनुभूतियों के रूप में—ये सारी बातें पिछले रोमैंटिक आशावाद को तोड़ने के प्रयत्न में हैं जो (रोमैंटिक आशावाद) लुभावना होते हुए भी राजनीतिक दृष्टि से गलत था। मेरी कहानियों ने 'मॉडल' पात्रों की सृष्टि बन्द कर दी। लगभग इस काल के सभी कहानीकारों ने ऐसा ही किया। कोई यह नहीं कह सकता था कि यह प्रतिनिधि

चरित्र है। वह विशेषीकृत चरित्र था। उसका निजी अपनापन था। मैं मानता हूँ कि इससे व्यक्तिवादी अवधारणाओं का विकास हुआ लेकिन यह उस समय की राजनीतिक लाचारी थी। अपनी अगली कहानियों में मैंने कहानी को एक प्रतिरोध के औजार के रूप में विकसित करने की कोशिश की। समय और राजनीति, संस्कृति और सत्ता के स्तर पर जो कुछ घटित हो रहा था उसका प्रतिरोध लाज़मी हो गया था। चूँकि मैंने पकड़ बनाए रखी, राजनीतिक और सामाजिक विघटनों पर मेरी नज़र जमी रही, इसीलिए मैं अपनी कहानियों के प्रारूप, विषय-वस्तु और उसकी भाषा में अपेक्षित परिवर्तन कर सका। वह समय की माँग थी और है। एक लेखक की हैसियत से मैं सारे तनाव या 'डिप्रेशन' के बावजूद, सारी प्रतिकूल परिस्थितियों, बड़बोलियों, लूटपाट, जड़ता अवरुद्ध विकास और भारतीय मनुष्य की नियति के विरुद्ध होने वाले षड्यन्त्रों के बीच चुप नहीं बैठ सकता। यह मेरी या किसी भी लेखक की नैतिक ज़िम्मेदारी है। जैसे आज़ादी के पहले सम्पूर्ण भारतीय साहित्य प्रतिपक्ष का साहित्य था, उपनिवेश विरोधी था, वैसे ही आज़ादी के 10 वर्षों बाद को छोड़कर अब तक का सारा साहित्य प्रतिपक्ष का साहित्य है। उसके 'भीतर' अपना कोई प्रतिपक्ष नहीं है। हालाँकि, वहाँ वर्तमान राजनीतिक सत्ता का प्रतिपक्ष अवश्य है।

सुधीर : पिछले दिनों 'कथादेश' में प्रकाशित आपकी लम्बी कहानी 'निष्कासन' को लेकर बहुत चर्चा रही। इस कहानी को दलित कहानी घोषित करके प्रकाशित किया गया; जबकि, यह कहानी जितनी दलित-विमर्श की है उतनी स्त्री-विमर्श की भी। लेकिन इस कहानी के जरिए क्या आपको यही लगता है कि क्या एक दलित, एक स्त्री की मुक्ति की सारी कोशिशों की अन्तिम परिणति आत्मवध ही है ?

दूधनाथ सिंह : यह कोई ज़रूरी नहीं है। लेकिन यहाँ आत्मवध एक नैतिक प्रतिशोध है। यह कथा के अन्तरंग से निकलने वाली एक ऐसी निष्पत्ति है जिसका कोई और विकल्प नहीं। सारे आत्मघात कायर निर्णय नहीं होते। अधिकांशतः वे इस समाज से एक जलता हुआ प्रतिशोध हैं। सारी लड़ाई लड़ चुकने और पस्त हो जाने के बाद आत्मवध एक पॉज़िटिव तर्क है, जिसे लोग नहीं समझते। मेधा पाटकर ने एक बार जल-समाधि लेने का निर्णय लिया था, क्यों ? सत्ता की शक्ति हमें थका सकती है, पराजित कर सकती है, तब ? तब आत्मघात एक पैसिव रेज़िस्टेंस जैसा प्रतिशोध है। यह–एक तरह का गांधियन तर्क है जो कहानी से निकलकर आता है। अगर लोग इकहरी धारणाओं में कहानी पढ़ें तो मैं क्या करूँ ? एक महिला ने कहानी पढ़कर

मुजफ्फरपुर से पत्र लिखा कि 'आप हत्यारे हैं, लड़की को मार दिया।' मुझे तुरन्त लगा कि कहानी का अन्त सफल है। क्या होरी की मृत्यु को लेकर प्रेमचन्द को कोई कह सकता है कि आप हत्यारे हैं, होरी को तो अनन्त काल तक लड़ते रहना चाहिए था। तो, बात यह है कि कथा अपना एक तर्क, एक अंजाम, एक अन्त खुद विकसित करती है।

सुधीर : कहानी-आलोचना का प्रसंग फ़िलहाल यहाँ छोड़कर कविता-आलोचना की ओर आपको मोड़ते हैं। डेढ़-दो साल पहले आपने 'आधुनिक हिन्दी कविता में रीतिवाद' शीर्षक से लेख लिखकर समकालीन कविता की रूढ़ियों की ओर संकेत किया था। सवाल यह है कि समकालीन कविता की एकरूपता देखकर जिन्हें आप रूढ़ियाँ कहते हैं, क्या वे कविता के एक विशेष काल-खंड की प्रवृत्तियाँ नहीं हैं ?

दूधनाथ सिंह : प्रवृत्तियों का निर्माण एक समय-विशेष के सामाजिक, राजनीतिक और सांस्कृतिक क्रिया-कलापों के भीतर से होता है। उस निबन्ध में मेरी प्रतिस्थापना यह भी थी कि 'नई कविता' की सारी प्रवृत्तियाँ अज्ञेय के भीतर से निकलीं और उन्हीं में समाहित हो गईं। अतः शेष लोग नामहीन और मौलिकता-रहित पुनरावृत्ति के शिकार हैं। यह स्थिति 'नई कविता' के बाद भी कुछ हद तक चलती है। लेकिन, आगे के सारे कवि इस रीतिवाद के शिकार हों, ऐसा नहीं है, जो मैंने उस निबन्ध में कहा भी है। धूमिल, गोरख पांडेय, आलोक धन्वा, अरुण कमल, राजेश जोशी, वीरेन डंगवाल आदि इस रीतिपरक नामहीनता के शिकार नहीं हैं। इनकी वाग्धारा बँधी हुई नालियों (आचार्य रामचन्द्र शुक्ल) में नहीं बहती।

सुधीर : जिन कवियों के नाम अपने ऊपर लिये वे क्या सिर्फ़ 'रीति' से 'मुक्त' ही हैं या आपको पसन्द भी हैं ? इनके अलावा निराला के बाद के और कौन-से कवि हैं जो आपको पसन्द हैं ?

दूधनाथ सिंह : वे सब मुझे पसन्द भी हैं। लेकिन, इनके अलावा भी बहुत-से कवि मुझे बहुत पसन्द हैं। निराला के बाद की कविता में सबसे पहले मैं शमशेर का नाम लूँगा जो अपने विस्फोटक रोमांस–एक झीनी अमूर्तता और अनन्य बिम्बों के कारण मेरे सबसे पसन्दीदा कवि हैं। शमशेर शब्दों के अन्तराल और पंक्तियों के बीच भी बोलते हैं। इसके अलावा मुक्तिबोध, जिन पर मैं एक पूरी किताब ही लिखने के फेर में हूँ जिसका शीर्षक राजेश जोशी ने भोपाल में सुझाया था–'अन्तःकरण का आयतन'।

सुधीर : इस शीर्षक से अभी अशोक वाजपेयी ने सम्भवतः अनूदित कविताओं का एक संकलन सम्पादित किया है।

दूधनाथ सिंह : इससे कोई फ़र्क नहीं पड़ता। यह शीर्षक मुक्तिबोध पर काम करने के लिए मेरे लिए एक चैलेंज है। दरअसल, मेरी स्थापना ही यह होगी कि मुक्तिबोध के अन्तःकरण का आयतन इतना संक्षिप्त नहीं है। वे एक बड़े कवि क्यों हैं और अन्तःकरण के आयतन से क्यों बार-बार बाहर चले जाते हैं।

सुधीर : मुक्तिबोध के अलावा कबीर और ग़ालिब पर कच्ची की गई किताबों की सूचना 'आख़िरी कलाम' के फ़्लैप से मिलती है। इनके सौन्दर्यशास्त्र में एकरूपता व भिन्नता का आशय आप लाना चाहते हैं, कुछ इस बारे में बताएँगे।

दूधनाथ सिंह : दरअसल, मैं कविता का अपनी तरह का एक प्रेमी हूँ। जिस सौन्दर्यशास्त्र की ओर तुम इशारा कर रहे हो वह अध्ययन बहुत दिलचस्प होगा। कबीर कहते हैं :

भेरा पाया सरप का, भौ सागर के माँह।
जो छाड़ौं तो बूड़िहौं, गहौं तो डसिहैं बाँह ॥

ग़ालिब कहते हैं–

वरक़ तमाम हुआ और मद्‌ह बाक़ी है
सफ़ीना चाहिए एक बहरे-बेक़राँ के लिए।

और निराला की पंक्तियाँ हैं–

जानता हूँ नदी झरने
जो मुझे थे पार करने
कर चुका हूँ, हँस रहा यह देख
कोई नहीं भेला।

वास्तव में निराला इन सबसे आगे हैं, और इसलिए सबसे आधुनिक भी। निराला में भवसागर पार करने के लिए कोई नाव नहीं है, इसे समझकर कवि के भीतर एक निर्मल और एब्सर्ड हँसी जन्म लेती है। कबीर के यहाँ यह आधुनिक 'एब्सर्डिटी' वाली वह नाव सर्प की बनी है जिसको न थामने से डूबने का ख़तरा और थामने से डँसे जाने का ख़तरा। लेकिन ग़ालिब को अभी उस सफ़ीने का इन्तज़ार है। इस तरह इन कवियों को लेकर कविता के एक नए अनोखे और एकात्म वस्तु-तत्त्व और सौन्दर्यशास्त्र की अन्तरावलम्बित अवधारणा की खोज की जा सकती है।

सुधीर : पिछले दिनों साहित्य अकादमी के चुनाव को लेकर सत्ता पार्टी की गोलबन्दी और अन्ततः महाश्वेता देवी की पराजय हुई। उसके पहले एन.सी.ई.आर.टी. और आई.सी.एच.आर. आदि संस्थाओं में एक-एक करके संघ से अनुमोदित लोगों को लाया गया। सत्ता पार्टी की विचारधारा को इस प्रकार अलोकतान्त्रिक तरीके से साहित्य-संस्कृति के प्रतिष्ठानों में लादने से इनका भविष्य क्या होगा ?

दूधनाथ सिंह : जो हुआ और जो हो रहा है, उस पर कोई आश्चर्य नहीं होना चाहिए। लेकिन इसके कारण अत्यन्त उलझे हुए हैं–एक-दूसरे में गुँथे हुए हैं। यह जानना पड़ेगा कि आज़ादी से पहले, मध्यकाल में और आज जबकि यह समस्या उठ खड़ी हुई है, 'राज्याश्रय' का स्वरूप आख़िर कैसा है ? यानी सत्ता और बौद्धिक वर्ग के सम्बन्ध और अन्तर्सम्बन्ध कैसे हैं और कैसे होने चाहिए। भारतीय साहित्य और संस्कृति के स्तर पर मध्यकाल में सत्ता और कवि-लेखक (बुद्धिजीवी वर्ग) के सम्बन्ध बहुत साफ़ हैं। अगर वो राजदरबारों में हैं तो उनकी कविता और कला का उद्‌देश्य साफ़ परिभाषित है। अगर उसे सत्ता के गलियारों (राज-दरबार) से परहेज़ है तो वह अपने विचारों, अपनी कविता और कला के रक्षार्थ एक तरह के स्वतन्त्र भिक्षाटन का आश्रय लेता है। यानी वृत्ति के लिए वह सामान्य जन-समाज पर निर्भर है। इस तरह वह अपने लेखन की स्वतन्त्रता की रक्षा करता है। उपनिवेशवाद के ख़िलाफ़ स्वतन्त्रता-संघर्ष के दिनों में भारतीय साहित्य और कला का प्रतिपक्ष उपनिवेशवाद है। लेखक की प्रगतिशीलता और राष्ट्रप्रेम का अर्थ है, स्वतन्त्रता आन्दोलन से उसकी सहमति और सम्पृक्ति। इसीलिए आज़ादी की लड़ाई के दिनों से लेकर, उसके बाद और '90 के दशक तक भारतीय साहित्य और कला का कोई प्रतिपक्ष नहीं। आलोचनाएँ हैं, आपसी बहस-मुबाहिसे हैं, आपसी विमर्शों को लेकर उठा-पटक है, मतभेद भी हैं लेकिन व्यापक तौर पर भारतीय साहित्य और कला का कोई प्रतिपक्ष नहीं है। लगभग सब कुछ 'लेफ़्ट टू द सेंटर' है।

लेकिन, फ़िलहाल भारतीय साहित्य और कला का प्रतिपक्ष भारतीय सत्ता है। यह एक प्रकार का सत्ता बनाम बौद्धिक वर्ग का एक युद्ध है। अब सत्ता प्रजातन्त्र की सभी संस्थाओं पर अपना कब्ज़ा एक भ्रम पैदा करने वाले जनमत के बल पर बनाए रखना चाहती है। सीधे कहें तो यह फ़िलहाल विस्फोटक हिन्दुत्ववाद का चेहरा है जो भारतीय प्रजातन्त्र के लिए सबसे बड़ा ख़तरा है। ये सभी संस्थाएँ, चाहे साहित्य अकादमी हो, एन.सी.ई.आर.टी.–यू.जी.सी. आदि सब ऊपरी ठाट हैं।

आप इस ऊपरी ठाट पर सत्ता की इच्छा के बिना बहुत समय तक काबिज नहीं रह सकते। यानी कि जब तक सत्ता पर भी आपका कब्ज़ा न हो तो केवल ठाट पर बने रहने की बात बेमानी है–'बेस' पर कोई और हो और 'सुपरस्ट्रक्चर' पर आप बने रहने के लिए मुँह बाए रहें–यह बुनियादी तौर पर असम्भव है।

सुधीर : अच्छा, ये बताइए कि वो कौन-सा वर्ग है, या पाठक है जिन्हें सम्बोधित करने के लिए आप इस उमर में भी जी-जान लगाए हैं। क्या पाठक के नाम पर कुछ प्रोफ़ेशनल लोग, लेखक, सम्पादक या हिन्दी के कुछ अध्यापक थोड़े-से विद्यार्थी ही नहीं हैं ?

दूधनाथ सिंह : ऊपर से तो यही दिखाई देता है कि हिन्दी के पाठक कुछ यही प्रोफ़ेशनल लोग ही रह गए हैं। शहरों या कस्बों में सिमटे कुछ शिक्षित लोग, टुटपुँजिया मध्यवर्ग, बौद्धिक इलीट, अध्यापक और छात्र। अगर वास्तव में पाठक वर्ग इतना ही सिमटा-सिकुड़ा हुआ है तो यह बात एक 'डिप्रेशन' पैदा करती है। एक आत्मघाती अवसाद अक्सर रह-रहकर उभरता है कि सामान्य जन से हिन्दी साहित्य का कोई सीधा रिश्ता बनता हुआ नहीं दिखाई पड़ता। राई बराबर अल्पसंख्यकों का साहित्य ही हिन्दी साहित्य रह गया है। हमारी जातीयता जो जगदलपुर से भागलपुर तक इतनी बड़ी ऊबड़-खाबड़ अनेक स्थानीय बोलियों से संयुक्त भौगोलिक इकाई है उसमें हमारी पैठ नहीं है। लेखक एक अपरिचित सुपर-स्टार की तरह है जिसे लोग कौतुक और विनम्रता से देखते हैं। इसके कारणों की खोज करनी होगी। एक लेखक की हैसियत से हमारी चिन्ता यह भी है कि हम जिन लोगों की समस्याओं के बारे में लिखते हैं, जिन्हें अपनी सहानुभूति देते हैं, जिनकी जैविक लाचारियों में हम साझीदार महसूस करते हैं और जिन्हें चित्रित करने में हम गर्व महसूस करते हैं–समाज, सामान्य जन, प्रतिबद्धता यह सब फूला हुआ गुब्बारा हैं जिनका उपयोग और दख़ल समाज के निचले तबकों तक नहीं होता जाता दीखता। यह एक अजीब-सी त्रासदी है। मैं जिन लोगों के बारे में लिखता हूँ, वही मेरे पाठक नहीं हैं। पाठक वही है जो बौद्धिक स्तर पर हमारी बराबरी का है। हम जनता को एक ऐसे निर्जीव वस्तु-तत्त्व की तरह इस्तेमाल कर रहे हैं जो रचनाकार के साथ अपनी साझेदारी नहीं निभाती। हम सब इसी से सन्तोष कर लेते हैं कि चलो, जिनके लिए हम अपनी ज़िन्दगी ज़ाया कर रहे हैं वह हमें जाने या न जाने, हम तो उनकी समस्याओं के रू-ब-रू हैं। केवल लेखन ही नहीं, यह विडम्बना अन्य कला-रूपों के साथ, जैसे संगीत, चित्रकला या वास्तुकला व ज्ञान के दूसरे माध्यमों के साथ भी है। यहाँ (कमरे

की दीवार पर टँगे चित्र की ओर इशारा करके) जिस चित्रकार का यह चित्र टँगा हुआ है जिसमें विदा के समय दो किसान स्त्रियाँ गले लगकर रो रही हैं और दो बगल में सिर झुकाए खड़ी विलाप कर रही हैं, वे क्या उस चित्रकार को जानती हैं या यदि इस चित्र को उन सामान्य स्त्रियों के सामने ले जाया जाए तो क्या उस कलाकार के प्रति कृतज्ञ होंगी ? एक लेखक-कलाकार और उसकी जनता के बीच यह संवेदनात्मक स्फटिक फाँक क्यों है ? मेरी समझ में शायद गरीबी, बदहाली, पस्ती, रोज़ी-रोज़गार के दबाव आदि। कुल मिलाकर एक सांस्कृतिक जड़ता का माहौल है जिसमें हम काम कर रहे हैं। हम सिर्फ़ अपना काम कर रहे हैं। हम पाठक या लेखक की आपसी आवाजाही को सम्भव बना पाएँगे या नहीं, कह नहीं सकते।

सुधीर : क्या हिन्दी की पत्र-पत्रिकाओं, ख़ास तौर से लघु पत्रिकाओं की कोई भूमिका इस आवाजाही को सुगम बना सकती है ? मेरा आशय हिन्दी में साहित्यिक पत्रकारिता के परिदृश्य से है ?

दूधनाथ सिंह : हिन्दी के साहित्यकार और लेखक ही साहित्यिक पत्रकारिता का उत्तरदायित्व निभा रहे हैं। भारतेन्दु से लेकर अब तक मुख्य रूप से, हमारी साहित्यिक पत्रकारिता का रूप, उसकी प्रगति और विकास कुछ इसी ढर्रे पर हुआ है। साहित्य-रचना का दायित्व निभाने के साथ-साथ उन रचनाओं, विमर्शों और विचारों को सामने लाने का काम हिन्दी के लेखकों ने ही साहित्यिक पत्रिकाएँ निकालकर किया है। खड़ी बोली के विकास के साथ हिन्दी की साहित्यिक पत्रकारिता का एक उजला इतिहास है। कुछ लोगों ने घर-फूँक तमाशा करके साहित्यिक पत्रिकाएँ निकालीं। भारतेन्दु इसमें सबसे आगे हैं। बालकृष्ण भट्ट ने 'हिन्दी प्रदीप' लगभग 30-35 वर्षों तक अपना पेट काटकर निकाला। यही काम प्रेमचन्द और अज्ञेय ने किया। बाद में कुछ छोटे-मोटे सेठ हिन्दी की साहित्यिक पत्रकारिता में घुसे। सरस्वती, मतवाला, माधुरी इसकी मिसाल हैं। लेकिन ये सारे लोग नए विकसित होते हुए हिन्दी साहित्य के अनन्य प्रेमी थे। हिन्दी के लेखकों के प्रति उनकी गहरी श्रद्धा थी।

सुधीर : आज की स्थिति क्या है ?

दूधनाथ सिंह : आज भी स्थिति लगभग वैसी ही है। हिन्दी की अधिकांश साहित्यिक पत्रिकाएँ लघु पत्रिकाएँ हैं लेकिन अब घर-फूँक तमाशे वाला ज़माना नहीं है। फिर भी कुछ ही पत्रिकाएँ हैं जिनसे सम्पादकों की रोज़ी-रोटी चलती है और वह भी विज्ञापनों व प्रायोजकों के बल पर। शेष अनियतकालीन उपक्रम की तरह हैं। लेकिन सच्चा और श्रेष्ठ

साहित्य इन्हीं पत्रिकाओं के माध्यम से आ रहा है। क्योंकि, भारतीय पूँजीपति का निहित स्वार्थ हिन्दी भाषा से हल नहीं होता इसलिए बड़े घराने कभी-कभी हिन्दी पत्रिकाओं में हाथ डालते भी हैं तो घाटे के बहाने तुरन्त हाथ खींच लेते हैं। जैसे हिन्दी का लेखन वैसे ही हिन्दी की साहित्यिक पत्रिकारिता–बुनियादी तौर पर वामपन्थी और प्रतिबद्ध रुझान वाले लेखकों का दुस्साहसिक कार्य बन गया है।

सुधीर : पत्रिकाओं को विभिन्न समूहों में देखा जा सकता है। जैसे सरकारी साहित्यिक पत्रिकाएँ, लेखक संगठनों की पत्रिकाएँ, कुछ स्वतन्त्र किस्म की पत्रिकाएँ। इन सबकी भूमिका को आप कैसे देखते हैं ?

दूधनाथ सिंह : लेखक संगठनों की पत्रिकाएँ प्रायः संगठन की पत्रिकाएँ हैं, साहित्य की नहीं।

सुधीर : इसका क्या मतलब, क्या उनकी साहित्य में कोई भूमिका नहीं है ?

दूधनाथ सिंह : संगठन-निर्माण में भूमिका हो सकती है, साहित्य में नहीं। 'वसुधा' जोड़-बटोरकर संगठन की पत्रिका है, उसकी कोई साहित्यिक-सम्पादकीय नीति नहीं है। वह साहित्य की पत्रिका तब तक ज़रूर थी जब तक पारसाई निकालते थे और उसमें उस ज़माने में मुक्तिबोध की 'एक साहित्यिक की डायरी' क्रमशः छपी थी। 'नया पथ', सिर्फ़ उन अंकों को छोड़कर जिन्हें राजेश जोशी ने निकाला, न तो साहित्य की पत्रिका बन सकी और न ही संगठन-निर्माण में कोई योगदान दे सकी। और 'समकालीन जनमत' एक तरह के उजड्ड अहंकार से लस्त है। रूढ़ वैचारिकता के अलावा साहित्य से उसका कोई वास्ता नहीं है। सरकारी पत्रिकाओं का तो और बुरा हाल है। शानी के बाद 'समकालीन भारतीय साहित्य' एक निरर्थक पत्रिका है। इनसे बेहतर कभी-कभी 'उत्तर प्रदेश' है जो लँगड़ाते-भचकते थोड़ा-बहुत साहित्य छाप देती है। 'साक्षात्कार' के सम्पादकों के लगातार बदलने से इसका कोई मुकम्मल चेहरा नहीं बन पाता। दरअसल श्रेष्ठ साहित्यिक पत्रिकाएँ, जैसे 'पहल,' 'तद्भव,' 'हंस,' 'पूर्वग्रह,' 'समास,' 'वर्तमान साहित्य,' 'आलोचना,' 'अब,' 'पुरुष,' 'कथा,' 'कथादेश,' 'माध्यम,' 'कल के लिए' ही श्रेष्ठ हिन्दी लेखन को सामने लाने की अपनी भूमिका निभा रही हैं।

सुधीर : इससे तो यह लग रहा है कि आप लेखक-संगठनों की भूमिका के ख़िलाफ़ हैं।

दूधनाथ सिंह : नहीं, मैं उनकी भूमिका का उत्साही समर्थक हूँ और स्वयं एक लेखक संगठन में भी हूँ। लेकिन मैं संगठनों की साहित्यिक पत्रकारिता की संकीर्ण, अनुदार और ठस नीति के ख़िलाफ़ हूँ। जिस तरह की वो

साहित्यिक पत्रकारिता करते हैं उससे वामपन्थी साहित्य का कभी कोई भला नहीं होगा।

सुधीर : डॉ. रामविलास शर्मा को आपने 'निराला : आत्महन्ता आस्था' के समर्पण में 'निराला का निष्ठावान अध्येता' कहा है। लेकिन, रामविलास जी वैदिक कवियों से लेकर तुलसीदास तक निराला के सन्दर्भ में परम्परा की दृष्टि से विचार करते हैं और इधर आपने भी वैदिक कवि की 'नव्यं क्रिणोमि' से लेकर निराला की 'नवगति, नवलय, ताल-छन्द नव' तक एक परमपरा का उल्लेख किया है। परम्परा की एक कसौटी एलियट भी मानते हैं। एलियट की परम्परा से आपकी परम्परा या रामविलास जी वाली परम्परा में क्या रिश्ता बनता है ?

दूधनाथ सिंह : 'नव्यं कृणोमि' (नया-नया करता हूँ) और एलियट के परम्परा सम्बन्धी विचार लगभग एक ही हैं। ऋग्वेदीय कवि का जो कथन है वही एलियट के निबन्ध में भी है। मौलिकता कुछ नहीं होती—वह अमोघ पुरातन है। उसी को हर कवि अपने शिल्प, अपने रूप और अपने समय के भीतर नया-नया करता है। वह एक निरन्तर प्रवाहमान धारा है। आप उसी में स्नान करते हैं। इसी तरह एलियट का विचार या ऋग्वेदीय कवि का विचार, दोनों ही इतिहास का विरोध करते हैं। काव्य-विषय निरन्तर हैं और वे कभी नहीं बदलते—यह विचार ही इतिहास-विरोधी हैं। न जाने कैसे रामविलास जी भी परम्परा की एकान्त स्वायत्तता और मौलिकता के सिद्धान्त को स्वीकार करके चलते हैं जबकि उन्हें इतिहास के दख़ल, नवीनता, प्रतिभा और मौलिकता के सिद्धान्त को स्वीकार करके चलना चाहिए था, जैसा कि उनकी विचारों की शैली है, या किसी भी मार्क्सवादी की हो सकती है। एलियट ऐसा कहते हैं तो उनके विमर्शों के अनुकूल है क्योंकि वे इतिहास की गति के विपरीत अपने को एक एंग्लो-क्रिश्चियन कहते हैं। कड़ी में जुड़े बिना आप उसका हिस्सा नहीं बन सकते, लेकिन कड़ियों में कोई मौलिक विभेद और गुणात्मक अन्तर न हो, यह कैसे हो सकता है ! इसी अन्तर को प्रतिभा मूर्त करती है। इतिहास का तर्क ही यह है कि जीवन और जगत बदलेगा और तदनुसार नई अन्तर्वस्तु प्रकट होगी। एक कवि-कथाकार अपनी मौलिक प्रतिभा से इसी बदली हुई अन्तर्वस्तु को अभिव्यक्त करेगा। तभी वह अनिवार्य होगा और तभी परम्परा के फूलदान में उसके पुष्प का रंग सबसे अलग होगा। नए रूपों और नई संरचना में विषयों को फेंटना और परम्परा की कड़ी होने का दावा करना इतिहास-विरोधी तर्क है। मैंने अपनी किताब में यह नहीं किया—बाद के अपने 'हिन्दुस्तानी एकेडमी' वाले व्याख्यान में इस पहलू पर विचार

किया। लेकिन मेरा आशय निराला की कविता के केवल एक हिस्से को इससे स्पष्ट करना था। 'राम की शक्तिपूजा' को 'नव्यं कृणोमि' के तर्क से सिद्ध किया जा सकता है लेकिन 'सरोज स्मृति' को कैसे करेंगे ? निराला में परम्परा बनने के कई सूत्र शामिल हैं। कुछ हद तक वह अनैतिहासिक तर्क (एलियट) से बड़े कवि बनते हैं, कुछ हद तक पुनरावृत्ति में सघन मौलिकता के प्रक्षेप (शरण वाली कविताएँ) से और अधिकांशतः नई अन्तर्वस्तु की खोज और अभिव्यक्ति से, यानी इतिहास के तर्क से परिचालित होने से। अतः परम्परा को कई तरह से समझना होगा। वह एक ही है लेकिन उसमें मिल-बैठने के तर्क और रास्ते इतने अनुदार और संकीर्ण नहीं हैं। वस्तु कभी बदलती नहीं— बहुत दूर तक जाने पर यह एक फ़ासिस्ट तर्क है, एक जन-विरोधी, एक यूनी-पोलर तर्क।

सुधीर : संस्मरणों पर आपकी किताब 'लौट आ, ओ धार' के गद्य को आपने 'गद्य का आन्तरिक अवकाश' कहा है। यह आन्तरिक अवकाश संस्मरण से कैसे भिन्न है ?

दूधनाथ सिंह : दरअसल, यह पूरी किताब मैंने बड़ौदा में बैठकर लिखी थी। मेरे दिमाग में कवि सुमित्रानन्दन पन्त इसके केन्द्र में थे और उनके बहाने मैं इस बात की खोज में था कि किसी भी बड़े लेखक में बंजरता कैसे अपनी पैठ बनाती है। यह एक सैद्धान्तिक ऊहापोह था। लेकिन लिखने के दौरान बहुत सारी चीज़ें उभरकर सामने आने लगीं। फिर मैंने अपने आपको मुक्त कर लिया। मैंने उन सारी बातों को आने दिया और उनको जस-का-तस उसमें पैठ बनाने दी, इससे किताब का बुनियादी प्रारूप ही बदल गया। वह एक आत्मकथन, दूसरे लेखकों का विचार और बहुत सारी दूसरी बातों पर विचार बनता गया। विधाओं के ढाँचे को इस आन्तरिक दबाव ने छिन्न-भिन्न कर दिया। अनेक विधाएँ घुल-मिलकर एक नए चेहरे, एक नई आकृति का निर्माण करने लगीं। यह एक अमूर्त चित्र की तरह विकसित हुआ। एक उठते-गिरते संगीत की तरह उन्मुक्त गद्य ने जन्म लिया। यह अपने-आप में मेरे ही लिए चौंकाने वाली बात थी। मैंने उसको वैसे ही प्रतिफलित होने दिया। इसी को मैं 'गद्य का आन्तरिक अवकाश' कहता हूँ।

सुधीर : इस किताब में पन्त जी के बारे में आपके संस्मरण छपने के बाद यह बात लोगों ने उठाई थी कि संस्मरण दिवंगत हो चुके लोगों पर नहीं होना चाहिए क्योंकि वह व्यक्ति उसकी पुष्टि या जवाबदेही के लिए मौजूद नहीं होता।

दूधनाथ सिंह : यहाँ मैं जैनेन्द्र द्वारा प्रेमचन्द पर लिखे गए संस्मरण से एक वाक्य उद्धृत करना चाहूँगा। 'उस साहित्य से सृष्टा साहित्यकार को ही समझने की

इच्छा है।' 'निराला की साहित्य साधना' यद्यपि संस्मरण नहीं है फिर भी रामविलास जी उसके प्रथम भाग के बारे में लिखते हैं–'इसे (भाग-1) लिखते समय मेरा ध्यान उनके व्यक्तित्व के अध्ययन की ओर रहा है।' अक्सर लोग यह भूल जाते हैं कि संस्मरण, संस्मरण-लेखक के व्यक्तिगत संसर्गों और स्मृतियों पर आधारित होता है और स्मृतियों में आगा-पीछा होना सम्भव है। अतः संस्मरण-लेखक जो कुछ भी कहता है उसका प्रमाण स्वयं वही है, चाहे उसका पात्र जीवित हो या दिवंगत हो चुका हो। इसमें साफ़-सफ़ाई की कोई गुंजाइश नहीं रहती। एक संस्मरण के बारे में संस्मरण-लेखक के वक्तव्यों पर ही निर्भर रहना पड़ेगा, या निर्भर रहना चाहिए। संसर्गों और स्मृतियों पर आधारित होने के कारण संस्मरण अपने-आप में अधिक कवित्वमय, प्रगाढ़, 'नेस्टॉल्जिक' और स्वयंसिद्ध होता है। अतः कृतित्व (संरचना) की गुंजाइश संस्मरण में अधिक होती है। इसलिए संस्मरण एक अन्तर्मुखी विधा है। जो लोग संस्मरण-लेखक के वक्तव्यों पर निर्भर नहीं रहना चाहते वे संस्मरण विधा के ही विरुद्ध खड़े हैं। मैं एक बार फिर जैनेन्द्र को उद्धृत करूँगा–'बात यह है कि हम वह बनाते हैं जो चाहते हैं। वही हमारा बनाया हुआ आदमी अपने बने हुए रूप में जीवित रखा जाता है।' एक संस्मरण के बारे में लोगों को यह बात समझनी चाहिए। टॉल्स्टाय पर गोर्की का आधा संस्मरण उनकी मृत्यु के बाद लिखा गया और वह संस्मरण की एक अद्भुत मिसाल है। संस्मरण केवल तथ्यों का संग्रह नहीं होता। वह एक व्यक्ति के बारे में संस्मरण-लेखक की अन्तरंग और आत्मीय खोज होती है। उसे उसी तरह देखा-पढ़ा जाना चाहिए। निश्चय ही वह स्मृति के उलट-फेर से निर्मित एक संरचना है, तथ्यों का अंकन नहीं।

सुधीर : हिन्दी में श्रेष्ठ संस्मरणों के नमूने देखने हों तो आप किन्हें कहेंगे ?

दूधनाथ सिंह : मेरी नज़र में हिन्दी का सर्वश्रेष्ठ संस्मरण प्रेमचन्द पर जैनेन्द्र का लिखा हुआ 'प्रेमचन्द : एक कृती व्यक्तित्व' ही है। दूसरा अद्भुत संस्मरण '57 नारियल वाली गली' शीर्षक से रामविलास जी का है। यद्यपि यह जीवनी का हिस्सा है लेकिन बेजोड़ रचनात्मक गद्य लिखने की रामविलास जी की अद्भुत प्रतिभा के दर्शन यहाँ होते हैं। इधर के नए संस्मरणों में परसाई और मुक्तिबोध पर लिखे कान्ति कुमार जैन के संस्मरण बहुत अच्छे हैं। इसी तरह विश्वनाथ त्रिपाठी का फ़िराक पर लिखा संस्मरण भी बेजोड़ है। ध्यान रखना चाहिए कि ये सभी संस्मरण उन लेखकों के मरने के बाद ही लिखे गए हैं और प्रशस्ति-गायन ही उनका चरित्र नहीं है।

सुधीर : एक बार-बार पूछा जाने वाला पारम्परिक सवाल—आप लेखक ही क्यों और कैसे बने ?

दूधनाथ सिंह : इसका कोई पारम्परिक उत्तर मेरे पास नहीं है। वैसा कुछ भी नहीं जैसा लेखक लोग आम तौर पर बताते हैं। इस पर सोचता हूँ तो कुछ भी हाथ नहीं लगता। तब क्या यह संयोग मात्र था ? पता नहीं। परिवार में तो ऐसा कुछ भी नहीं था। सामान्य किसान परिवार था। पीढ़ियों से लोग खेती करते आए थे। कोई बाहर नहीं निकला। मेरे पिता और चाचा थोड़े पढ़े-लिखे ज़रूर थे। उन्होंने अपने बेटों को पढ़ाना चाहा। कुछ ने पढ़ा, कुछ ने नहीं। कुछ ने पढ़ा इसलिए कि बेईमानी से पैसा कमाने का अवसर मिलेगा। फिर भी पता नहीं वह कौन-सी बात थी, समाज के प्रति कोई ज़िम्मेदारी, कोई प्रशिक्षण जैसी चीज़ भी शायद नहीं। लिखने-पढ़ने वाले लोगों का कोई संग-साथ भी नहीं था।...मेरे भीतर एक भयावह अकेलापन था।...एक डर, एक खालीपन, एक ऊब, एक निरर्थकता। शायद अपने को परिचित कराने की प्रबल इच्छा ने लिखने को जन्म दिया—शायद। मैं कुछ हूँ...कुछ हूँ और वह नहीं करूँगा, जो पिछले 500 वर्षों से एक ही जगह बैठे हुए मेरा परिवार करता आ रहा है। ज़िन्दगी इतनी ज़लालत भरी थी, इतने अपमान, विनष्ट होने की इतनी सम्भावनाएँ कि उससे भागने और बच निकलने की चेष्टा के भीतर से ही शायद लिखना पैदा हुआ। समाज और स्वाध्याय और समझ और लिखने की लत तो बाद में समझ में आई। यही जीवन-विधि है, यह तो अब, इस बुढ़ापे में समझ में आया।

सुधीर : लिखने से क्या मिला ?

दूधनाथ सिंह : लिखने से सुख मिला। लिखने से जीना सम्भव हुआ। लिखने से जीने का हठ पैदा हुआ। लिखने से हमने दुनिया को पहचाना। लिखने से हम सयाने हुए। लिखने से हमारी विचित्र नमकहराम उदासी बार-बार लौटकर आई। लिखने से हमने पहचाना कि हम एक 'ऐब्नार्मल' आदमी हैं। लिखने से हमने जाना कि कमीनापन, क्रूरता, उजड्डता बुरी बातें हैं। लिखने से हमने प्यार करना सीखा। लिखने से हमने भूलना सीखा। लिखकर हम मुक्त हुए और खुलकर रोए। यही मिला।

सुधीर : यानी लिखने से आप दुनियादार हुए !

दूधनाथ सिंह : नहीं, दुनियादारी से छुट्टी पाई और दुखी हुए।

सुधीर : दुखी क्यों ?

दूधनाथ सिंह : क्योंकि दुनियादारी पीछा नहीं छोड़ती और हमारा लिखना ही दुनियादारी के मामले में हमारा असफल होना साबित कर गया।

सुधीर : ऐसा क्यों ?

दूधनाथ सिंह : क्योंकि सचमुच लेखक होना आदर्शवादी होना है और आदर्शवादी होना दुनियादारी के विरुद्ध होना है। अगर दोमुँहापन न हो। और वह है–वह हमारे समाज में बहुत है लेकिन आदर्श और दुनियावी असफलता एक-दूसरे के सम्पूरक हैं।

सुधीर : यह थोड़ा बड़बोलापन नहीं है ?

दूधनाथ सिंह : हो सकता है !

सुधीर : क्या आप सचमुच ही इतने पाक-साफ़ हैं ?

दूधनाथ सिंह : यह सवाल निरर्थक है। इसमें तथ्य इतना ही है कि एक लेखक को इतना ही पाक-साफ़ होना चाहिए।

सुधीर : आपके दुश्मन भी बहुत हैं, ऐसा क्यों है आपके साथ ?

दूधनाथ सिंह : हिन्दी साहित्य दुश्मनों का आपसी खेल है। आप अच्छा लिखेंगे तो लोगों को अच्छा नहीं लगता। वे आपको दबाने, मारने, गला दबाने, रोकने की जी-तोड़ कोशिश करते हैं। 'निष्कासन' पर श्रीराम त्रिपाठी की समीक्षा को हर जगह छपने से रोका गया। एक गर्हित खेल की तरह यह सब है। एक जाल है फैला हुआ। एक विकट निषेध है। ऐसे में कोई कितनी देर तक चुप रह सकता है। कुछ मोटी गर्दन वाले हैं जिनके ऐंठे हुए विचार उनकी गर्दन में बसते हैं। माफ़ियाज़, सुपर-स्टार्स, साहित्य के दलाल...साहित्य के हत्यारे–इनकी भरमार है। आप अपनी गर्दन कब तक बचा सकते हैं ! झुककर वार को बचाया नहीं जा सकता। साधुता, सौमनस्यता यहाँ काम नहीं आतीं। तनकर खड़ा होना पड़ता है। और जब हम ऐसा करते हैं तो चारों ओर चीख़-पुकार मचती है। अगर आप लिखने से बाज़ नहीं आएँगे तो आपके दुश्मन बनेंगे ही। हिन्दी में अपने अच्छे लेखकों को प्यार करने का चलन नहीं है। यहाँ शव-यात्राएँ पसन्द की जा सकती हैं।

❑❑

प्रतिभा के लिए कोई शर्त नहीं

रघुवंशमणि : दूधनाथ जी ! 'आख़िरी कलाम' को हिन्दी जगत में इधर लिखा गया एक महत्त्वपूर्ण उपन्यास माना जा रहा है। साम्प्रदायिकता पर लिखी गई यह एक बेजोड़ कृति है फिर भी इसे लेकर समीक्षक आशंकित हैं। ऐसा क्यों है ?

दूधनाथ सिंह : समीक्षकों की शंका के बारे में मैं पूरी तरह से बता नहीं सकता। तरह-तरह की शंकाएँ हैं। उपन्यास का जो एक रस होता है और उसका जो एक बना-बनाया ढाँचा होता है, वह वहाँ नहीं। उपन्यास लोगों को थोड़ा सकते में डालता है। इस तरह की चीज़ें पढ़ने की आदत नहीं है। समीक्षकों का एक बना-बनाया मान्य समीक्षा व्यवहार भी है। कुछ लोग तो कुछ भी स्वीकार करने के लिए तैयार नहीं रहते। इसलिए ये शंकाएँ हो सकती हैं, लेकिन इस उपन्यास को लेकर अधिकांश समीक्षकों ने अपनी सारी शंकाओं के बावजूद, अपनी पसन्दगी का इज़हार किया है। कुछेक को छोड़कर। फिर भी समीक्षाओं को लेकर मैं हिन्दी जगत का कृतज्ञ हूँ। मुझे शुरू से ही उदासीनता और उपेक्षा तथा मार-धाड़ का शिकार होना पड़ा है। लेकिन उसका नतीजा मेरे पक्ष में ही गया है।

रघुवंशमणि : यदि निराला जी के शब्दों का प्रयोग करना हो तो क्या यह अभ्यास के कारण पैदा हुई समस्या है या कि यह उपन्यास परम्परागत उपन्यास आलोचना को समस्याग्रस्त करता है ?

दूधनाथ सिंह : निराला जी की समस्या ! मैं समझा नहीं !

रघुवंशमणि : निराला जी ने 'परिमल' की भूमिका में मुक्त छन्द के सन्दर्भ में यह बात कही है कि कविता पढ़ने के 'अभ्यास' के कारण मुक्त छन्द को स्वीकार करने में असुविधा हुई।

दूधनाथ सिंह : यह सम्भव है, क्योंकि अभ्यास तो प्लॉट-संरचना वाले उपन्यासों को पढ़ने का है।

रघुवंशमणि : आरोप यह है कि आपके इस उपन्यास में विस्तार बहुत हो गया है जिसके कारण इसका साम्प्रदायिकता विरोधी स्वर थोड़ा बिखर गया है या कहें कि थोड़ा कम प्रभावी हुआ है।

दूधनाथ सिंह : मैं ऐसा नहीं मानता कि इसमें विस्तार है। मैंने उपन्यास की अन्तिम पांडुलिपि तैयार करते वक्त उसमें से लगभग डेढ़ सौ पेज निकाल दिए। शब्द संक्षिप्ति का भी एक विस्तार होता है। इस कहानी में कोई भी पात्र लगातार विकसित नहीं होता क्योंकि वह कथा का उद्देश्य नहीं है। तत्सत पांडेय एक बिन्दु की तरह है जिसके चारों ओर घटनाएँ और चरित्र ग्रह-नक्षत्र की तरह घूमते रहते हैं। आकर्षण और विकर्षण भी तत्सत पांडेय का ही है। ज़ाहिर है कि प्लॉट बाँधने की संरचना में यह कथा कभी भी फ़िट नहीं होती। तत्सत पांडेय की जो बड़बड़ाहट है, वही मूल कथ्य है। मुझे कथा को आगे पूरा करने के लिए, तत्सत पांडेय के घायल होने के बाद, बहुत परिश्रम करना पड़ा।

रघुवंशमणि : फिर भी वह उपन्यास थोड़ा कम पृष्ठों का होता तो क्या प्रभाव की तीव्रता बढ़ जाती ?

दूधनाथ सिंह : उपन्यास लेखक से यह सवाल कैसे मौजूँ हो सकता है ? डॉ. इन्द्रनाथ मदान ने प्रेमचन्द को लिखे अपने एक पत्र में यह सुझाव दिया था कि 'गोदान' से शहरी कथा निकाल दी जाए तो वह ज़्यादा संघटित और प्रभावोत्पादक उपन्यास होगा। प्रेमचन्द ने इसे कतई स्वीकार नहीं किया। 'आख़िरी कलाम' सूक्तियों में बोलता है। बड़बड़ाहटों में बात करता है। वह वर्तमान भारतीय समाज पर एक कमेंट्री की तरह संरचित हुआ है। हर चैप्टर एक ही समय में स्वतन्त्र भी है और अन्तर्ग्रथित भी। उसका यह शिल्प मेरे दिमाग में पहले से नहीं था, नोट्स भी नहीं थे। मेरी स्मृति बहुत अच्छी है। और अनिल को भी यह विश्वास नहीं है कि मैंने उन्हीं के साथ बाबरी ध्वंस के दो दिन पहले अयोध्या का दौरा सिर्फ़ एक बार किया। बड़ी रचनाएँ नोट्स और इकट्ठा की हुई सामग्री से नहीं बनतीं, वे मन पर पड़े हुए सम्प्रभावों का कलात्मक संघटन होती हैं। अब मैं किस-किसको रोऊँ कि मैंने कैसे लिखा और क्यों लिखा। जो लोग इस कथा पर सन्देह करते हैं, वे पछता रहे हैं।

अलिन सिंह : आपके उपन्यास के मुख्य पात्र तत्सत पांडेय का सफ़रनामा क्या एक प्रतीकात्मक प्रतिक्रिया या प्रतिरोध भर है ? यदि ऐसा है तो फिर उसकी सार्थकता को आप किस प्रकार देखते हैं ?

दूधनाथ सिंह : प्रतिरोध भर नहीं है। लेकिन फिर भी प्रोटेस्ट है। उसके, यानी तत्सत के अन्दर राजनीति और पुराने कम्युनिस्टों की एक बची-खुची झंकृति अभी विद्यमान है। लेकिन इतने से ही वह यात्रा पर नहीं निकलता। वह अपनी पारिवारिक असफलताओं और नष्ट-भ्रष्ट पारिवारिक ज़िन्दगी से ऊबा हुआ, उदास और चिड़चिड़ा बूढ़ा भी है। जीने का रस

उसके लिए बड़बड़ाहट, झगड़े और अध्ययन के अतिरिक्त कहीं बचा नहीं है। लेकिन इन सबके पीछे अपने इकलौते बेटे के न होने की एक घनी उदासी भी कारण है और उससे मिलाजुला एक बड़ा कारण आज़ादी और प्रजातन्त्र का धीरे-धीरे एक विकृति में परिवर्तित होते जाना भी है। मैंने कहीं कहा है कि उसका सफ़र उसकी अपनी शव-यात्रा भी है। जीने और मरने में कोई भेद नहीं। इस स्थिति को अगर कोई समीक्षक, आलोचक, पाठक करुणा से नहीं देखेगा तो वह उपन्यास के सत्व से निश्चित ही वंचित रहेगा। तत्सत पांडेय एक व्यक्ति नहीं एक युग की असफलता और अवसाद है। लोग नहीं समझते तो मैं क्या करूँ। ग़ालिब ने कहा है–

पूछते हैं वो कि ग़ालिब कौन है
कोई बतलाओ कि हम बतलाएँ क्या

रघुवंशमणि : आज के साम्प्रदायिक उत्पात के दौर में यह बात कितनी आगे जा सकती है ?

दूधनाथ सिंह : कौन-सी बात ?

रघुवंशमणि : यही तत्सत पांडेय के विद्रोह की बात ?

दूधनाथ सिंह : मैं तो लगभग भविष्यवक्ता हूँ। 'कारसेवक एक्सप्रेस' चैप्टर तो मैंने सन् 1998 में लिखा था। अब इसी से समझ लो, गोधरा कांड कब घटित हुआ। ग़ालिब ने अपने उर्दू दीवान की अधिकांश गज़लें 18 वर्ष की उम्र में लिख ली थीं। यानी सन् 1819-20 तक। 1816 में उन्होंने अपना पहला दीवान तैयार किया। 1821 में दूसरा, तब वो कुल 25 वर्ष के थे। लेकिन उनकी गज़लें 1957 पर ऐसे लागू होती है, जैसे उस मुक्ति संग्राम (ग़दर) के दौरान लिखी गई हों। 'मैला आँचल' 1954 में लिखा गया और जातिवादी समीकरण हमारे प्रजातन्त्र में 2004 में अपना नंगा नाच दिखा रहा है। लेखक एक ऐतिहासिक दौर के घटने पर भी अपने पहले के लिखे हुए से अगर प्रमाणित और सार्थक होते हैं तो यह बहुत ही महत्त्वपूर्ण बात है। ग़ालिब का शेर है–

दागे फ़िराक सोहबते-शव की जली हुई
इक शम्अ रह गई है सो वो भी ख़मोश है।

आप 1857 में घिरे हुए बहादुरशाह ज़फ़र को देखिए और इस शेर को। लगता है कि दोनों एकमेक हैं, जबकि शेर 1820 के आसपास लिखा गया होगा।

'आख़िरी कलाम' तो साम्प्रदायिक उन्माद का एक प्रारम्भिक प्रतीक है। गुजरात पर तो इससे बड़े महाकाव्यात्मक उपन्यास लिखे जा

सकते हैं, कोई करे तो। मेरा उपन्यास एक बिम्ब की तरह है जो इशारा भर करता है कि हिन्दू आतंकवाद किस सीमा तक जा सकता है। जो सार्वजनिक विरोध और व्यक्तिगत (यानी तत्सत) अवसाद का प्रतीक है उसकी लाश तो एक रेलगाड़ी के ब्रेकवैन में एक उन्मादग्रस्त लौटती हुई भीड़ के साथ शंटिग कर रही है और कहीं नहीं पहुँच रही है। आशावाद का मतलब होता है। एक कलात्मक कृति में मृत्यु एक नैतिक गुस्से को जन्म दे सकती है। इस वक्त हमारा समाज बहुत घिसा हुआ, चुप्पी साधे और उदासीन समाज की तरह व्यवहार कर रहा है। मिली-जुली कौमियत के बारे में लोग उदासीन हो गए हैं।

रघुवंशमणि : हमारे समय में साम्प्रदायिकता के विरोध में चल रहा संघर्ष ज़्यादातर नकारात्मक रहा है। साम्प्रदायिक उन्माद के इस सारे घटनाक्रम को आप कैसे देखते हैं ? आप इस परिप्रेक्ष्य में अपने समय को किस प्रकार देखते हैं ? साम्प्रदायिकता का प्रतिरोध किस प्रकार होना चाहिए ?

दूधनाथ सिंह : मैं अपने समय को एक ट्रैजिक समय की तरह देखता हूँ। साम्प्रदायिकता का प्रतिकार जनता ही करेगी और जनता को 'अपनी ही ख़बर' नहीं है। अगर ऐसा नहीं होता तो साम्राज्यवादी घुसपैठ का ख़तरा ज़्यादा बना रहेगा। अपनी समस्याएँ हमें खुद हल कर लेनी चाहिए। कब और कैसे होगा इसको मैं क्या कहूँ ? यह एक भयावह स्थिति है और हिन्दुत्ववाद, हिन्दू राष्ट्र और इससे सम्बद्ध पार्टियाँ और संगठन इसके लिए ज़िम्मेदार हैं। हम अपने बचपन में यह भेद नहीं जानते थे। 'दाहा' उठाने पठानों के गाँव जाते थे। खानपान था। मिलाजुलापन का पर्व था। यह अनुभव ही नहीं था कि हिन्दू-मुसलमान दो कौमें हैं। मुझे अब इस सम्बन्ध में एक बेचारगी का अनुभव होता है। बड़बोली, पैम्फ़लेट, घोषणापत्र हम बहुत देखते रहते हैं। मध्य वर्ग से आए हुए बुद्धिजीवी भी इसको मिटाने के लिए जनता की हौसला-आफ़जाई कर सकते हैं। खुद उनका रोल बहुत सीमित है।

रघुवंशमणि : उपन्यास के पात्रों और उनके वक्तव्यों को अक्सर लेखक के अपने वक्तव्यों के रूप में देखा जाता है। मेरे विचार से यह सही नहीं। 'आख़िरी कलाम' पर अपने विचार व्यक्त करते हुए एक आलोचक ने लिखा है कि अपने पात्र की ही तरह आप की 'प्रतिबद्धता दिखाऊ है' और लगता है कि आप 'साइकिक क्लोज़र' के शिकार हैं। अपने और अपने पात्र पर की गई यह टिप्पणी आपको कैसी लगती है ?

दूधनाथ सिंह : इस तरह का आक्षेप कोई करता है तो उसका यह अधिकार है, मैं कैसे छीन सकता हूँ। तत्सत पांडेय को तो मैं खुद ही ढूँढ़ता हूँ कि यह आदमी कहाँ से आया, यह कौन है। यह इतिहास की किस गुफ़ा से

निकलकर नमूदार हुआ। कितने ऐतिहासिक, अनैतिहासिक चरित्रों का वह एक बिम्ब है। मेरे लिए तो वह ख़ुद ही एक 'हेलूसिनेशन' की तरह है। जब वह खड़ा हो गया तो मैं अपने किए पर ही आश्चर्यचकित। वह तो अपनी देह से भारतीय राजनीति, स्वतन्त्रता आन्दोलन और उसके बाद की स्थितियों का प्रतीक-चिह्न है। वह संकल्पना से रचित है और मुझे ही सकते में डालता है। जहाँ तक मेरी अपनी प्रतिबद्धता के दिखावटी होने का सवाल है तो मैं कोई राजनीतिक व्यक्ति तो नहीं हूँ। धर्म का निषेध तो साम्प्रदायिकता, नस्लवाद, साम्राज्यवाद के विरोध की पहली शर्त है। लेकिन इस सत्य को कौन मानेगा ? धर्म चढ़ा बैठा है। समुन्नत समाजों में भी धार्मिक आस्था वैसी की वैसी बनी हुई है। ट्रेड टॉवर के ध्वस्त होने के बाद अमरीका ने जहाँ अफ़गानिस्तान पर चढ़ाई की, वहाँ न्यूयॉर्क की जनता ने प्रार्थना-सभाएँ भी आयोजित कीं और उन प्रार्थना-सभाओं में लोग रो रहे थे। अमरीका के लिए धर्म क्यों 'आत्मा की कराह' है, दलित-शोषित तीसरी दुनिया के लिए हो तो हो। इसका उत्तर उपन्यास में है। जब तत्सत पांडेय कहता है कि हर आदमी मरने से डरता है। हमारे यहाँ अनभयता की बात बहुत की गई है। लेकिन ब्रेश्ट कहते हैं कि अगर आदमी डरे नहीं तो वह अपनी सुरक्षा के सवाल को ही नहीं उठाएगा। डर आत्मरक्षा और संघर्ष को जन्म देता है, जो नहीं डरता वो अत्याचारी होता है।

रघुवंशमणि : तत्सत पांडेय को लेकर एक स्फटिक फाँक की भी बात है–यानी कि सिद्धान्त और व्यवहार के बीच की दूरी। क्या आप इसे इस उपन्यास की एक महत्त्वपूर्ण समस्या के रूप में देख पाते हैं ? एक सक्रिय वामपन्थी के रूप में आप इस बात को किस प्रकार ग्रहण करेंगे ?

दूधनाथ सिंह : तत्सत पांडेय एक सक्रिय वामपन्थी नहीं है। जातिवादी उभार के बाद उत्तर प्रदेश, बिहार और मध्य प्रदेश में जिस तरह से सक्रिय वामपन्थ गतिविधियों का क्षरण हुआ, उसकी झलक उपन्यास में है। कार्यकर्ताओं की आस्था अपनी जगह पर है। लेकिन उनका वैचारिक संघर्ष उत्तर भारत में जनता के संघर्ष से एकमेक नहीं है। यह एक ट्रेजेडी की तरह है। मुक्तिसंघर्ष की बात हम करते हैं और जनता अपने मुक्तिसंघर्ष के लिए जातिगत ख़ेमों में बँटी हुई है। इसको वर्गयुद्ध में कैसे परिवर्तित किया जाए, यह समस्या है। मैंने उपन्यास में इसका बहुत विस्तार से चित्रण किया है। 'निष्कासन' में भी इसका ज़िक्र था। मैं झूठ तो नहीं बोल सकता, जो देखता हूँ वही कहूँगा। एक कलाकार के नाते यह मेरा 'धरम' है।

अनिल सिंह : आपके उपन्यास में वामपन्थी राजनीति की आलोचना कुछ अधिक ही हो गई लगती है, ऐसा कहना है लोगों का। आपने साम्प्रदायिकता के विरुद्ध यह उपन्यास लिखते समय वामपन्थ की यह लानत-मलामत क्यों ज़रूरी समझी ?

दूधनाथ सिंह : क्योंकि अन्ततः मुझे वामपन्थ से ही आशा है। मुलायम सिंह ने थोड़ा-सा सन् 1991 में किया, लेकिन जातिवादी उलझनों में सत्तापरस्ती का ख्वाब देखने वाली पार्टियों से मुझे कोई आशा नहीं है। मुझे कांग्रेस से भी आशा नहीं है। जिस समय बाबरी मस्जिद गिरी उस वक्त केन्द्र में कांग्रेस की सरकार थी। अगर नरसिंह राव चाहते तो उनके लिए कारसेवकों को रोकना बहुत साधारण बात थी। अभी फिर मुलायम सिंह ने कुछ नहीं होने दिया। लेकिन इसके बावजूद मुझे आशा वामपन्थ से ही है। अगर वामपन्थ कमज़ोर होता है तो साम्प्रदायिकता मजबूत होती है। और मैं यह देख रहा हूँ कि उत्तर भारत में वामपन्थ का क्षरण लगातार जारी है। पश्चिम बंगाल और केरल, त्रिपुरा में जातिवाद, साम्प्रदायिकता और हिन्दुत्ववाद अपना सर क्यों नहीं उठाते ? क्योंकि वामपन्थियों ने इसकी बू वहाँ जाने ही नहीं दी। उससे वे बहुत कड़ाई से पेश आए, जबकि वहाँ का समाज भी जातियों में बँटा हुआ है, लेकिन वह वर्गाधार पर सोचता है। आर.एस.एस. और बी.जे.पी. के लोग इसको तोड़ने की कोशिश में लगातार लगे हुए हैं। इस सन्दर्भ में अगर 'आख़िरी कलाम' में वामपन्थ की आलोचना को आप देखें तो वह लानत-मलामत नहीं है। मेरी आत्मा का सन्ताप बोलता है। आख़िर रामदीन मिसिर, शशांक, सर्वात्मन् जैसे जुझारू और प्रतिबद्ध कार्यकर्ता आज भी वामपन्थ में हैं। वह हिस्सा इसलिए भी लिखा गया है कि वामपन्थी पार्टियों को अख़बारों के बजाय सच्ची सूचनाएँ दूसरी जगहों से भी मिलें। उनकी आलोचना नहीं, बल्कि तकलीफ़ और सत्यता का वर्णन है।

रघुवंशमणि : अपने उपन्यास के पात्र रामदीन मिसिर की तरह आप भी अपने हिन्दी क्षेत्र में वामपन्थ को गहराई तक समस्याग्रस्त पाते हैं। आख़िर रास्ता क्या है ?

दूधनाथ सिंह : रास्ता हमारे समाज को जातिवाद-वर्णवाद से बाहर आकर इस लड़ाई को गरीबी और अमीरी की लड़ाई में परिवर्तित करना होगा। दूसरा कोई भी रास्ता कारगर नहीं है। उससे प्रजातन्त्र और विकलांग होता चला जाएगा।

रघुवंशमणि : हिन्दी उपन्यासों में एक अलग से पहचाने जाने योग्य पात्र है तत्सत् पांडेय। वृद्ध, अन्तर्विरोधों का शिकार, स्मृतिभ्रंश की दहलीज पर खड़ा,

वर्तमान और भूत में आता-जाता, मगर दृढ़। इस अद्‌भुत पात्र का विचार आपके ज़ेहन में कैसे आया ? इस पात्र की सृष्टि किस प्रकार हुई ?

दूधनाथ सिंह : मैं बहुत लम्बा जवाब नहीं दूँगा। लिखने के दौरान अचानक भूलने और याद करने का ज़िक्र आया। उससे मुझे इस शिल्प का 'क्लू' मिला। यह पहले से सोची हुई व्यवस्था नहीं थी। मगर एक बार सूझ जाने पर मैंने इसका भरपूर इस्तेमाल किया।

रघुवंशमणि : 'आख़िरी कलाम' अपनी औपन्यासिक तकनीक में अलग किस्म का है। डॉ. परमानन्द श्रीवास्तव इस बात को स्पष्ट स्वीकृति देते हैं। यथार्थोन्मुख होते हुए भी यह उपन्यास तकनीक के मामले में पारम्परिक यथार्थवाद का शिकार नहीं। यह ईजाद कैसे हुई ?

दूधनाथ सिंह : इसके बारे में मैं कुछ भी बताने में असमर्थ हूँ। रचना-प्रक्रिया के दौरान बहुत-सी बातें घटित हुईं और उसी में से यह शिल्प भी आविष्कृत हुआ।

रघुवंशमणि : आज के दौर में जब आपके उपन्यास के साथ ही साथ 'सूत्रधार' जैसी कृति भी आई है तो हिन्दी उपन्यासों में आने वाले इस तकनीक के वैविध्य को आप कैसा विकास मानेंगे ?

दूधनाथ सिंह : हिन्दी उपन्यास का वस्तुगत और शिल्पगत वैविध्य दर्शनीय और स्वागत योग्य है। संजीव मेरे प्रिय लेखक हैं। वे हमेशा सामग्री एकत्र करके लिखते हैं। अमृतलाल नागर भी यह काम करते थे। भिखारी ठाकुर पर उनको सरकारी वज़ीफ़ा मिला था। राजेन्द्र जी ने दिलवाया था, ऐसा उन्होंने मुझसे खुद कहा। संजीव सुलतानपुर के हैं। कुल्टी, पश्चिम बंगाल में रहते हैं। भोजपुरी भाषा-भाषी नहीं हैं। भिखारी ठाकुर पर यह वज़ीफ़ा केदार जी को मिलना चाहिए था, क्योंकि उन्होंने भिखारी ठाकुर को लाखों के मजमे देखा है और वे निखालिस भोजपुरी-भाषी हैं। संजीव ने उस सामग्री पर एक कथाकृति की रचना की। 'धार' और 'सावधान नीचे आग है' के लिए भी उन्होंने इसी तरह सामग्री एकत्र की और प्रामाणिक उपन्यास लिखे। लेकिन ऐसी कृतियाँ गुम हो जाती हैं। साहित्य और कलाकृति में हमें स्थूल प्रमाण नहीं चाहिए। लेकिन जहाँ तक औपन्यासिक वैविध्य का सवाल है, अलका सरावगी, असगर वजाहत का नया उपन्यास 'कैसी आगी लगाई', मैत्रेयी पुष्पा का 'इदन्नमम' और इन सबसे महत्त्वपूर्ण चित्रा मुद्‌गल का कुछ वर्ष पहले लिखा उपन्यास 'आँवा' है जिस पर लोगों ने ध्यान नहीं दिया। स्त्री विमर्श की वह एक महाकाव्यात्मक कृति है। 'सूत्रधार' से भिखारी ठाकुर हमको खड़े दिखाई नहीं देते, हाँ योजनाबद्धता ज़रूर है।

अनिल सिंह : आप भी तो अवधी भाषा-भाषी नहीं हैं, फिर भी 'आख़िरी कलाम' में आपने निखालिस अवधी भाषा का ज़ोरदार प्रयोग किया है, तो आप पर भी तो यह सिद्धान्त लागू होता है ?

दूधनाथ सिंह : मेरे कहने का यह मतलब नहीं है कि संजीव नहीं लिख सकते। संजीव तो अपने उपन्यासों में पूरब की आंचलिक शब्दावली का प्रयोग करते हैं। मेरा मतलब यह था कि संजीव और केदार जी में किसका अधिकार ज़्यादा बनता है भिखारी ठाकुर पर लिखने के लिए। मेरा कहना है कि केदार जी लिखते तो ज़्यादा मौज़ूँ होता, हालाँकि वह उपन्यास तो लिखते ही नहीं। अभी पिछले दिनों सारनाथ में 'संगमन' की गोष्ठी में नामवर जी ने यह कह दिया कि प्रोजेक्ट्स पर उपन्यास नहीं लिखे जा सकते। इस पर उनमें और संजीव में मारामारी की नौबत आ गई थी। प्रोजेक्ट का अर्थ है स्थूल प्रामाणिकता। 'आख़िरी कलाम' में कोई प्रोजेक्ट नहीं था। यहाँ तक कि बाबरी मस्जिद के गिराए जाने का ढंग भी कल्पित है। अगर आप बी.बी.सी. या मीडिया के चित्रों से मिलाएँगे तो वह यथातथ्य नहीं है, क्योंकि वह 'प्रोजेक्ट' नहीं है, कलात्मक और कल्पित है। यथार्थ का संवर्धन इस तरह होता है, वह यथातथ्य नहीं होता है।

अनिल सिंह : लेकिन टॉलस्टाय का 'युद्ध और शान्ति' तथा 'पुनरुत्थान' भी तो शोध के आधार पर लिखे गए हैं। और शोध करके उपन्यास लिखने की एक परम्परा तो रही है। इस पर आप क्या कहेंगे ?

दूधनाथ सिंह : 'युद्ध और शान्ति' में सिर्फ़ तीन ऐतिहासिक पात्र हैं। इन तीनों का चौदह सौ पृष्ठों के उपन्यास में कितना योगदान है। इतिहास का एक स्केल्टन या अस्थिपंजर लिया है टॉलस्टाय ने। बाकी तो रूसी समाज है। नताशा, पियरे और अन्द्रेई और ओल्ड प्रिंस, निकोलाई और मारिया जैसे कल्पित सामाजिक चरित्र हैं। 'पुनरुत्थान' में सिर्फ़ जेल जीवन की सामग्री टॉलस्टाय ने एकत्र की थी। बड़ी प्रतिभा के लिए कुछ भी वर्जित नहीं है, कोई शर्त नहीं है। लेकिन वह हो तब न।

रघुवंशमणि : उपन्यास के क्षेत्र में तकनीक के स्तर पर प्रयोगधर्मी कृतियों को स्वीकार करने में क्या हिन्दी आलोचकों में आप एक प्रकार की हिचक पाते हैं ?

दूधनाथ सिंह : हिचकिचाहट तो होती है। लेकिन फिर स्वीकृति भी मिलती है। हमारे आलोचक इतने कठोर और दम्भी नहीं हैं कि वो लगातार अस्वीकृति के ही शिकार हों।

रघुवंशमणि : विचारधारा के स्तर पर आलोचकगण रचनाओं से जिस प्रकार की डिमांड करते हैं क्या उसे आप सर्जनात्मकता के प्रतिकूल पाते हैं ?

दूधनाथ सिंह : आलोचना एक पैरासाइट काम है। कृति पहले है आलोचना बाद में। अक्सर आलोचक यह समझते हैं कि उनकी माँगें जायज़ हैं, क्योंकि वे पढ़े-लिखे लोग हैं। रचनाकार अपनी स्वतन्त्र मेधा, अनुभव सम्पदा और कल्पना से काम लेता है। आलोचक गाहे-बगाहे अपनी बातें लादते हैं। ज़्यादा लादोगे तो लेखक एक कमज़ोर प्राणी होता है। वह नमक का बोरा लादे हुए उस बैल की तरह होगा जो नदी हेलते वक्त बीच धार में बोझ से दबकर बैठ गया और सारा नमक बह गया। लेखक पर लादोगे तो वह इसी तरह बैठ जाएगा और हल्का होकर नदी पार कर जाएगा। चाहे उसे जितने डंडे मारो वह तुम्हारा नमक वापस नहीं लौटा सकता। वह तुम्हारे लादे हुए बोझ को नहीं ढोएगा। तुम्हारा विचार बड़ा है या लेखक की संकल्पना शक्ति, यह तो समझना चाहिए।

रघुवंशमणि : 'आख़िरी कलाम' ब्राह्मणवाद-विरोधी कृति भी है। उपन्यास में यदि एक तरफ़ साम्प्रदायिकता का विरोध है तो दूसरी तरफ़ जातिवाद का भी। मुझे लगता है किसी बिन्दु पर ये दोनों समस्याएँ एकाकार होती हैं ?

दूधनाथ सिंह : बिल्कुल ! जातिवाद भी एक तरह की साम्प्रदायिकता है। लोगों की समझ में अभी नहीं आया, शायद आगे आए।

रघुवंशमणि : 'आख़िरी कलाम' लोहिया के चिन्तन का भी एक क्रिटीक प्रस्तुत करता है। 'जाति ही वर्ग है' इस विचार की ज़ोरदार आलोचना है। तो क्या लोहिया के चिन्तन में भी साम्प्रदायिकता के तत्त्व हैं ?

दूधनाथ सिंह : आज जार्ज फ़र्नांडिस से बड़ा इसका उदाहरण कौन हो सकता है ! लोहिया के चिन्तन में भयंकर हिन्दुत्ववाद है। गांधी जी जब कहते थे कि 'मैं एक सनातनी हिन्दू हूँ' तो उनके कहने में खोट नहीं थी लेकिन लोहिया जब राम, कृष्ण और शिव के मिथकों पर लिखते हैं तो वह हिन्दुत्ववाद का एक रसमय प्रतीक-चिह्न भी बन जाता है। क्या यह यूँ ही है कि लोहिया के अधिकांश अनुयायी हिन्दुत्ववादियों के साथ चले गए।

रघुवंशमणि : लोहिया अपने विचारों में साम्प्रदायिकता के समर्थक तो नहीं थे ? वे तो बहुसंख्यक साम्प्रदायिकता को फ़ासीवाद की जननी मानते हैं ?

दूधनाथ सिंह : लोहिया में यह अन्तर्विरोध है। बहुसंख्यक साम्प्रदायिकता का हीरो आख़िर कौन है ? राम, कृष्ण और शिव। जब आप तीनों मिथकीय प्रतीकों की रसभरी संरचना करते हैं तो आप क्या बहुसंख्यक फ़ासीवादी साम्प्रदाकियता का अनजाने ही समर्थन नहीं करते ? तो लोहिया में अन्तर्विरोध तो है। वह जनता को एक समग्र एनटिटी नहीं

मानते। कभी अगड़ा-पिछड़ा, कभी राम, कृष्ण और शिव, कभी 'मार्क्स के बाद अर्थशास्त्र' इस तरह की विवेचनाएँ और तरह-तरह की युक्तियाँ उनकी विचारधारा में एक अन्तर्विरोध को जन्म तो देती ही हैं। कोई आदमी ईमानदार हो इससे यह साबित नहीं हो जाता कि उसमें अन्तर्विरोध न हों।

अनिल सिंह : जाति और वर्ग के सन्दर्भ में आपने 'कथन' में नामवर जी का यह वक्तव्य उद्धृत किया था कि 'वर्ग के साथ वर्ण और वर्ण के साथ-साथ जाति को ध्यान में रखकर विश्लेषण करना चाहिए और उस वर्ग संघर्ष को समझना चाहिए।' क्या आपकी यह बात उस टिप्पणी से अलग नहीं है, जिसमें आपने नामवर जी का समर्थन किया था ?

दूधनाथ सिंह : नामवर सिंह के कथन से मेरी सहमति अभी भी पूरी तरह गलत साबित नहीं हुई है। नामवर सिंह तो कभी कुछ कहते हैं कभी कुछ। लेकिन वो अक्सर बड़ी और व्यावहारिक बातें भी करते हैं। वामपन्थी दलों ने 'पुश द कास्ट फ़ैक्टर फ़ारवर्ड एंड देन पुल इट टूवर्ड्स क्लास फ़ैक्टर' का जो नारा दिया था उस नारे पर काम करने की ज़रूरत है। जातिगत समीकरण कभी भी इस देश का भला नहीं कर सकते। अन्ततः वे एक तरह के फ़ासिज़्म से दूसरी तरह के फ़ासिज़्म की तरफ़ ढकेलते रहेंगे। ऐसी स्थिति में समाज का ढाँचा चरमरा सकता है और एक गहन अराजकता उत्पन्न हो सकती है। अभी भी हमारा समाज कबीलाई गिरोहों का समाज है। जो आप जी.डी.पी. बढ़ने और विदेशी मुद्रा भंडार की बढ़ोत्तरी की बात करते हैं, वह भारत के 10 प्रतिशत नवधनिक परिवारों के लिए है। मेट्रोपोलिसेज़ में भी नए कबीलाई समाजों का उदय हो रहा है और भारत की वर्गीय संरचना लगातार बदल रही है। इन सबको ध्यान में रखकर तब मैंने यह बात कही थी, क्योंकि रामविलास जी अपने कथन में ऑर्थोडाक्स मार्क्सवाद से इंच-भर भी नहीं खिसकना चाहते। आख़िर हमें ज़मीनी सच्चाइयों पर ग़ौर तो करना ही होगा।

रघुवंशमणि : आपके उपन्यास में नेहरू के प्रति गहरा सम्मान व्यक्त किया गया है। नेहरू वास्तव में भारत के सबसे बड़े आधुनिक और सेकुलर व्यक्ति रहे हैं। मगर क्या उनके प्रति गहरा लगाव थोड़ा नॉस्टैल्जिक नहीं ?

दूधनाथ सिंह : नॉस्टैल्जिक है। लेकिन इस नॉस्टैल्जिया का कारण है। अगर 1935-40 के बीच स्वराज्य भवन में काम करने वाले लोगों के बारे में आप गौर करें तो उसमें प्रतिबन्धित कम्युनिस्ट पार्टी के लोगों को आप ज़्यादा पाएँगे। यह नेहरू की बदौलत ही सम्भव हुआ। यह घुसपैठ नहीं बल्कि नेहरू के मिजाज़ के अनुकूल भी था। सन् 1916 में किसान आन्दोलन

से उन्होंने अपना राजनीतिक जीवन शुरू किया और 1935-36 में कांग्रेस सोशलिस्ट पार्टी की संकल्पना भी की। मिश्रित अर्थव्यवस्था का स्वप्न नेहरू का था। विनिवेशीकरण के दौरान आज जिस तरह हम देशी संसाधनों की बिक्री देख रहे हैं, अंग्रेज़ी भाषा के साम्राज्यवाद के कारण आउटसोर्सिंग के माध्यम से जिस तरह हिन्दुस्तान को क्लर्कों के देश में परिवर्तित किया जा रहा है उससे मैकाले की छवि एक ब्रह्मराक्षस की तरह दिखाई देती है। इन सभी कारणों से 21वीं सदी के इस प्रारम्भ में नेहरू और गांधी का नॉस्टैल्जिया किसी बुद्धिजीवी और लेखक के जीवन का एक ज़रूरी हिस्सा होना चाहिए।

रघुवंशमणि : 'अकार' में 'आख़िरी कलाम' की जो समीक्षा छपी है, आपने पढ़ी ?

दूधनाथ सिंह : देखिए मुझ पर धौंस नहीं चल सकती। 'आख़िरी कलाम' को समझने के लिए दिमाग की ज़रूरत है, दाँतों की नहीं। कोई कारसेवक है जो भेस बदलकर बैठा हुआ है।...वैसे मैं उनको नहीं जानता। हो सकता है, कभी दुआ-सलाम हो। मुझे थोड़ा शक भी था। एक अरुण प्रकाश आनन्द में भी हैं। भारत भारद्वाज का एक दिन फ़ोन आया। वे मेरे लिए अक्सर चिन्तित और दुखी रहते हैं—ख़ासकर ऐसे अवसरों पर। मैंने अपना शक ज़ाहिर किया। दुबारा उनका फ़ोन आया तो उन्होंने 'कन्फ़र्म' किया कि नहीं आनन्द वाले अरुण प्रकाश नहीं, दिल्ली वाले अरुण प्रकाश हैं। 'थोरा-थोरा लँगराकर चलते हैं' भारतजी ने कहा।

देखिए, उनको इस समीक्षा से शोहरत मिलेगी। कहानीकार के रूप में उनको कौन जानता है ! ऐसे दो हज़ार कहानीकार हिन्दी पत्र-पत्रिकाओं का पेट भरने के लिए पड़े हुए हैं।

अनिल सिंह : गिरिराज जी ने यह समीक्षा क्यों छापी ?

दूधनाथ सिंह : यह तो गिरिराज जी से पूछिए। वे हमारे जवानी के दिनों के मित्र हैं और हमारी मैत्री बरकरार है। गिरिराज जी ने छापने से पहले मुझे बता दिया था। और मैंने उनसे कहा कि चाहे जितनी ख़िलाफ़ हो कुछ भी काटना-पीटना मत। भोजपुरी में एक कहावत है—'बड़-बड़ बहाइल जाँय गदहा पूछे केतना पानी'। अब क्या अरुणप्रकाश-फरुणप्रकाश !

अनिल सिंह : 'तद्भव' में छपे हुए काशीनाथ जी के संस्मरण 'घर का जोगी जोगड़ा...' में एक जगह उन्होंने कहा है कि 'इलाहाबाद से कोई आया और उसने बताया कि अशोक वाजपेयी दूधनाथ सिंह को 'निराला सृजन पीठ' से निकालने वाले हैं।' क्या वाकई ऐसा था ?

दूधनाथ सिंह : यह काशीनाथ सिंह का निखालिस झूठ है। 'इलाहाबाद से कोई आया' इसमें यह ध्वनि है कि इलाहाबाद में यह प्रचारित होगा। और प्रचारित है तो इसमें मेरा हाथ होगा। मुझे फँसाने और बेइज़्ज़त करने की

कोशिश है। मेरा तो बॉयो-डेटा भी कमला प्रसाद ने भेजा। मेरे लिए जो भी करते हैं कमला ही करते हैं। उस वक्त 'कला-परिषद' में श्रीराम तिवारी थे। मैं उनके फ़ोन पर गया और 16 दिसम्बर, 1996 को ज्वायन किया।...अशोक वाजपेयी मेरे घनिष्ठ मित्र हैं। मेरे ऊपर उनके बहुत-सारे गैर-साहित्यिक एहसान हैं। और मैं कृतघ्न नहीं हूँ। वहाँ मैं दस महीने रहा। इस बीच दिल्ली से अशोक के तीन-चार लम्बे-लम्बे पत्र मुझे मिले—अत्यन्त प्रिय और आत्मीय। एक पत्र में ये पंक्तियाँ हैं, 'इस बीच हो सकता है, तुमने अपने छोटे उपन्यास को अन्तिम रूप दे दिया हो। उसकी क्या ख़बर है ? तुम्हें क्या बताना कि अन्ततः हमारा लिखा ही बचने वाला है, और समय तेज़ी से भागता है। अवसर मिला है तो उसे दाँतों से पकड़ रखो, व्यर्थ मत जाने दो। रचनात्मक विस्फोट है तो उसे भरपूर होने दो।' यह पत्रांश 1 जून, 1997 को लिखे पत्र से है। अशोक के बारे में इस तरह की अफ़वाह फैलाना कहाँ तक संगत है ? लेकिन काशीनाथ सिंह यह काम करते हैं। दरअसल, उन्हें अपने संस्मरण में सास-बहू वाली कथा जोड़नी होगी। तब उन्होंने मुझे और अशोक को शिकार बनाया।

...और भिखमंगा तो मैं हूँ। बिड़ला तो काशीनाथ सिंह हैं।

रघुवंशमणि : इधर के दशकों मे लिखे जाने वाले हिन्दी के गल्प अर्थात् कहानी एवं उपन्यास को आप नई कहानी के दौर के गल्प से कैसे विलगाएँगे ?

दूधनाथ सिंह : दरअसल इधर का सारा कहानी लेखन या औपन्यासिक काम पहले के कामों का ही विस्तार है। यह भी है कि ये सारे काम अपने समय को समाज या राजनीति को प्रमाणित करते चलते हैं लेकिन एक बड़ी दुर्घटना को इधर के उपन्यास या कहानियों ने नहीं छुआ और वह है आपात्काल। उसकी छाया लेखकों पर, यहाँ तक कि कवियों पर भी कम दिखाई देती है। जिस तरह से प्रेमचन्दोतर उपन्यासों में क्रान्तिकारी राजनीति और विभाजन तथा संयुक्त परिवारों के विखंडन को विषय बनाया गया उस तरह से आपात्काल को नहीं उठाया गया।

रघुवंशमणि : एक उपन्यास है निर्मल वर्मा का 'रात का रिपोर्टर'।

दूधनाथ सिंह : वह उनके उपन्यासों में मेरे हिसाब से सबसे अच्छा उपन्यास है, जो पहाड़ और मृत्यु की नॉस्टैल्जिया से अलग है। और जिसमें भय और आतंक का अद्‌भुत चित्रण किया गया है। लेकिन क्या आपको नहीं लगता कि उसमें भय और आतंक के अमूर्तन द्वारा आपात्काल का अमूर्तन है।

रघुवंशमणि : आप लोगों की पीढ़ी यानी कि ज्ञानरंजन, काशीनाथ सिंह और आप की पीढ़ी नई कहानी वाले दौर के लेखकों की पीढ़ी से अलग थी। आज

के गल्प लेखकों और अपनी पीढ़ी के बीच क्या आप किसी प्रकार का गैप देखते हैं ? मतलब यह कि रचनात्मक स्तर पर अस्सी के बाद के लेखकों को आप अपनी पीढ़ी से अलग पहचान किस प्रकार देना पसन्द करेंगे ?

दूधनाथ सिंह : कोई बहुत बड़ा फ़र्क नहीं है। जैसा कि मैंने कहा कोई बहुत सारे नए विषय 80 के बाद नहीं उठाए गए। पारिवारिक विखंडन, नगरीकरण, बेरोज़गारी, सामाजिक अवमूल्यन, राजनीतिक विकलांगता, शहरों की ओर पलायन–ये विषय हैं जिनकी दुरभिसन्धि में घिरे हुए पात्रों का चित्रण 80 के बाद के कहानीकार करते हैं। उनके लेखन में हमारी पीढ़ी और नई कहानी की पीढ़ी की प्रवृत्तियों का उद्‌भुत घालमेल है। एक ओर मोहभंग और पारिवारिक विखंडन तो दूसरी ओर राजनीतिक और सामाजिक विकृतियाँ और तीसरी ओर रोमांस। इन तीनों का मिला-जुला समृद्ध विस्तार हैं 80 के बाद की कहानियाँ। अभी हाल में जब हम लोग नागपुर में उदयप्रकाश को 'पहल सम्मान' दिए जाने के अवसर पर एकत्र हुए और वहाँ से 'सेवाग्राम' और 'महात्मा गांधी अन्तर्राष्ट्रीय हिन्दी वि.वि.' गए तो विश्वविद्यालय की एक गोष्ठी में संजय चतुर्वेदी ने कहानीकार उदय प्रकाश के लिए एक बहुत ही महत्त्वपूर्ण बात कही थी–'उदय प्रकाश हिन्दी कहानी परम्परा का विस्तार नहीं उसका विचलन हैं।' मेरे कहने का अर्थ यह है कि उदय प्रकाश के अलावे 80 के बाद के कहानीकार प्रेमचन्द से चली आती कहानी और उपन्यास-परम्परा का विस्तार हैं और विचलन सिर्फ़ एक हैं, वह हैं उदय प्रकाश। यह जान लीजिए कि कोई परम्परा के विस्तार से बड़ा लेखक नहीं होता, विचलन से बड़ा लेखक होता है, क्योंकि वह एकदम से कुछ नया करता है। जैसे कि जैनेन्द्र, फणीश्वरनाथ रेणु और राही मासूम रज़ा इत्यादि।

रघुवंशमणि : लेकिन विषयवस्तु के मामले में दलित और स्त्री बिल्कुल नए ढंग से सामने आए हैं। ये भी तो नया है।

दूधनाथ सिंह : स्त्री विमर्श तो हिन्दी कथा साहित्य का आदि और मूल विषय है। 'सेवा सदन' क्या स्त्री विमर्श नहीं है ? स्त्री मुक्ति के सवाल को क्या नहीं उठाया गया है ? स्त्री के दमन और स्त्री की पितृसत्तात्मक समाज के प्रति जो भक्ति और आस्था मिलती है जैसे कि कृष्णा सोबती के लेखन में, वह कैसे स्त्री विमर्श नहीं है ? 'मृणाल गीता,' 'पार्टी कामरेड,' 'दिव्या,' 'अमिता,' 'मैला आँचल' की कमली, 'झूठा सच' की तारा–स्त्री विमर्श पर तो पूरा हिन्दी कथा साहित्य टिका हुआ है। 'यक्षगान' और 'तिरिया चरित्तर' स्त्री के दमन की श्रेष्ठतर कहानियों में से हैं।

इसलिए स्त्री विमर्श नया विषय नहीं है। देहमुक्ति स्त्री विमर्श का अर्थान्तरन्यास है। दलित चेतना अवश्य एक नया विषय है लेकिन प्रेमचन्द और निराला और रेणु ने अपने-अपने ढंग से दलित चेतना को अपनी रचनाओं का विषय बनाया है। 'सद्गति' और 'ठाकुर का कुआँ' से बड़ी दलित चेतना की कहानियाँ इधर कौन-सी लिखी गईं ? दलित लेखकों का यह एक हठ है कि दलित चेतना की कहानी सिर्फ़ वही लिख सकते हैं। हिन्दी के सवर्ण लेखक उनके इस हठ के कारण दलित लेखकों के तुष्टीकरण की नीति अपनाए हुए है। वामपन्थी व अति वामपन्थी भी। लेकिन फिर भी दलित चेतना का उभार और साहित्य में उसकी उपस्थिति इधर बहुत महत्त्वपूर्ण हो उठी है।

रघुवंशमणि : पुरुष करुणा और सवर्ण करुणा से परे सीधे अधिकार माँगने का एक स्वर भी तो है ?

दूधनाथ सिंह : अधिकार माँगने का भाव हो सकता है और मिलना भी चाहिए। लेकिन चाहे स्त्रीवाद हो या दलित चेतना का उभार, प्रेमचन्द की कहानियाँ गुस्सा अधिक पैदा करती हैं करुणा कम। 'सद्गति' में दलित के पैर में रस्सी डालकर घसीटा जाना प्रतिशोध की आग पैदा करता है। 'कफ़न' की गिरावट भी गुस्सा पैदा करती है—उन लोगों के प्रति गुस्सा, जिन्होंने मनुष्य देहधारी घीसू और माधव को भूख के पशुजगत में ढकेल दिया है। लेकिन फिर भी अधिकार माँगने और लेने की माँग जायज़ है। और उसे कोई रोक नहीं सकता।

रघुवंशमणि : नई कहानी के दौर की महानगर की केन्द्रीयता से भी तो विचलन है ?

दूधनाथ सिंह : नई कहानी के दौर में सम्पूर्णतः महानगर केन्द्रीयता तो नहीं थी। अमरकान्त, कमलेश्वर, रेणु, मार्कंडेय, शेखर जोशी, जितेन्द्र इत्यादि महत्त्वपूर्ण कहानीकार 'सबर्ब्स' के कहानीकार हैं। कृष्णा सोबती और रेणु तो दो विपरीत अंचलों के कहानीकार हैं—पंजाब और बिहार—मुक्तिबोध जैसे कहानीकार का भूगोल एकदम से छत्तीसगढ़ है। निर्मल वर्मा पहाड़ों और 'सबर्ब्स' की रोमांटिक शान्ति के कहानीकार हैं। दिल्ली, कलकत्ता या बम्बई पर कितनी कहानियाँ लिखी गईं। दिल्ली पर और उसके एकान्तीकरण पर सबसे महत्त्वपूर्ण कहानी तो कमलेश्वर ने लिखी जो मैनपुरी, इलाहाबाद होते हुए दिल्ली पहुँचे, जिस कहानी का शीर्षक है 'दिल्ली में एक मौत'। इसका यह अर्थ है कि हिन्दी कथा साहित्य मेट्रोपॉलिस का मोहताज नहीं है।

रघुवंशमणि : निहायत ही प्रयोगधर्मी औपन्यासिक कृतियों के भाषिक प्रयोगों में क्या आप हिन्दी गल्प का भविष्य देखते हैं ?

दूधनाथ सिंह : जैसे ?

अनिल सिंह : विनोद कुमार शुक्ल, उदय प्रकाश, मनोहर श्याम जोशी वगैरह ?

दूधनाथ सिंह : हिन्दी का कथात्मक गद्य अभी पिछले सौ वर्षों से बनने-बिगड़ने की प्रयोगात्मक प्रक्रिया में है। उसका कोई क्लासिकल मानदंड अभी तक नहीं बना। लेखक पुराने पैटर्न से छुट्टी पाने के लिए अक्सर प्रयोगधर्मिता पर उतरते हैं। जैसे प्रेमचन्द से छुट्टी पाने के लिए जैनेन्द्र ने 'त्यागपत्र' लिखा। जैसे 'मैला आँचल' या ज्ञानरंजन की कहानियाँ। उसी परम्परा में विनोद शुक्ल के गद्य का विखंडन और संरचना आती है। इस बार-बार की तोड़फोड़ में भारतीय समाज के ढाँचे के विखंडन की अनुगूँज भी है। अतः इस तरह की कुछ साहसिक और दुस्साहसिक कृतियाँ सामने आ सकती हैं।

रघुवंशमणि : आपने जब लिखना प्रारम्भ किया था तब से आज तक काफ़ी समय गुज़र गया है? बहुत-सी ऐसी घटनाएँ घटित हुई हैं जिन्होंने संवेदनशील मनो-मस्तिष्क को झकझोरा है? हिन्दी के एक वरिष्ठ लेखक के रूप में जब आप इस पूरे काल-खंड को देखते हैं तो कैसा लगता है ?

दूधनाथ सिंह : यह लगता है कि इतने सधे हुए हाथों के बाद यदि मैं जवान होता, अगर मुझमें उतनी शारीरिक ताकत होती तो मैं एक लेखक के रूप में काफ़ी उलट-फेर कर सकता था। लेकिन उम्र की एक सीमा होती है। अब अधिक काम नहीं होता और मैं यह सोचता हूँ कि 'आख़िरी कलाम' लिखकर मैंने इस बनते-बिगड़ते समाज के प्रति अपना हक कुछ हद तक अदा कर दिया है। लेकिन मैं फिर भी पछतावे की मनःस्थिति में हूँ। मैंने बहुत सारा समय व्यर्थ में गवाँ दिया जबकि मुझे काम करते रहना चाहिए था। इस पछतावे से छुटकारे का शायद कोई रास्ता नहीं है।

रघुवंशमणि : समय के इन परिवर्तनों के साथ साहित्य का जो अन्तर्सम्बन्ध बना है क्या आप उससे सन्तुष्ट हैं ?

दूधनाथ सिंह : नहीं। लेखक लोग ऊपरी तौर पर ज़्यादा देख रहे हैं। साहस और प्रतिभा की कमी है। फ़न और फ़ैशन के प्रति आकर्षण ज़्यादा है। सत्ता से सटने और छत्र-चँवर की हवा खाने की फ़िक्र में लोग ज़्यादा समय निकाल रहे हैं। घोर हैवानियत है। किसी पर किसी को यकीन नहीं। प्रायोजित प्रशस्तियों और प्रायोजित मल्ल युद्ध, प्रायोजित फटकार ज़्यादा है। जैसे साहित्य में विखंडन है वैसे ही साहित्यिक बिरादरी भी विखंडन का शिकार है। साहित्य और कला पर बात करने में भी चतुराई और चौकन्नापन नज़र आता है। खुलेपन का अभाव है। जब कोई आपकी तारीफ़ करता है तो यह भी सम्भव है कि वह आपकी

गर्दन रेतने की तैयारी कर रहा हो। चौबीसों घंटे सचेत रहकर अच्छा कैसे लिखा जा सकता है। इसके लिए तो आलस्य, दोस्त बिरादरी और छल-छद्म विहीन मेल-मोहब्बत ज़रूरी है। जब एक लेखक अपने दूसरे सहयोगी से निश्चिन्त और निरावृत हो। ऐसा नहीं दिखता। सुकून नहीं है और मीडियाक्रिटी की बहार है। साहित्य में साहित्येतर नाते-रिश्ते हैं। इस पूरे प्रपंच में कितना कठिन हो गया है लिखना-विखना।

अनिल सिंह : हिन्दी साहित्य में कहानी कितनी सम्भावनाशील लगती है आपको ?

दूधनाथ सिंह : कहानी एक छोटी विधा है। केवल कहानी के बल पर दुनिया में बहुत कम लेखक बच सके हैं जैसे चेख़व। लेकिन वह एक सहवर्ती विधा है—उपन्यास की। उससे बहुत अधिक आशाएँ करना व्यर्थ है। नई कहानी के ज़माने में इसे एक बिल्कुल स्वतन्त्र और महत्त्वपूर्ण विधा बनाने का प्रयास किया गया। आप देखें तो '50 से सन् '60 के बीच जितने बड़े और अच्छे कहानीकार पैदा हुए उतने फिर आगे नहीं हुए। प्रेमचन्द, जैनेन्द्र, अज्ञेय, यशपाल, रेणु, इन सबके लिए कहानी एक सहवर्ती विधा है। निर्मल वर्मा और कृष्णा सोबती के लिए भी। मात्र कहानियों के बल पर जीवित रहने वाले ज्ञानरंजन और अमरकान्त ही लगते हैं। आगे के बारे में बात करना अभी से कुछ ठीक नहीं है लेकिन आजकल जो लोग दो-चार कहानियों को लेकर फुरफुरिया की तरह उड़ते हैं वो फुस्स होकर गिर जाते हैं।

रघुवंशमणि : आपने अपने लेखन में किसे सहवर्ती विधा माना है ?

दूधनाथ सिंह : अपने बारे में कुछ नहीं कह सकता। पास्तरनाक ने भी जीवन में एक ही उपन्यास लिखा है।

रघुवंशमणि : डॉ. नामवर सिंह के साथ चले एक विवाद में आपने कहा था कि हिन्दी में गल्प की परम्परा है, परम्पराएँ नहीं। लखनऊ कथाक्रम के एक कार्यक्रम में उपजे इस विवाद को आप अब कैसे देखते हैं ? क्या हिन्दी गल्प की परम्परा मोनोलिथिक है ?

दूधनाथ सिंह : हाँ, हिन्दी गल्प की एक मोनोलिथिक परम्परा है, वह मुख्य रूप से एक ग्रैंड नैरेटिब अनेक खानों में बँटा हुआ है। नामवर जी ने जब कहा तो उनके ऊपर 'दूसरी परम्परा' का जिन्न सवार था जो आज भी बोतल की ठेंपी खोलकर निकल आता है। तब उन्होंने कहा था कि 'प्रेमचन्द इकहरे यथार्थवाद के लेखक हैं'। नामवर जी सोच-समझकर किसी गोष्ठी को उलझाने के लिए आते हैं। उनके पीटने का तरीका भी अद्भुत है। अगर उदय प्रकाश को पीटना है तो वे 'जलडमरूमध्य' की तारीफ़ से पूरी गोष्ठी को इस तरह हलकान कर देंगे कि उस कहानी का लेखक भी लाज से गड़ जाएगा। वहाँ यही हुआ था। दूसरे, उन्हें

विनोद कुमार शुक्ल की तारीफ़ करनी थी। अतः उन्होंने 'परीक्षा गुरु' से प्रारम्भ होकर प्रेमचन्द तक आने वाली परम्परा को बहिष्कृत करते हुए कहा कि हिन्दी उपन्यास सन् 1880 से 'श्यामा स्वप्न' से शुरू होता है और 1980 में 'नौकर की कमीज़' पर ख़त्म। यह है दूसरी परम्परा का जिन्न।

रघुवंशमणि : इस मोनोलिथिक ग्रैंड नैरेटिब की परम्परा की मूल पहचान क्या बनेगी ?

दूधनाथ सिंह : इसकी पहचान भारतीय मनुष्य का संघर्ष—पैसिव और एक्टिव दोनों तरह का संघर्ष है। साम्प्रदायिकता-साम्राज्यवाद के ख़िलाफ़ संघर्ष, अपनी मिली-जुली और विशाल कौमियत के पक्ष में संघर्ष और उसके लिए मर-मिटने की तैयारी। आप देखेंगे कि यह हमारे सौ वर्ष के ग्रैंड नैरेटिब के मूल तत्त्व हैं। लेकिन ये सिद्धान्त के रूप में नहीं है। यह एक गल्प के कलात्मक ढाँचे के अन्तर्गत विन्यस्त हैं।

रघुवंशमणि : आपके गल्प में लोगों का व्यक्तिगत जीवन चला आता है जिससे विवाद भी खड़े हुए हैं। 'नमो अन्धकारम्' या 'निष्कासन' कहानी में इलाहाबाद के ही तमाम मित्र उपस्थित हैं। इसी तरह से 'आख़िरी कलाम' में। इस बात को लेकर आपकी आलोचना भी होती रही है ?

दूधनाथ सिंह : प्रेमचन्द की कई कहानियों के बारे में ऐसे दोषारोपण हुए थे। कालिया की 'नौ साल छोटी पत्नी' जिसके लिए उसने मार भी खाई और 'काला रजिस्टर' पर इस प्रकार की बातों का इल्ज़ाम आता है। नैतिक गुस्से के बिना कोई लेखक नहीं हो सकता। और जहाँ अनैतिकता होगी, गलत काम होगा, उस पर गुस्सा करना और उस गुस्से को रचना एक लेखक का कर्तव्य है। मैंने किसी व्यक्ति-विशेष के बारे में नहीं लिखा बल्कि नैतिक पतन की स्थितियों के बारे में लिखा जो हमेशा एक लेखक के कलात्मक अवदान का एक हिस्सा होती है। लोगों ने अपना चेहरा देखा तो इसका यह अर्थ है कि मेरा कलात्मक दर्पण एकदम पारदर्शी था और यह मेरी सफलता है। जब मैं लिखता हूँ तो लोग तिलमिलाते हैं और दस साल बाद वही स्थितियाँ सच निकल आती हैं। वैसे भ्रष्टाचार और कुकर्म रोज़ होने लगते हैं। तब लोग कहते हैं कि हाँ, उसने तो ठीक ही कहा था।

रघुवंशमणि : लेकिन यह सवाल तो अपनी जगह है ही कि सर्जनात्मक साहित्य में दूसरों का व्यक्तिगत जीवन किस हद तक आना चाहिए ?

दूधनाथ सिंह : हाँ, यह सवाल है। लेकिन यह सवाल तात्कालिक है क्योंकि लोग क्षणजीवी हैं। कला में आए चरित्र दीर्घायु हैं। टॉलस्टाय के 'अन्ना करेनिना' के अधिकांश पात्रों की पहचान उनके ज़माने में की गई।

कहीं पुश्किन की बेटी है, तो कहीं लेविन के रूप में टॉलस्टाय स्वयं हैं। नेख़लुदोव के बारे में भी लोगों को मालूम है, लेकिन वे लोग कहाँ हैं। चरित्र ही दीर्घाजीवी हैं क्योंकि वे कला-संरचना के अंग हैं। फिर भी यह बात बहस-तलब है और गलत भी हो सकती है।

रघुवंशमणि : आपके रचनात्मक जीवन में 'सुखान्त', 1972 के प्रकाशन के बाद कुछ वर्षों का मौन है। यह मौन 'माई का शोकगीत' से टूटता है। इस रिक्ति का कारण क्या है ?

दूधनाथ सिंह : इस रिक्ति का पहला कारण बच्चे पालना है। यह वह दौर है जब उन्हें पढ़ाने-लिखाने में मैं लगा रहा। गरीबी थी और वे अगर ठीक से न पढ़ते तो आगे बेसहारा होने का डर था। इस काम में मेरा लगभग दस साल का समय गया। दूसरा कारण, यह मेरे घोर वैचारिक परिवर्तन का समय है–विचारधारात्मक परिवर्तन का समय। पुराने तरीके से लिखना सम्भव नहीं था और वस्तु को नए ढंग से उठाने की आदत नहीं थी। इस तरह यह एक प्रकार के रचनात्मक और गैर-रचनात्मक संघर्ष का दौर था। मेरे चरित्र के अराजक भटकाव भी इस सम्बन्ध में कुछ कारक थे। इसीलिए इतना लम्बा दौर व्यर्थ हुआ। हमारी पीढ़ी के लोग इससे दुखी नहीं होते लेकिन मैं आज भी पछतावे के गर्त में हूँ। गृहस्थी, अवैध प्रेम और वैचारिक, आत्मिक संघर्ष तीनों ने मिलकर मुझे क्षत-विक्षत किया और मेरा काफ़ी समय खाया। मैं कहता हूँ कि लोगों को खुश होने दो और मुझे मरने दो।

अनिल सिंह : अभी आपने अपनी अराजक जीवन स्थितियों और अवैध प्रेम की बात कही। क्या प्रेम भी अवैध होता है ? किन सन्दर्भों में ये बातें आई हैं ?

दूधनाथ सिंह : मैं पुरानी चाल का आदमी हूँ और उसमें इस प्रकार की कोई कुपथगामिता मुझे अवैध लगती है। अपनी स्त्री के प्रति किसी को भी कृतघ्न नहीं होना चाहिए। इसलिए मैं अवैधता की बात करता हूँ। ये बातें आज हास्यास्पद और अनर्गल लग सकती हैं। दुनिया बहुत आगे बढ़ गई है और उसी हिसाब से पीछे घूमकर गर्त में गिर भी रही है। मैंने अपनी किसी कहानी में कहा है कि 'ऊपर उठना ही नीचे गिरना है।' मैं अधुनिक फ़ैशनपरस्त उत्तर-आधुनिक नहीं होना चाहता हूँ। मैं अपने को निर्वसन और खुला रखना चाहता हूँ ताकि लोग जानें और समझें कि मैं इतना ही अच्छा और इतना ही बुरा हूँ। यह मेरी कमी हो सकती है और मेरी जग-हँसाई का कारण हो सकती है कि न मैं शुद्ध हूँ न अशुद्ध, न पवित्र हूँ न अपवित्र। कहीं दोनों के बीच, शायद।

अनिल सिंह : ये आप कह रहे हैं। आप तो एक दौर में 'मुक्ति प्रसंग' के कवि के बहुत निकट रहे हैं। एक तरफ़ आपके प्रिय कवि पन्त, निराला और

शमशेर हैं दूसरी तरफ़ अपनी अराजकता की तीव्र चुम्बकीय शक्ति से खींचता हुआ राजकमल चौधरी का व्यक्तित्व। इन दो पाटों के बीच में आप कहाँ हैं ?

दूधनाथ सिंह : कलकत्ते के दिनों की बात है। राजकमल मेरे लिए घनघोर आकर्षण की तरह था। सभी लोग उसकी निन्दा करते थे। उससे बचे रहने की सलाह देते थे। पर कहीं अपने अन्तरतम में सारे झूठ, सारी चरित्रहीनता, सारी कमीनगी के बावजूद उसमें एक नंगी सच्चाई और प्रेम के प्रति जिजीविषा और जीने का अद्‌भुत हठ भी था। मेरे स्वभाव की यह विशेषता है कि मैं किसी के कितने भी पास होता हुआ उससे प्रभावित नहीं होता। मैं एक घोंघे की तरह हूँ जो अपने को भीतर समेट लेता है और बचाए रखता है। मैंने राजकमल चौधरी से कोई बुरी बात नहीं सीखी जबकि वह हर बुराई के द्वार पर मुझे ले जाता था। मैंने उसकी प्रतिभा का आदर करना सीखा। मैं अपने जीवन में किसी के लेखन और व्यक्तित्व से इस तरह प्रभावित नहीं हुआ कि अपना पथ खो दूँ। अगर प्रभावित ही होना होता तो मेरा यह सौभाग्य है कि मैं महादेवी, पन्त, निराला, अज्ञेय, शमशेर जैसे बड़े लेखकों के निकट रहा। लेकिन मैं तुरन्त सावधान हो जाता था कि मुझे इनकी तरह नहीं होना है। यह चौकन्नापन एक अहमन्यता का पर्याय भी है। मैं किसी दूसरे की तरह न लिखना चाहूँगा। मैं अपने नुक्ते पर अकेला हूँ और हर लेखक को होना चाहिए।

अनिल सिंह : राजकमल चौधरी की मॉर्बिड मनःस्थितियों, जीवन-शैली और कविता विन्यास का ही असर तो नहीं कि आप भी रचनात्मक प्रतिभा को आत्मघाती मानते हैं। जैसे कि 'लौट आ ओ धार' में आपने लिखा कि कलाकार ऐसे सिंह के समान होता है जिसके मुँह में अपना ख़ून लग गया हो। या 'निराला : आत्महन्ता आस्था' शीर्षक इस सन्देह को क्या और पुख़्ता नहीं करता ? निराला आपके प्रिय कवि हैं। आप पर आरोप भी तो लगे थे ?

दूधनाथ सिंह : अपने को खोना और रचते जाना एक चीज़ है जो निराला शमशेर या अज्ञेय सब बड़े कवियों में मिलती है। मार्बिडिटी के कारण आत्महत्या दूसरी चीज़ है। राजकमल चौधरी और निराला को मिलाया नहीं जा सकता, क्योंकि उनकी कवि-प्रतिभा में ज़मीन-आसमान का फ़र्क है। दोनों की जीवन-शैली में एक फ़र्क है। इस प्रकार एक के लिए जो महानता का कारण बनती है दूसरे के लिए मीडियाक्रिटी का। यह कोई शर्त नहीं है लेकिन मैं आज भी इस बात पर कट्टरतापूर्वक स्थिर हूँ कि एक बड़ा लेखक जितना ही अपने को खाता है उतना ही बाहर

उसकी रचनात्मक समृद्धि बढ़ती है। अराजकता और आत्मभोज में फ़र्क है। शमशेर से बड़ा अराजक और आत्मभोजी कोई दूसरा नहीं। लेकिन यह प्रतिभा का ही कमाल है कि उसमें से कविता निकलकर आती है। ग़ालिब से बड़े अवसरवादी और पैरासाइट कम मिलेंगे लेकिन उनकी कविता उससे क्षरित नहीं होती। आत्मभोज वहाँ भी है लेकिन वह एशिया के सबसे बड़े कवि के रूप में उभरकर आते हैं। अतः कला की कोई शर्त नहीं है कि कैसा जीवन जियो। बड़ी कला और लेखक के जीवन का कोई अन्तर्सामंजस्य ज़रूरी नहीं है।

अनिल सिंह : आपके लिए कविता एक छोड़ा हुआ रास्ता है। आप अपनी प्रारम्भिक कविताओं को क्या जुवनेलिया समझते हैं या बाद के लेखन में उससे कुछ मदद मिली ? आपने कविता का रास्ता क्यों त्याग दिया ?

दूधनाथ सिंह : कविता का रास्ता मुझसे सधा नहीं इसलिए मैंने छोड़ दिया। मैं उस किसी विधा में लिखना नहीं चाहता जिसमें मुझसे अच्छा लिखने वाला विद्यमान हो। चाहे लोग मुझे जितना मारें-पीटें, वे जानते हैं कि कथा साहित्य में मुझसे पार पाना आसान नहीं है।

रघुवंशमणि : समकालीन कविता के आप एक सुधी पाठक रहे हैं और इस पर टिप्पणियाँ भी करते रहे हैं। क्या समकालीन कविता परिदृश्य से आप सन्तुष्ट हैं ?

दूधनाथ सिंह : समकालीन कविता में काफ़ी कुछ अच्छा लिखा जा रहा है। मैं समझता था आलोक धन्वा बहुत आगे जाएँगे लेकिन यह उनका दुर्भाग्य है कि वे बीच हराई में ही थउस गए। फिर भी अपने एक ही संग्रह से वे बड़े कवि हैं। इसके अलावा इस वक्त के जीवित कवियों में मेरे सबसे प्रिय कवि विष्णु खरे हैं। उनकी प्रयोगधर्मिता और नए रिद्म का कोई जोड़ नहीं। चे ग्वेरा पर ऐसी कविता वे ही लिख सकते हैं। मेरी पसन्द के कवियों की सूची काफ़ी बड़ी है। अरुण कमल, राजेश जोशी, वीरेन डंगवाल, चन्द्रकान्त देवताले, कुँवर नारायण मेरे बहुत प्रिय कवियों में से हैं।

अनिल सिंह : आपने अपने कविता-संग्रह में 1977 में भी रीति का प्रश्न उठाया था। अभी कुछ वर्ष पूर्व 'हिन्दी साहित्य सम्मेलन' की एक गोष्ठी में भी आपने समकालीन कविता पर रीतिग्रस्त होने का आरोप लगाया था। उस समय की कविता और आज की कविता में आए रीति और रूपवाद को कैसे देखते हैं ?

दूधनाथ सिंह : मेरा मतलब कविता में नामहीनता की समस्या से था। अगर नाम हटा देने के बाद कोई कवि पहचाना जा सके या कोई कहानीकार, लेखक या चित्रकार पहचाना जा सके तो वह रीतिबद्धता का शिकार नहीं है।

ऐसा फ़न और फ़ैशन को शौक से अपनाने के कारण होता है। यह कला के क्षेत्र में व्यक्तित्वहीनता का लक्षण है जिससे सारे रचनाकारों और कलाकारों को बचना चाहिए। आख़िर सारी जद्दोजहद तो इसी को लेकर है। अच्छा और पाक-साफ़ लिखना ज़रूरी नहीं है। ऐसा लिखना ज़रूरी है जिस पर आपके व्यक्तित्व की मुहर हो। आख़िर शुक्ल जी रीतिकालीन कवियों पर क्या दोषारोपण करते हैं ? यही तो कि 'वाग्धारा बँधी हुई नालियों में बहने लगी।' मैंने जब यह बात सम्मेलन की गोष्ठी में कही तो सारे कवि नाराज़ हो गए। लेकिन आज वे सभी महसूस करते हैं कि उन्हें सबसे अलग दिखना ही चाहिए और यह कोई जादूगरी नहीं, प्रतिभा का करिश्मा है।

अनिल सिंह : आपकी किताब 'लौट आ, ओ धार !' में इलाहाबाद पूरी जीवन्तता के साथ मौजूद है, लेकिन आपने उसे रचनात्मक प्रतिभा से खाली होता हुआ शहर भी बताया है। वहाँ सिर्फ़ 'उत्खनन' बाकी है। क्या अब भी आपको ऐसा ही लगता है ?

दूधनाथ सिंह : अब और ज़्यादा लगता है, क्योंकि सिर्फ़ कुछ बूढ़े लोग बचे हैं। अधिकांश तेजस्वी प्रतिभाएँ जीविका की खोज में शहर छोड़कर बाहर जा रही हैं : इलाहाबाद में इलाहाबाद के पैदा हुए लेखक कितने हैं। छोटे-बड़े सब बाहर से आए। और बिना रोज़ी-रोटी के भी रहे। निराला, शमशेर, मार्कंडेय...कुछ नहीं था तब भी यहीं रहे। सन् '35 से 'प्रगतिशील लेखक संघ' का केन्द्रीय दफ़्तर भी यहीं था। और 'परिमल' की स्थापना भी यहीं हुई। 'भारतीय स्वतन्त्रता आन्दोलन' भी यहीं 'स्वराज्य भवन' से लड़ा गया। 'स्वराज्य भवन', 'साबरमती' और 'सेवाग्राम', यही तो संघर्ष की योजनाओं के केन्द्र थे। इस तरह एक ज़माने में, और बहुत बाद तक उसके 'हैंग-ओवर' की तरह इलाहाबाद सांस्कृतिक-राजनीतिक गतिविधियों के अन्तर्मिलन का केन्द्र था। यहाँ राजनीतिक और सांस्कृतिक 'पोलेमिक्स' थी। बहसें थीं, निर्णय थे, गोष्ठियों के बाहर गोष्ठियाँ थीं। अब एक रोमन खँडहर की तरह है। रचनाकारों और विद्वानों की टूटी-फूटी मूर्तियाँ हैं। नए लड़के रोज़ी की खोज में बाहर जाकर हलकान और निरस्त्र हो रहे हैं।

यही नहीं, पुराने लोग भी जीविका की खोज में बाहर गए तो इसी तरह हलकान और निरस्त्र हुए। भारती के पास क्या बचा ? कालिया तो यहीं से बंजर होकर गया और अपनी बंजरता के प्रयोग कर रहा है। देखें, कब तक करता है।

तो ये सब बातें हैं। भूखे कोई कितने दिन रहेगा ! वे निराला ही थे जो ऐसे रहते थे। सब कोई वैसे क्यों रहेंगे ? और इन्तजाम करने

के फेर में पड़िए तो यहाँ है क्या ? इसीलिए लोग दिल्ली और मुम्बई के ब्लैक-होल में जाकर सट्ट-से चिपक जाते हैं और उनकी रोशनी फिर कभी बाहर नहीं आती। फ़तवे, बड़बोलियाँ, दमा, सम्पत्ति, घर और कार, संस्थाओं पर कब्ज़ा...नरक।

लेकिन इन सबसे अलग और विचित्र तो शमशेर का उदाहरण है। कहाँ-कहाँ से भटकते हुए इलाहाबाद में डेरा जमाया। कुछ भी करने को नहीं था। वही 'जस्ट-फ़िट' के ऊपर वाला घर–निचाट और वीरान। उसी में लटपट, स्वतन्त्र, चिढ़े हुए, प्रशान्त, अतिथि-सेवा को उत्सुक, शब्दों और काव्य-पंक्तियों के खेल में मगन। क्या कहते हैं शमशेर अपनी इस 'रहनि' के बारे में ?

'खुश हूँ कि अकेला हूँ
कोई पास नहीं है
बजुज़ एक सुराही के
बजुज़ एक चटाई के
बजुज़ एक ज़रा से आकाश के
जो मेरा पड़ोसी है, मेरी छत पर।
(बजुज़ उसके जो तुम होतीं, मगर हो
फिर भी
यहीं कहीं अजब तौर से।)

एक बार अमृत राय और सुधा जी उनको कुछ बर्तन और राशन देने गए तो शमशेर उनसे जीवन-भर नाराज़ रहे।...यह है, निराला के बाद इलाहाबाद में एक बड़े कवि के रहने का ढब।

लेकिन शमशेर जब इलाहाबाद से गए तो रोज़ी के लिए नहीं गए। फिर भी दिल्ली में एक सुराही, एक चटाई और ज़रा-से उस पड़ोसी आकाश के साथ रहना सम्भव नहीं था। निठल्ले और आलसियों को इलाहाबाद ही पाल सकता है। और इसी में से कविता निकलती है। वहाँ शमशेर को कोश-विभाग में नौकरी करनी पड़ी। फिर वहाँ से 'प्रेमचन्द पीठ' पर–उज्जैन। और फिर उज्जैन से शमशेर अचानक उड़ गए–गुजरात के अन्तर्वर्ती प्रदेश के एक कस्बे सुरेन्द्र नगर। अपने ताऊजी को अजय-शोभा नहीं रख सकते थे। क्योंकि वे रह ही नहीं सकते थे। उन्हें क़ब्र में पाँव लटकाए हुए भी एकान्तिक रोमांस चाहिए था। अब वे सहारा-बेसहारा दोनों थे। अपने इस अन्त में कितनी उच्छल, मांसल, घनघोर प्रेम-कविताएँ लिखीं शमशेर ने। कोई भागे, असुरक्षित हो, विगत हो तो इस तरह।

मैं तुम्हारे व्यक्तित्व के मुख में
आनन्द का स्थायी ग्रास...हूँ।

अनिल सिंह : जब हम लोग यहाँ विश्वविद्यालय में पढ़ने के लिए आए तब भैरव प्रसाद गुप्त जी जीवित थे। बाद में उनका लम्बा साथ मिला। 'जलेस' की नियमित गोष्ठियाँ होती थीं। कई नए लोगों की ट्रेनिंग 'जलेस' की गोष्ठियों द्वारा हुई। भैरव जी, अमरकान्त जी, मार्कंडेय जी, शेखर जी जैसे बड़े लेखकों को नजदीक से देखने-सुनने का अवसर मिला। बाद में सब कुछ बिखर गया। ऐसा क्यों हुआ ?

दूधनाथ सिंह : मैंने अपने सारे विद्यार्थियों, कवियों और लेखकों को साथ लेकर भैरव जी और मार्कंडेय के निर्देशन में 'जलेस' की गोष्ठियों और बहसों की सक्रियता बनाए रखी। उसी के भीतर से तुम सब नए लोगों ने अपनी प्रतिभा को पहचाना और उभर कर आए। फिर भैरव जी नहीं रहे। मार्कंडेय जी अन्यमनस्क और बीमार हो गए। तुम सब लोग बाहर चले गए। उसके बाद नए लोगों को जब भी मैंने बटोरना चाहा वे उतने सक्रिय नहीं दिखे।

हीरालाल, श्रीरंग, और विवेक निराला को छोड़कर नए लोगों में अधिकांशतः प्रतिभा का अभाव दिखा। इन नए लोगों में हीरालाल सबसे प्रतिभाशाली कवि है क्योंकि वह कविता के बारे में कुछ नहीं जानता। सीधा है, थोड़ा हाब-नाबिंग भी करता है। श्रीरंग का एक नया संग्रह आया है, अच्छा है। विवेक का संग्रह आना बाकी है। लेकिन गोष्ठियों और बहस-मुबाहिसों में अब नए लोगों की रुचि नहीं दिख रही है। 'जलेस' का यह बिखराव भी दुखद है। हमारी इकाई भोपाल और दिल्ली की इकाई से भी ज़्यादा बड़ी इकाई थी। 'नया पथ' को बन्द कर दिया। इन सब बातों को याद करना भी दुखद है।

अनिल सिंह : इलाहाबाद में साहित्यिक सक्रियता के कम होते चले जाने के पीछे सिर्फ़ सरकारी ख़र्चे पर होने वाले आयोजनों को ही क्यों दोष दिया जाए। आख़िर ऐसी गोष्ठियों का भी महत्त्व है और आप समेत सभी प्रमुख लेखक इन गोष्ठियों में भाग लेते रहे हैं। क्या आपको नहीं लगता कि इस साहित्यिक उदासीनता के पीछे अहं के परस्पर टकराव व नए आर्थिक सुधारों की वजह से आई चमक-दमक द्वारा पैदा की गई हड़बोंग भी एक वजह है ?

दूधनाथ सिंह : नहीं, मेरा ये कहना नहीं है कि सरकारी ख़र्चे से होने वाली गोष्ठियाँ बेकार हैं। अब महँगाई इतनी है कि लेखक अपने ख़र्चे से साहित्यिक बहस-मुबाहिसे के लिए नहीं जा सकते। संगठन के अखिल भारतीय अधिवेशनों में जाते हैं तो एक आस्था और सिद्धान्त के तहत। बाकी

कहाँ जाते हैं ? पहले इलाहाबाद में जब 'परिमल' और 'प्रगतिशीलों' का जमावड़ा था तो कहीं जाने की ज़रूरत कहाँ थी। सारी बातें यहीं से निकलती थीं। सारी सरगर्मियों का केन्द्र था इलाहबाद। और उन सरगर्मियों में खिंचाई-घिसाई-चमकाई थी, गर्दन-उतराई नहीं। आर्थिक सुधारों से आए हड़बोंग का असर दिल्ली में है, जहाँ बड़न-बड़न और छोटन-छोटन सभी 'आयोवा' जाने के लिए मन्त्रालयों में झख मारते फिरते हैं। गरीबों का 'डेलीगेशन' जाता है और अमूर्त-अमीरी का काव्य-पाठ होता है।

रघुवंशमणि : इमरजेंसी के दौरान आपने 'पक्षधर' नाम की पत्रिका प्रारम्भ की थी। उसका सुसम्पादित प्रवेशांक प्रकाशित हुआ था जो आपात्‌काल में ज़ब्त कर लिया गया। फिर आपने उस पत्रिका को प्रकाशित करने का प्रयास क्यों नहीं किया ?

दूधनाथ सिंह : 'पक्षधर' को दुबारा निकालना मेरे जैसे आदमी के लिए सम्भव नहीं था। उसके लिए चलना-फिरना, हें-हें, रौब-दाब का प्रदर्शन, जजमानी, चिटकई—मैंने देख लिया कि मुझसे सम्भव नहीं है। मैं इस मामले में एक अक्षम व्यक्ति हूँ। और फिर पत्रिका निकालने से लेखन बन्द होने की सम्भावना अधिक रहती है। अपना स्वाद चुन लो। तो मैंने चुना—बच्चा लोगों को पालना, लिखना और थोड़ी-बहुत आवारागर्दी। एक अच्छी पत्रिका निकालना एक 'रचना' को अंजाम देना है। जो दोनों एक साथ कर ले वह महान है। मुझसे एक ही नहीं सधता। आलस, बीमारियाँ, गुस्सा घेरे रहते हैं।

रघुवंशमणि : हिन्दी साहित्य के एक दौर में इलाहाबाद की पहचान 'परिमल' से बनती थी। आपकी इस संस्था के साथ कैसी अन्तर्क्रिया रही ?

दूधनाथ सिंह : 'परिमल' में मुझे भारती ले गए। वहाँ काफ़ी गहमागहमी थी। मैं सदस्य भी रहा और उसके गिरते दिनों में मुहम्मदशाह रँगीले की तरह संस्था का संयोजक भी। ठीक-ठाक, इकतरफा पढ़े-लिखे लोग थे। जिद्‌दी और घिसे हुए, षड्‌यन्त्री और मसखरे भी थे। भारती के चले जाने पर संस्था का आधा बल नष्ट हो गया। फिर साही का देहावसान हो गया। वही सबसे प्रतिभाशाली और 'एकोमोडेटिंग' आदमी थे। गहन तर्क-प्रवण, अपनी बातों पर अटल और भाषा की अनूठी सादगी लिए हुए। 'परिमल' की मुख्य विधा कविता थी और दूसरी आलोचना। कविता और आलोचना—दोनों में इलियट की पूँछ—'ओम शान्तिः ओम शान्तिः' की तरह झाँकती थी। अन्ततः 'परिमल' का आन्दोलन हिन्दी का 'वेस्ट लैंड' साबित हुआ—वीरान और सार्थक-निरर्थक।

अनिल सिंह : आपकी प्रारम्भिक कहानियों में फ़्रायडियन प्रभाव दिखता है, उन कहानियों को आप आज किस तरह देखते हैं ?

दूधनाथ सिंह : मैं उन कहानियों को डिस्ओन नहीं करता। वो कहानियाँ सन् 1960 के बाद की लिखी गई हैं। उनकी पृष्ठभूमि में आज़ादी से मोहभंग है। वैचारिक संघर्ष और बहसों के अभाव से वे कहानियाँ पैदा हुईं। संयुक्त परिवार के टूटने, राजनीतिक दिशाहीनता की आती धीमी आहट, एकल परिवारों में पत्नी तथा प्रेम का द्वन्द्व और अन्तर्विरोध इन कहानियों का उत्स है और मेरी ही नहीं उस समय लिखने वाले सभी महत्त्वपूर्ण कहानीकारों की विषयवस्तु का विश्लेषण इसी तरह है। सिर्फ़ काशीनाथ सिंह अपने बड़े भाई के कारण एक कृत्रिम प्रगतिशीलता से चिपके रहे। लेकिन 'लोग बिस्तरों पर' जैसी कहानियाँ उन्होंने भी लिखीं। जिसे तुम फ़्रायडियन तत्त्व कहते हो, उस तरह का मनोविश्लेषणवाद और सबकांशस का विश्लेषण इन कहानियों में नहीं है। वो एक निश्चित सामाजिक दौर की उपज हैं और नई कहानी आन्दोलन की प्रवृत्तियों से बिल्कुल अलग हैं।

रघुवंशमणि : अपने जीवन में आए विचारधारात्मक बदलावों से आपने क्या खोया और क्या पाया ?

दूधनाथ सिंह : मैंने खोया कुछ भी नहीं और पाया बहुत कुछ। वैचारिक परिवर्तन से मैं व्यक्तिवादी पतनशीलता से बच गया। मैं मानता हूँ, अगर यह परिवर्तन न होता तो मेरे लिए लिखना असम्भव होता, लेकिन मैंने अपनी रचनात्मकता के लिए ही इस वैचारिक विकल्प की खोज की। किसी ने मेरा नेतृत्व नहीं किया और अगर किया तो वे टॉलस्टाय थे जिनको पढ़कर मेरे अन्दर बहुत से परिवर्तन हुए। मैंने अपने समाज को ऐतिहासिक परिवर्तनों के भीतर से देखना शुरू किया। प्रारम्भिक दौर में मेरे प्रिय लेखक ओसामू दजाई, काफ़्का, कामू, वोदलेयर, आर्थर रेम्बो, लूई आरागाँ जैसे पश्चिमी लेखक थे। निश्चय ही मेरी मनःस्थिति पर इतने महान लेखकों को पढ़ने का असर रहा है, इनकार नहीं कर सकता। मिथ ऑफ़ सीसिफ़स, द रिबेल, द आउटसाइडर, द ट्रायल और द कासिल ने शुरुआती दौर में मुझे बहुत आकर्षित किया। आर्थर रेम्बो का 'लॉ इल्युमिनेशंस' और 'ए सीज़न इन हेल' मुझे बहुत प्रिय थीं। अपने कलकत्ता प्रवास के दौरान मैंने 'ज्ञानोदय' में आर्थर रेम्बो पर एक बहुत बड़ा लेख भी लिखा और 'ए सीजन इन हेल' के बहुत सारे अंशों का अनुवाद भी किया। लेकिन परिवर्तन का दौर टॉलस्टाय, चेख़व और शोलोख़ोव जैसे लेखकों को पढ़कर आया। एक महाकाव्यात्मक यथार्थपरक दृष्टि ने मुझे बदलने में बहुत बड़ी भूमिका

अदा की। उसके साथ ही मार्क्स, लेनिन और स्टालिन की किताबों ने भी। इस तरह मैंने एक दूसरे छोर से अपने और अपने समाज को ढूँढ़ना और पाना शुरू किया। लेकिन शुरुआती दौर का मेरा अध्ययन बेकार नहीं गया। मैंने उन लेखकों से बहुत कुछ सीखा। और जो मैंने साठ के दौरान पढ़ा उसे लोग अब पढ़ रहे हैं। मेरे इस बहुत सारे अध्ययन में रेणु जी का हाथ है, जब वे यहाँ थे। उन्हें नई से नई पुस्तकों और अद्यतन पश्चिमी साहित्य का ज्ञान था। रिल्के की कविता और गद्य से उन्होंने ही मुझे परिचित कराया। दोस्त्यवोस्की और आल्बेयर कामू को भी पढ़ने की प्रेरणा उन्होंने ही दी। पियरे लुई का 'अफ्रोदिती' जैसा उपन्यास और 'सांग्स ऑफ़ ब्लिटीज़' जैसी गद्य-कविता वाली किताबें रेणु ने ही अपने इलाहाबाद प्रवास के दौरान मुझे पढ़ने और रखने के लिए दी थीं। इस तरह से एक संगठित और संश्लिष्ट अध्ययन ने एक लेखक के रूप में मेरा निर्माण करने में बहुत योगदान किया। इसमें उर्दू और संस्कृत का अध्ययन कम महत्त्वपूर्ण नहीं है।

अनिल सिंह : क्या आप मतलबी और आत्मकेन्द्रित हैं ?

दूधनाथ सिंह : परिवार के सन्दर्भ में मतलबी और आत्मकेन्द्रित हूँ, लेकिन दोस्तों और परिचितों के सन्दर्भ में खुला और बिछा हुआ हूँ। वे मुझे आरपार देख सकते हैं। मैं अपने बेटे और शिष्य में भेद नहीं रखता और दोनों के लिए समान रूप से चिन्तित रहता हूँ। मेरे दोस्तों की एक बहुत बड़ी बिरादरी है जिनको मैं किसी भी कीमत और किसी भी स्वार्थ के लिए खोना नहीं चाहता। उनके बिना मेरा अपना होना भी निरर्थक लगता है। अपने दोस्तों की इच्छा-अनिच्छा का मैं हमेशा ख़याल रखता हूँ। वे नाराज़ होते हैं तो मैं ही झुकने के लिए तैयार रहता हूँ, क्योंकि वे मेरे लिए अमूल्य हैं।

अनिल सिंह : झूठ का आपके जीवन और कृतित्व में कितना योगदान है ?

दूधनाथ सिंह : बहुत योगदान है। जीवन में झूठ मैं मज़े के लिए बोलता हूँ, कुछ पाने के लिए नहीं। अक्सर बोलकर पकड़ा जाता हूँ। बहुत सारा झूठ गढ़न्त और मौज के लिए होता है। लेकिन कभी-कभी ख़तरनाक रूप से फँस भी जाता हूँ। वह निरुद्देश्य है और कुछ पाने के लिए नहीं। लेकिन कई बार वह मुझे अविश्वसनीय भी बनाता है। लिखने में 'झूठ' का अर्थ 'संकल्पना' है, यथार्थ से अलग होना नहीं है। अक्सर एक चमक की तरह कोई बात आती है और उसमें दुनिया-भर की गढ़न्त मैं शुरू करता हूँ लेकिन उनके सूत्र कहीं जीवन और परिस्थितियों में होते हैं। यह जो कला की नैतिकता का सवाल 'नमो अन्धकारम्' या

'निष्कासन' पर उठाया जाता है वह सब कल्पना से गढ़न्त और झूठ है। लेकिन वह 'सत्य' को प्रतिपादित करता है। कला का काम घटनाओं का आश्रय लेना नहीं है, अवचेतन में संग्रहीत होते जाते सम्प्रभावों का खुलते जाना है। वह किसी का जीचन-चरित्र नहीं। उसका एथिक्स ही है कल्पना प्रसूत असत्य जो 'सत्य' को सामने लाता है।

अनिल सिंह : एक रचनाकार और व्यक्ति के रूप में आप किस तरह से याद किया जाना पसन्द करेंगे ?

दूधनाथ सिंह : इसका जवाब देना बड़ा कठिन है। रचनाकार के रूप में तो मैं चाहूँगा कि मेरी रचनाओं को लोग प्यार करें और याद रखें, क्योंकि वे अपने युग का संस्मरण हैं। उसमें भाषाई कान्ति और छलना भी है। उसमें ऐसा बहुत कुछ है जिसे अगर लोग खोजेंगे तो अपने जीवन में भी पाएँगे। जो आदमी अपने सारे लेखन-जीवन में तिरस्कार, उपेक्षा, उदासीनता, दुष्टताओं और षड्यन्त्रों का शिकार रहा है, उसे थोड़े प्यार से याद किया जाना चाहिए। यह शायद हर लेखक चाहेगा। व्यक्ति के रूप में मैं चाहूँगा कि मेरी गलतियों, बड़बोलियों और मेरे दोषों को लोग क्षमा करें और यह मानकर क्षमा करें कि मैं 'आदमी' था और 'इंसान' बनना चाहता था। लेकिन ये बड़ी अपेक्षाएँ हैं और किसी व्यक्ति और लेखक की अपेक्षाओं को कोई दूसरा क्यों स्वीकार करेगा। वह अपने ही ढंग से देखेगा।

अनिल सिंह : आपकी कहानियों में कई बुरे पात्र आते हैं। क्या आप अपने को बुरे लोगों से घिरा हुआ प्रिंस हैमलेट समझते हैं ?

दूधनाथ सिंह : नहीं ! लेकिन एक लेखक के रूप में बुरे लोगों का चित्रण उसकी ज़्यादा बड़ी ज़िम्मेदारी है। अच्छे लोग प्रेरणा नहीं देते, न गुस्सा पैदा करते हैं, न समाज का कुछ बिगाड़ते हैं, न जीवन में कुछ गतिरोध या हलचल पैदा करते हैं। ये सारे काम बुरे लोग करते हैं। इसलिए मेरा ध्यान बतौर लेखक उन पर ज़्यादा जाता है। लेकिन मैंने अच्छे लोगों का भी चित्रण किया है, क्योंकि वे हमें प्यार करना और आत्मीयता सिखाते हैं। वे हमें उदास करते हुए बड़ा बनाते हैं, क्योंकि वे हमेशा ट्रेजिक पात्र होते हैं। ईसा मसीह को देखो और जूदा को देखो। एक आत्मबलि का शिकार होता है तो दूसरा आत्मघात का। मुझे जूदा ज़्यादा आकर्षित करता है क्योंकि धोखा देने और पकड़वाने के बाद वह अपनी नृशंसता पर बौखलाया हुआ है। यह कुकर्म और जटिल ग्रन्थि उसका पीछा नहीं छोड़ती और अन्ततः वह आत्मघात करता है। कौन हमें किस तरह सुरक्षित रखता है और मानवीय बनाता है, यह एक

लेखक बुरे को चित्रित करके जितना उपलब्ध करता है उतना अच्छे को चित्रित करके नहीं। अच्छे चरित्र एक क्लासिक शृंगार की तरह, बुरे चरित्र बनती-बिगड़ती पतित दुनिया के भँवर में फँसे हुए एक जटिल ग्रन्थि की तरह। टॉलस्टाय को देखो, वो केरेनिन, कारेनिना और ब्रोंस्की जैसे बुरे चरित्रों को कितनी मानवता से चित्रित करते हैं।

अनिल सिंह : आपकी कतिपय कहानियों में दूसरों की लिहाड़ी लेने वाला जो 'आनन्द तत्त्व' है क्या उससे रचना का मूल्य प्रभावित नहीं होता ?

दूधनाथ सिंह : लिहाड़ी नहीं लेना चाहिए। वह रचना के सत्व को कमज़ोर करता है लेकिन कभी-कभी जी नहीं मानता और मैं खेलने-चिढ़ाने और मज़ा लेने की स्थिति में खुद मज़ा लेने लगता हूँ। इससे लेखक की तटस्थता बाधित होती है, यह मैं मानता हूँ। लेकिन यह लिहाड़ी रस कभी-कभी छोड़ता नहीं। मुझे यह भी लगता है कि ऐसा करते हुए किसी चरित्र, घटना या मनःस्थिति को आप शायद सम्पूर्णता में भी देखते हैं। यह प्रतिशोध नहीं है। रचनात्मक श्रम और अवसाद को कम करने के लिए एक कॉमिक रिलीफ़ की तरह मैं इसका इस्तेमाल करता हूँ।

अनिल सिंह : भूमंडलीकरण और मुक्त अर्थव्यवस्था के इस युग में साहित्य के लिए कितना स्पेस आपको नज़र आता है ?

दूधनाथ सिंह : इससे सबसे बड़ा ख़तरा भाषाई साम्राज्यवाद का है। अंग्रेज़ी का वर्चस्व दिनोंदिन बढ़ता जा रहा है। अर्थव्यवस्था, मीडिया, साहित्य और सम्पर्क की भाषा के रूप में वह सारी दुनिया पर अपनी इजारेदारी कायम करने के प्रयत्न में है। भारत जैसे कमज़ोर मन वाले देश के लिए भाषा के इस साम्राज्यवाद से सबसे बड़ा ख़तरा हमारी भाषाओं को है। अगर ऐसा हुआ, अगर हमारी भाषाएँ लुप्त हुईं तो हमारी स्मृतियाँ और मिथक भी लुप्त हो जाएँगे। हमारा इतिहास और वैशिष्ट्य भी लुप्त हो जाएगा। जैसे धर्मपरिवर्तन किसी भी परिवार या कबीले को अनायास ही एक-दो पीढ़ी बाद अपनी पूर्व स्मृतियों और मिथकों से वंचित कर देता है उसी तरह वैश्वीकारण भी। जिस अर्थव्यवस्था की तुम बात कर रहे हो, वह भी वित्तीय और आवारा पूँजी पर आधारित है। कभी भी हमको नष्ट करने के लिए वह अपनी आवारागर्दी से चुपचाप वापस लौट सकती है। और तब हम सामाजिक, ऐतिहासिक और सांस्कृतिक रूप में मुँह के बल गिरेंगे। हम परोपजीवी और गुलाम हो जाएँगे। इसलिए वैश्वीकरण और आवारा पूँजी से भिड़न्त की ज़रूरत है। उनको उनकी माँद में ही मात देना बचने का तरीका है। चीन और जापान ने इसे सफलतापूर्वक करके दिखा दिया है। और मुँह के बल गिरने और गुलाम बनने का प्रतीक है लैटिन अमरीका, अफ्रीका और एशिया के

बहुत सारे देश। पुराने ज़माने की तरह अमरीका लैटिनोज़ को मर्सनरीज़ की तरह पैसे देकर इराक और दूसरे देशों में लड़ने के लिए भेज रहा है। 'डालर लो और जान दो' यह छिपा हुआ अप्रत्यक्ष नारा है। विश्व अर्थव्यवस्था और भूमंडलीकरण का यह नतीजा है।

अनिल सिंह : 'हंस' के सम्पादक राजेन्द्र यादव जी ने 'निष्कासन' को छापने से मना कर दिया था, ऐसा सुना है। उनके ऊपर कहानी कब लिख रहे हैं ?

दूधनाथ सिंह : राजेन्द्र जी कहानी से सहमत नहीं थे। उसमें कुछ बदलाव चाहते थे। हालाँकि उन्होंने जो दो कार्ड्स मुझे लिखे उनमें यह भी लिखा कि कहानी अच्छी है। इस सम्बन्ध में उनका पत्र और एक छोटा साक्षात्कार में बतौर सफ़ाई के 'हिन्दुस्तान' अख़बार, लखनऊ में छपा चुका हूँ। दरअसल राजेन्द्र जी को लोगों ने भड़का दिया कि यह भी किसी जीवित चरित्र पर लिखी गई कहानी है। एक बार वे मुझे भुगत चुके थे, दुबारा नहीं भुगतना चाहते थे। राजेन्द्र जी और मन्नू जी के लिए मेरे मन में अलग-अलग तरह से बड़ी श्रद्धा है। राजेन्द्र जी जितना कठोर बोलते हैं, उतने कठोर हैं नहीं। उन्होंने मेरा पहला कहानी संग्रह 'अक्षर प्रकाशन' से छापा था। मैं कितना भी ख़राब हूँ, कृतघ्न नहीं हूँ। 'हंस' का हिन्दी कहानी के विकास में वही योगदान है जो 'कहानी' और 'नई कहानियाँ' के सम्पादक भैरव प्रसाद गुप्त का था। अगर आज 'हंस' बन्द हो जाए तो हिन्दी के एक हज़ार कहानीकार मर जाएँगे। प्रेमचन्द के 'हंस' ने इतना बड़ा काम नहीं किया जितना राजेन्द्र यादव द्वारा सम्पादित 'हंस' ने किया। 'और अन्त में प्रार्थना', 'तिरिया चरित्तर', 'चिट्ठी', 'क्षमा करो हे वत्स' जैसी कहानियाँ राजेन्द्र जी के 'हंस' में छपीं जो हिन्दी कहानी की अन्यतम उपलब्धियाँ हैं।

❑❑

चार निबन्ध

'महाजनी सभ्यता' और आज की दुनिया

प्रेमचन्द ने अपने जीवन भर की साहित्य-साधना के बाद अन्तिम वर्षों में 'महाजनी सभ्यता' नामक एक वैचारिक दस्तावेज प्रस्तुत किया। यह लेख सन् 1936 में अपनी मृत्यु के कुछ दिनों पहले उन्होंने लिखा था। यह लेख उनके समग्र चिन्तन का जैसे निचोड़ है। सन् 1901 से लेकर सन् 1936 तक उन्होंने अपनी अथक साहित्य-रचना और वैचारिक-सामाजिक संघर्षों से यह साबित कर दिया कि उनका लेखन और उनका रचना-कर्म समग्र भारतीय जीवन और भारतीय-मनीषा का सारतत्त्व है। भारतीयता को प्रतिबिम्बित करने वाले वे एक ऐसे रचनाकार हैं जिन्होंने विकट और प्रतिकूल स्थितियों से पलायन नहीं किया, हार नहीं मानी, संघर्षों से मुख नहीं मोड़ा और अपनी रचनाओं में भारतीय इतिहास, राजनीति और समाज की तत्कालीन विडम्बनाओं और अन्तर्विरोधों को सही ढंग से पहचानने में सफल रहे। इस पहचान में बहुत हद तक उन्होंने महात्मा गांधी के विचारों-सिद्धान्तों का साथ दिया। वे भी लगभग चमत्कारिक ढंग से गांधी के व्यक्तित्व-चिन्तन और कर्म पर मुग्ध दिखाई देते हैं। उनकी कार्य-शैली के विशिष्ट प्रशंसक हैं और अपनी कथा-रचनाओं में उन विचारों, बातों और तरीकों को समोने और साधने की कोशिश करते हैं। गांधीवादी विचारधारा का वह कौन-सा पक्ष है जिसका प्रेमचन्द समर्थन करते हैं ? वह है (1) मनुष्य का हृदय-परिवर्तन, (2) वर्ग समन्वय, (3) औपनिवेशिक गुलामी से मुक्ति के लिए बिना भेद-भाव के भारत की सारी जनता का आवाहन और उसकी भागीदारी, (4) निजी और सार्वजनिक जीवन में एक साथ, बिना किसी भेद-भाव के नैतिक, पवित्र और खुले चरित्र का निर्माण और (5) सत्य-अहिंसा के लिए निर्भय और निर्भ्रान्त हठ। ये सारी बातें हैं जहाँ प्रेमचन्द गांधी जी के विचारों का खुला समर्थन करते हैं। ये सारे विचार यदि एक ओर भारत की आाजदी के संघर्ष से जुड़े हैं तो दूसरी ओर सामाजिक सम्बन्धों में परिवर्तन का भी संकेत करते हैं। प्रेमचन्द ने रचनात्मक स्तर पर एक सिद्ध कलाकार की तरह इन विचारों का उपयोग किया। अपने निहित स्वार्थों को छोड़ देना ही मनुष्य का मनुष्य के प्रति हृदय-परिवर्तन है। प्रेमचन्द जब अपने उपन्यासों में अलग-अलग वर्गों की पहचान करते हैं—जैसे कि जमींदार और किसान, और छोटे जोतों वाले किसान और भूमिहीन खेतिहर मजदूर; जैसे कि देसी राजे-रजवाड़े और उनके उपजीवी अमले-फैले; जैसे कि

अंग्रेज़ी-सत्ता और उनकी नौकरशाही और उनके द्वारा निर्मित शासन-तन्त्र की रखवाली करने वाली संस्थाएँ और उनमें लगे नौकरशाह और बाबू; जैसे इस आर्थिक, प्रशासनिक और राजनैतिक तन्त्र के साथ गुत्थी-दर-गुत्थी उलझी हुई, भारतीय समाज-व्यवस्था को और सड़ाँध की ओर ले जाती हुई जाति-व्यवस्था; जैसे कि दलित और स्त्रियाँ–प्रेमचन्द जब भारतीय समाज के इन अन्तर्विरोधों और गुत्थियों के आमने-सामने होते हैं तो वे जगह-जगह गांधी जी के उन्हीं हथियारों का इस्तेमाल समाधान के लिए करते हैं। जैसे बेगार और बेदखली को ख़त्म करने के लिए जमींदारों का हृदय-परिवर्तन, अत्यधिक लगानदारी के ख़िलाफ़ लगानबन्दी आन्दोलन, आज़ादी की लड़ाई में बिना भेद-भाव के समग्र भारतीय जनता का आह्वान, स्त्री शक्ति का समर्थन और उनके अधिकार दिलाने का प्रबल समर्थन, पतिता स्त्रियों के लिए सेवा-सदनों और सुधारगृहों की स्थापनाएँ और अनमेल विवाह का कठोर विरोध–(यद्यपि कि यह काम प्रेमचन्द ने एक ऊँचे कलाकार की तरह अनमेल विवाह की भयंकर त्रासदी का चित्रण करके किया है।) प्रेमचन्द बड़े कारखानों की स्थापना के विरोध में भी जान पड़ते हैं। उससे पैदा होने वाले शोषण, शोर, गन्दगी से वे एक पर्यावरणवादी की तरह चिन्तित दिखाई देते हैं। यही नहीं, 'गबन' जैसे उपन्यास में तो प्रेमचन्द-शहरों की अपेक्षा गाँवों की ओर लौटने की इच्छा व्यक्त करते हुए दिखाई देते हैं।

यह सब कुछ कर चुकने के बाद भी प्रेमचन्द सन्तुष्ट नहीं दिखाई देते। यह सारा काम वे सन् 1932 तक कर चुके होते हैं। यानी अपने लेखन के अधिकतम बेशकीमती वर्ष वे इन तमाम उलझनों को सुलझाने में और उलझते चले जाते हैं। ऐसा उनका आन्तरिक-मानसिक अनुभव है जो 1932 में 'हंस' के सम्पादकीय नोट 'दमन की सीमा' में प्रकट होता हुआ दिखाई देता है। उन्हें लगता है कि यथार्थ कुछ और है, समाधान ऊपरी और सोचा हुआ और ज़बर्दस्ती लादा गया। इतनी आसानी से मनुष्य का हृदय-परिवर्तन सम्भव नहीं है। अमीर-गरीब के बीच की हक-हकूक की लड़ाई को इन सारे समाधानों से नहीं पाटा जा सकता। परस्पर विरोधी और संघर्षरत वर्गों का समन्वय एक ख़याली-पुलाव है। आचरण की पवित्रता या अपवित्रता निहित स्वार्थों से बँधी हुई है और वह इतनी निस्संग, निरपेक्ष और स्वायत्त नहीं है। स्त्रियों के पतित होने या उनके दमन के कारण गहरे आर्थिक कारणों की उपज हैं और उन्हें सेवा-सदनों या नारी-निकेतनों की स्थापना मात्र से नहीं सुलझाया जा सकता। सत्य का पक्ष भी इतना निरपेक्ष और एकान्त नहीं है। भारतीय समाज के आन्तरिक अन्तर्विरोधों की यह झलक प्रेमचन्द को अपने संघर्ष के हथियार बदलने पर मजबूर कती है। मार्क्सवाद का यह जो एक परम सिद्धान्त है कि 'व्यवहार से सीखो' तो प्रेमचन्द गांधीवादी हथियारों का व्यवहार करके यह सीखते हैं कि भारतीय समाज में परिवर्तन के लिए ये हथियार कारगर नहीं हैं।

प्रेमचन्द अपने जीवन के इन्हीं अन्तिम वर्षों में भारतीय सामाजिक अन्तर्विरोधों की खोज नए सिरे से करते हैं। एक छोटे किसान और भूमिहीन मजदूर के शोषक तत्त्व कौन

हैं ? विराट सामन्ती और औपनिवेशिक व्यवस्था, ब्राह्मणवादी कर्म-कांड, कर्म-फल, भाग्यवाद, पुनर्जन्म ? यह सब तो हैं ही। बीच-बीच में जाने-अनजाने प्रेमचन्द का ध्यान उन छोटे-छोटे महाजनों की ओर जाता है जो हमारी ग्रामीण बिरादरी में जोंक की तरह फैले हुए हैं। उनकी कोई जाति नहीं है। वे कोई भी हो सकते हैं—खाता-पीता किसान; किराने का दूकानदार, अनाज और घी-दूध की ख़रीद-फ़रोख्त करने वाला बिचौलिया बनिया; थोड़े-थोड़े पैसे देकर गहने-गिट्ठे, घर-दुआर, खेत-खलिहान, जर-ज़मीन गिरवी रखने वाला कोई साहूकार; पंडित; पूजा-पाठ और होम-जाप पर दक्षिणा बटोरे हुए कोई छोटा-लालची ब्राह्मण जो एक का सवाया, ड्योढ़ा लेकर उधारी देता है। जो कभी कम नहीं होता, धीरे-धीरे और चढ़ता ही जाता है। इस कर्ज़खोरी का कोई भी कारण हो सकता है—भुखमरी, बेटी का विवाह, छोटे-मोटे लड़ाई-झगड़ों से पैदा हुई मुकदमेबाज़ी, पुलिस-थाना, इज्ज़त, मरजाद और धरम बचाने की चिन्ता—ये सब वजहें हैं जो छोटे किसानों-भूमिहीनों, मजदूरों को सूदखोर के पास जाने को मजबूर करती हैं। फिर यह मजबूरी एक ऐसा अभिशाप बनकर आती है जो कभी नहीं ख़त्म होता। यह जानलेवा कर्ज़खोरी अन्ततः सचमुच जानलेवा साबित होती है। मुक्तिबोध की एक कविता-पंक्ति है—

पिस गया वह, भीतरी औ' बाहरी,
दो कठिन पाटों बीच।
ऐसी ट्रेजेडी है नीच

भीतरी मजबूरी है इज्ज़त और मर्यादा की रक्षा। बाहरी मजबूरी है भुखमरी। इज्ज़त, मर्यादा और धरम बचाने की मजबूरी सदियों पुराने संस्कारों की देन है। इज्ज़त और मर्यादा खाए-पीए, अघाए लोगों के अनुकरण पर ओढ़ी मजबूरियाँ हैं। बाहरी मजबूरियाँ भूख-गरीबी, बेकारी, तंगदस्ती से पैदा हुई, गैरबराबरी से उपजी वास्तविक मजबूरियाँ हैं। एक कृत्रिम, निरर्थक और दूसरी वास्तविक। गरीब और बेसहारा आदमी इनमें फ़र्क नहीं कर पाता और पिस जाता है। इसमें ऊपरी और बनावटी और औपचारिक मानवीय सम्बन्ध, खून के रिश्ते, मित्रताएँ कोई काम नहीं आते। वास्तविक दुश्मन को न समझ पाने के कारण कर्जखोरी की ये छोटी-छोटी घटनाएँ बड़ी दुर्घटनाएँ पैदा करती हैं। प्रेमचन्द का अन्तिम सम्पूर्ण उपन्यास 'गोदान' इन्हीं छोटी-छोटी घटनाओं से पैदा हुई एक बड़ी दुर्घटना के सृजन का दस्तावेज है और 'महाजनी सभ्यता' नामक लेख इसी शृंखला की वैचारिक परिणति।

अमृत राय कहते हैं कि 'महाजनी सभ्यता' प्रेमचन्द का वसीयतनामा है। इसका अर्थ यह है कि 'महाजनी सभ्यता' भारतीय समाज के वास्तविक और नए अन्तर्विरोधों की खोज का साहित्यिक और वैचारिक वसीयतनामा है।

लेकिन प्रेमचन्द अपने 'महाजनी सभ्यता' नामक आलेख को 'महाजनी सभ्यता' नाम सिर्फ़ इसलिए नहीं देते कि छोटी सूदखोरी पर आधारित कोई नई अमलदारी अचानक अस्तित्व में आ गई है। प्रेमचन्द का लक्ष्य और कुछ हद तक प्रेमचन्द का

आश्चर्य–इन दोनों के कारण बहुत गहरे हैं। इस आलेख का प्रारूप प्रस्तुत करते हुए प्रेमचन्द का लक्ष्य बहुत स्पष्ट है–प्रेमचन्द अपने 'यूटोपिया,' अपने आदर्शों के लिए, जिस 'दलित-पीड़ित और वंचित' मनुष्य के लिए, भारतीय समाज के उत्थान के लिए अपने लेख में वे जीवन भर संघर्ष करते रहे, अपने उस 'यूटोपिया' को यथार्थ में बदलने के लिए अपने जीवन के अन्तिम दिनों में भी वे कमर बाँधे हुए संघर्षरत हैं और इसीलिए वे भारतीय समाज और दुनिया के समाजों और अमलदारियों की एक नई भावावेशपूर्ण व्याख्या इस आलेख में प्रस्तुत करते हैं। और प्रेमचन्द का सहज मानवीय आश्चर्य इसलिए कि वे एक रचनाकार हैं, एक सृजनधर्मी मनुष्य हैं, कोई अर्थशास्त्री, इतिहासविद् और समाजशास्त्री नहीं हैं। उनका सरोकार उच्चतम आदर्शों वाले एक लेखक का सरोकार है, इतिहास, अर्थशास्त्र और दर्शन के व्याख्याता का नहीं। तो प्रेमचन्द अपने इस सहज मानवीय आश्चर्य तले क्या देखते हैं ? वह देखते हैं हिन्दुस्तान सहित दुनिया की सारी समाज-व्यवस्थाओं में एक नए मध्य-वर्ग का उदय। इस आलेख में वे महाजनी सभ्यता का अर्थ सूदखोरी से न जोड़कर कुछ और ही करते हैं, और वह अर्थ बहुत गहरा है। इस आलेख में प्रेमचन्द महाजनी सभ्यता के दो मुख्य सूत्र प्रस्तुत करते हैं–(1) समय ही धन है और (2) बिज़नेस इज बिज़नेस (व्यवसाय, व्यवसाय है)। इन दोनों सूत्रों को वे अत्यन्त व्यंग्यात्मक मुद्रा में पेश करते हैं। ऐसा नहीं है कि वे इससे सहमत हों। इनको प्रस्तुत करते हुए वे कुछ-कुछ आहत और खीझे हुए दिखते हैं। उनके मन में इस तथ्य और दिखती हुई सच्चाई को लेकर तकलीफ़ है। उनकी अन्तरात्मा नहीं चाहती कि यह ऐसे ही घटित हो। फिर वे अपने पहले सूत्र की व्याख्या करते हैं ! पहले 'समय' का क्या अर्थ था ? विद्यार्जन और उसके द्वारा ज्ञान की निर्विकार सेवा, यानी उसका वृहत्तर मानव-समाज के लिए उपयोग। लेकिन अब क्या है ? चाहे डॉक्टर हो, वकील हो, शिक्षक हो, कोई ख्यातिप्राप्त व्यक्ति हो–सभी ने अपने अर्जित ज्ञान का उपयोग मानव की निर्विकार सेवा में नहीं, लक्ष्मी की सेवा में अर्पित कर दिया है। प्रेमचन्द कहते हैं कि 'कुलीनता, शराफ़त, गुण और कमाल की कसौटी पैसा और केवल पैसा है। जिसके पास पैसा है वह देवता स्वरूप है, चाहे उसका अन्तःकरण कितना ही काला क्यों न हो। साहित्य, संगीत और कला–सभी धन की देहली ('देहरी' के अर्थ में, 'दिल्ली' के अर्थ नहीं) पर माथा टेकने वालों में हैं। यह हवा इतनी ज़हरीली हो गई है कि इसमें जीवित रहना कठिन होता जा रहा है।...इस धन-लोभ ने 'मनुष्यता' और 'मित्रता' नाम शेष कर डाला है।...समय धन है एक सफल व्यक्ति का।...उसे तो मुरौव्वत, दोस्ती और सौजन्य को धता बताकर लक्ष्मी की आराधना में अपने को लीन कर देना होगा।' इस तकलीफ़ के पीछे प्रेमचन्द जैसे आदर्शवादी की वह मानसिक व्यवस्था है जिसमें 'समय' तो धन है मानव-सेवा के लिए अपने पूरे जीवन का उत्सर्ग कर देने में। पेशे की उस्तादी इसीलिए होनी चाहिए कि वह समाज और मनुष्यता के उत्थान, विकास और संरक्षण में अपना सहयोग दे। जीवन का सार्वजनिक सेवा के लिए उत्सर्ग–यही वह यूटोपिया है, वह आदर्श है जिसको लेकर प्रेमचन्द एक रचनाकार और मनुष्य के रूप में पिछले

36 वर्षों (सन् 1901 से 1936 तक) संघर्षरत रहे लेकिन अपने जीवन के अन्तिम दिनों में वे देखते हैं कि सब कुछ उलट-पुलट है। एक नए किस्म की क्रूर, निर्दयी, असंवेदनशील, स्वार्थी मध्यवर्ग और एक नए किस्म का महाजन (पूँजीपति) चारों ओर पनप रहा है जो अपने ज्ञान-विज्ञान का उपयोग अपने निजी या निहित स्वार्थों वाली नई समाज-व्यवस्था के लिए कर रहा है, जिसमें हर व्यक्ति को अपनी शक्ति और सामर्थ्य भर निहत्थे और गरीब लोगों का खून चूसने की अबाध और निर्विघ्न स्वतन्त्रता होगी। प्रेमचन्द को डर है (और वह सच है) कि खुले शोषण के लिए किसी भी व्यक्ति के पास इतनी व्यक्तिगत स्वतन्त्रता एक ऐसे नए निजाम को जन्म देगी जो आनेवाली दुनिया के लिए पिछली समाज-व्यवस्थाओं से अधिक घातक और संक्रामक होगा। इसी बिन्दु पर आकर प्रेमचन्द कहते हैं **'इस दृष्टि से मानो आज दुनिया में महाजनों का ही राज्य है।**...किसी देश पर राज्य किया जाता है तो इसलिए कि महाजनों, पूँजीपतियों को ज़्यादा से ज़्यादा नफा हो।...मनुष्य समाज दो भागों में बँट गया है। बड़ा हिस्सा तो मरने और खपने वालों का है और बहुत ही छोटा हिस्सा उन लोगों का जो अपनी शक्ति और प्रभाव से बड़े समुदाय को अपने वश में किए हुए हैं। इन्हें इस बड़े भाग के साथ किसी तरह की हमदर्दी नहीं, जरा भी रू-रियायत नहीं।'

'महाजनी सभ्यता' के अपने दूसरे सूत्र 'बिज़नेस इज बिज़नेस' की व्याख्या में भी प्रेमचन्द मानवीय सम्बन्धों के क्षरण (EROSION) के रूप में करते हैं। मुझे इस व्याख्या को पढ़ते हुए किसी दूसरे सन्दर्भ में लिखी कबीर की एक पंक्ति याद आई–

कहै कबीर सुनहु रे लोई।
हम न किसी के न हमरा कोई

प्रेमचन्द भी 'व्यवसाय, व्यवसाय है'–इस सूक्ति को लेकर मानवीय सम्बन्धों के इसी पतन, इसी क्रूर निस्संगता पर पहुँचते हैं। व्यापार में बाप-बेटा, पति-पत्नी, मित्र-सम्बन्धी–इन सम्बन्धों का कोई अर्थ नहीं। फ़ायदा ही परम लक्ष्य है। रुपया ही सम्बन्ध है, वही संवेदना है, वही प्यार-मित्रता, माई-बाप, सन्तान-सुख, यहाँ तक कि लोक-परलोक–सब कुछ वही है। उससे परे कुछ भी अस्तित्व में नहीं। लूट ही लक्ष्य है, दर्शन है, विचार है। उससे बाहर कुछ भी होने का कोई अर्थ नहीं। प्रेमचन्द दुखी होकर कहते हैं, 'इस महाजनी सभ्यता ने दुनिया में नई रीति-नीतियाँ चलाई हैं, उनमें सबसे अधिक और रक्तपिपासु यही व्यवसाय वाला सिद्धान्त है। मियाँ-बीवी में बिज़नेस, बाप-बेटे में बिज़नेस, गुरु-शिष्य में बिज़नेस। सारे मानवीय, आध्यात्मिक और सामाजिक नेह-नाते समाप्त। आदमी-आदमी के बीच कोई लगाव है तो बस इस बिज़नेस का।' यहाँ प्रेमचन्द अत्यन्त वितृष्णा से, एक सरल और भावुक लेखक की तरह इस नई व्यवस्था पर थूकते हैं, 'लानत है इस बिज़नेस पर'...(जिसमें बिन-ब्याही) लड़की एक ख़ास उम्र के बाद अपने भाइयों की लौंडी, पूज्य पिताजी भी अपने पितृ-भक्त बेटे के टहलुए और माँ अपने सपूत की टहलुई (बन जाती है)।...जहाँ लेन-देन का सवाल है, रुपए-पैसे का मामला है वहाँ न दोस्ती का गुज़र है, न मुरौव्वत का, न इंसानियत का।'

अपने इस तकलीफ़देह आलेख के भीतर से ही प्रेमचन्द ने अपने अन्तिम उपन्यास, 'मंगलसूत्र' को उठाया था, जहाँ समय धन है और बिज़नेस इज बिज़नेस। वे अपनी नई रचनात्मक कृति में (सम्भवतः) नए सिरे से इस नई और निर्मम समाज-व्यवस्था को उलट-पुलट कर देखना चाहते थे। यह तो नहीं कहा जा सकता कि अन्ततः वे इस उपन्यास में क्या करते क्योंकि उनके असमय निधन के कारण यह उपन्यास अधूरा है। फिर भी 'महाजनी सभ्यता' जैसे विमर्श के आलोक में इस उपन्यास में उठाए गए मुख्य सूत्र काफ़ी दिलचस्प हैं। एक तो यही कि पहली बार प्रेमचन्द गाँव और शहर के मिले-जुले कथा-ढाँचे से बाहर शहरी मध्यवर्ग और महाजन से सेठ बने नए उभरते पूँजीपति वर्ग को अपनी कथा के लिए चुनते हैं—एक लेखक के परिवार को। दो बेटे, एक बेटी, पत्नी और स्वयं कथानायक। एक बेटा विवाहित है और कुछ बिज़नेस-विजनेस और वकालत में लगा है, उसकी पढ़ी-लिखी संवेदनशील पत्नी है लेकिन पति यानी बड़ा बेटा उस पर यह दबाव डालता है कि वह अपने पिता से दस हज़ार रुपए दिलाए जिससे वह अपने पूज्य पिताजी द्वारा दस साल पहले बैनामा की हुई ज़मीन लड़कर छुड़ा सके क्योंकि वह ज़मीन बढ़ती हुई शहरी आबादी के कारण अब शहर के भीतर आ चुकी है और उसकी कीमत लाखों में है। पत्नी से इस रुपए को लेकर झिकझिक के चलते अन्त में पति यानी बड़ा बेटा (सन्तकुमार) चलते-चलते धमकी भरे स्वर में यह भी कहता जाता है कि 'जो अधिकार (यानी पत्नी होने का अधिकार) जितनी आसानी से मिल जाता है उतनी ही आसानी से छिन भी जाता है।' पति के चले जाने के बाद पत्नी (पुष्पा) अपने पति के बारे में कुछ यों सोचती है, 'उनके लिए लोक या परलोक में जो कुछ था वह सम्पत्ति थी। सम्पत्ति के मुकाबले में स्त्री या पुत्र की भी उनकी निगाह में कोई हकीकत न थी।' लेकिन यह सम्पत्ति (यानी ज़मीन) तो सन्त कुमार के पूज्य पिताजी, साहित्यकार (देवकुमार) दस साल पहले ही बेच चुके हैं। उसकी रजिस्ट्री हो चुकी है और उसको ख़रीदने वाले और कोई नहीं, शहर के मशहूर रईस सेठ गिरिधर दास हैं जो प्रेमचन्द के अनुसार 'नए ज़माने के आदमी थे, अंग्रेज़ी में कुशल, कानून में चतुर, राजनीति में भाग लेने वाले, कंपनियों में हिस्से लेते थे, और अच्छा बाज़ार देखकर बेच देते थे, एक शक्कर का मिल खुद चलाते थे, **हरेक काम व्यापार के कायदे से करते थे।'** अब लेखक महोदय यानी देवकुमार अपनी बैनामा की हुई ज़मीन कैसे वापस ले सकते हैं ? लेकिन बड़े बेटे और उसके एक दूसरे वकील मित्र के पास इसका 'रास्ता' है। वे साजिश रचते हैं कि जिस वक्त देवकुमार ने बैनामा किया उस वक्त वह पागल थे, और पागलपन का यह दौरा उन पर अभी भी बीच-बीच में पड़ता रहता है। बेटा और उसका वकील मित्र लेखक पिताजी के पास इस बात के लिए राज़ी करने जाते हैं कि वे इस्तगासे और वकालतनामे पर दस्तख़त कर दें कि वे बैनामे के समय पागल थे और शहादत के वक्त कचहरी में जाकर खड़े हो जाएँ। आदर्शवादी लेखक जिसकी कृतियों का डंका बजता था, जो जीवन भर अपने आदर्शों के लिए लड़ता रहा, जिसने खूब मौज-मस्ती की, ज़मीन-जायदाद बेचकर भी की, लेकिन जिसने कभी

कोई समझौता नहीं किया, जिसने अपने ईमान की हर कीमत पर रक्षा की, वह इस बुढ़ापे में अब बेईमानी पर उतरे और छिः छिः, वह भी पागलपन का नाटक करे, यह कभी नहीं हो सकता। देवकुमार अपने पुत्र और उसके सहयोगी और साजिश में शामिल वकील मित्र का यह प्रस्ताव ठुकराकर कहते हैं, 'मैं थोड़े से रुपयों के लिए अपनी आत्मा नहीं बेच सकता।...मैं सत्य की हत्या होते नहीं देख सकता।...मुझे अपना धर्म, पत्नी और पुत्र सबसे प्यारा है...' आदि-आदि। प्रेमचन्द कहते हैं कि 'दोनों तरफ़ से शास्त्रार्थ होने लगा।' जब देवकुमार यह कहते हैं कि 'मैं सत्य की हत्या होते नहीं देख सकता' तो बेटा कहता है कि 'तब आपको मेरी हत्या देखनी पड़ेगी।' जब वह यह कहते हैं कि 'मैं थोड़े से रुपयों के लिए अपनी आत्मा नहीं बेच सकता' तो बेटा और उसका दोस्त सोचते हैं, 'कितनी पुरानी और लचर दलील।' और जब वे यह कहते हैं कि 'मुझे अपना धर्म, पत्नी और पुत्र सबसे प्यारा है।' तो इसका जवाब-सवाल कुछ यों हैं : 'सिन्हा ने सन्तकुमार को आदेश दिया–'तुम आज दर्ख़ास्त दे दो कि आपके होश-हवास में फ़र्क आ गया है और मालूम नहीं क्या कर बैठें। आपको हिरासत में ले लिया जाए।'

देवकुमार ने मुट्ठी तानकर क्रोध और आवेश में पूछा–'मैं पागल हूँ ?'

'जी हाँ, आप पागल हैं।'

जिस लेखक की इतनी किताबें छप चुकीं, सराही गईं, जिसको साहित्य-जगत में लोग हाथों-हाथ लेते हैं, जिसका साठवाँ जन्मदिन आने वाला है, क्या हुआ इधर के दो उपन्यासों को उतनी सराहना नहीं मिली, क्या हुआ कि इधर उनका लिखने में जी नहीं लगता–उनकी पुरानी कीर्ति ही उनके अमर होने के लिए काफ़ी है। बेटे और उसके दोस्त के चले जाने के बाद देवकुमार सोच में पड़ जाते हैं। वे समाज, नीति-अनीति, धर्म-अधर्म के कुतर्क-जाल में फँसते-फँसते अन्त में बेटे के और जायदाद को वापस लेने के पक्ष में तर्क देने लगते हैं।...'सबको समान अवसर कहाँ है ? बाज़ार लगा हुआ है...। कहाँ है न्याय ? कहाँ है ? दरिन्दों के बीच में उनसे लड़ने के लिए हथियार बाँधना पड़ेगा।...और अन्त में उनकी शंकाओं को इस धारणा से तस्कीन हुई कि इस अनीति भरे संसार में धर्म-अधर्म का विचार गलत है, आत्मघात है।' इन तर्कों के सहारे ही देवकुमार एक दिन सेठ गिरिधर दास के पास पहुँचते हैं और जायदाद के बैनामे को मंसूख कराने की बात उठाते हैं। ज़ाहिर है कि यह नहीं होगा। तब देवकुमार घर लौटकर अपने लड़के और उसके दोस्त वकील को दावा दायर करने की अनुमति दे देते हैं। इस प्रसंग को पढ़ते हुए मुझे महाभारत का वह प्रसंग याद आया, जहाँ भीष्म इच्छा-मृत्यु का वरदान लिए शरशैय्या पर लेटे हुए हैं और नारद उनको देखने पहुँचते हैं। उन्हें इस तरह धर्म-अधर्म, नीति-अनीति, सत्य-असत्य के गोरखधन्धे में अभी भी पड़े हुए देखकर नारद को चिढ़ होती है और वे कहते हैं–

त्यज् धर्म-अधर्मं च, उभे सत्यानृते त्यज्...
(धर्म-अधर्म दोनों को छोड़ो, सत्य और असत्य को भी छोड़ दो)

जब देवकुमार धर्म-अधर्म, न्याय-अन्याय के विचार को गलत ठहराते हुए उसे आत्मघात की संज्ञा देते हैं तो अपने आदर्शों के लिए जीवन भर लड़ने वाले एक लेखक की गिरावट के संकेत मिलते हैं। लेकिन महाभारत से अलग हटकर सोचें कि वह कौन-सी समाज-व्यवस्था और अर्थ-व्यवस्था है, जिसमें जीवन भर समादर-सत्कार पाने वाले एक लेखक के ऊपर दस हज़ार रुपए का महाजनी कर्ज़ है ? इतना ही नहीं, जो लेखक जीवन भर किसी इनाम-इकराम से दूर भागता रहा, वह मुकदमे का ख़र्च जुटाने के लिए अपने झूठे और निरर्थक प्रशंसकों से थैली ग्रहण करते हुए एक साथ दो बातें सोचता है–(1) यह सारा यशगान, यह सारी वाह-वाह अन्ध-भक्ति के सिवा कुछ न थी।...कोई उनके सन्देशों को समझा ही नहीं। किस प्रेरणा ने चालीस साल तक उन्हें सँभाले रखा ? वह कौन-सा प्रकाश था जिसकी ज्योति कभी मन्द नहीं हुई ? और (2) यह दान नहीं प्राविडेंट फ़ण्ड है। सरकार की नौकरी में लोग पेंशन पाते हैं, क्य वह दान है ? उन्होंने जनता की सेवा की है। पेंशन लेने में क्यों लाज आए ?...राजा साहब ने जब थैली भेंट की तो देवकुमार के मुँह पर गर्व था, हर्ष था, विजय थी।'

एक महान और एक बड़ी, टॉल्सटायन औपन्यासिक कृति की सभी सम्भावनाओं से पूर्ण यह अधूरा उपन्यास अगर पूरा हो जाता तो प्रेमचन्द ने क्या किया होता, इसकी कल्पना से ही रोमांच हो आता है। क्या सन्तकुमार अपने पिता देवकुमार को उनकी मर्ज़ी से ही थोड़े समय का बहाना बनाकर पागलखाने भिजवा देता और मुकदमा जीत जाने के बाद भी उन्हें वहीं छोड़ देता ? मानवीय सम्बन्धों के चौतरफ़ा क्षरण के बीच जो महाजनी सभ्यता का विशिष्ट गुण है, प्रेमचन्द कहाँ से राह निकालते ? यह कहना गलत होगा कि प्रेमचन्द राह नहीं निकालते और इस पूरी रचना को पूँजीवाद के विशाल बजबजाते कीचड़ में गुम होने के लिए छोड़ देते। तो क्या देवकुमार के छोटे लड़के साधु कुमार में वे सम्भावनाएँ हैं, जो सत्याग्रह आन्दोलन में पढ़ाई छोड़ चुका है और दो बार जेल जा चुका है, और जो बहुत कम बोलता है ? प्रेमचन्द ने उसका ज़िक्र भर करके आगे के लिए छोड़ दिया है। तो इस उपन्यास का 'मंगलसूत्र' कहाँ है ? ज़ाहिर है कि प्रेमचन्द जैसा सजग लेखक वह कोई काम नहीं करता जिसकी एक रचना में कलात्मक और यथार्थपरक गुंजाइश न हो। और यह भी सच है कि 'गोदान' की रचना तक आते-आते प्रेमचन्द थोपे जाने वाले बनावटी आदर्शों से अलग हट चुके थे। प्रेमचन्द कोई भविष्यवक्ता नहीं थे, हाँ वे स्वप्नद्रष्टा ज़रूर थे। वे अपने स्वप्नों को खोना नहीं चाहते थे। कोई भी लेखक नहीं चाहेगा। प्रेमचन्द अपने 'यूटोपिया' को सच होता देखना ज़रूर चाहते थे। कभी गांधी जी के साथ-साथ 'मनुष्य का हृदय-परिवर्तन' और 'वर्ग-समन्वय' उनका यूटोपिया था। यूटोपिया के अवैज्ञानिक, तर्क से असम्मत, परिस्थितियों और यथार्थ से असम्बद्ध, इतिहास से असिद्ध होने का ख़तरा हमेशा बना रहता है, लेकिन फिर भी एक लेखक-रचनाकार, एक कवि-कलाकार, एक दार्शनिक के पास यूटोपिया रहता ही है। स्वप्न के बिना रचना-कर्म निरर्थक है, यह बात दीगर है कि वह स्वप्न किन संकेतों से बाहर आता है। गोदान में भी प्रेमचन्द के पास एक स्वप्न है। स्वप्न

का असफल होना भी कई बार एक कृति के सामर्थ्य का संकेत है। स्वप्न और यूटोपिया की असफलता से जो निर्णय पैदा होते हैं वे स्वप्न को विफल करने वाली ताकतों को कमज़ोर करके नष्ट भी कर सकते हैं। अनेक बार किसी कृति की सफलता उसके लेखक द्वारा देखे गए स्वप्नों की विफलता से गुणात्मक रूप में और बढ़ जाती है। फिर भी यह प्रश्न जहाँ का तहाँ है कि इस अधूरी कृति का 'मंगलसूत्र' कहाँ है ? दाम्पत्य के जिस अधिकार को आसानी से छीने जाने की जो बात सन्तकुमार अपनी पत्नी पुष्पा से कहता है, क्या अति संवेदनशील पुष्पा उस मंगलसूत्र को स्वयं ही पलट देगी और अपने साथ-साथ सम्पूर्ण स्त्री-समाज को दमन और दबाव के जुए से बाहर खींच लाने का एक प्रतीकात्मक मार्ग दिखाएगी ? तब वह कौन-सा स्वप्न था जिसे देखने और सच करने के लिए प्रेमचन्द ने इस कथा के प्रारम्भिक सूत्र फैलाए थे ? इसका उत्तर प्रेमचन्द की 'महाजनी सभ्यता' वाले लेख में ही है।

'महाजनी सभ्यता' के प्रारम्भ में ही प्रेमचन्द ने फ़ारसी का एक शेर उद्धृत किया है और नीचे उसका अनुवाद भी दिया है :

मुजदःए दिल कि मसीहा नफ़से मी आयद
कि जे अनफ़ास खुँशश बूए कसे मी आयद।

('हृदय, तू प्रसन्न हो कि पीयूषपाणि मसीहा सशरीर तेरी ओर आ रहा है। देखता नहीं कि लोगों की साँसों से किसी की सुगन्धि आ रही है।')

इसके बाद महाजनी सभ्यता की वह व्याख्या प्रस्तुत की गई है जिस पर प्रेमचन्द लानत भेजते हैं। उस व्याख्या को पढ़ते हुए शुरू-शुरू में यह उद्धरण बड़ा विचित्र लगता है। इतनी भयावह और संक्रामक विश्व व्यवस्था का चित्रण और उसके ठीक विपरीत जाता हुआ इस शेर का अर्थ। लेकिन आलेख के अन्तिम हिस्से तक आते-आते इसके अर्थ का संकेत साफ़ झलक जाता है। वह मसीहा कौन है जिसके हाथों में अमृत का कटोरा है ? जिसकी सुगन्धि जनता की साँसों से आ रही है ? आलेख के अन्तिम भाग में प्रेमचन्द उसका वर्णन कुछ यों करते हैं : 'परन्तु अब एक नई सभ्यता का सूर्य सुदूर पश्चिम से उदय हो रहा है जिसने इस नाटकीय महाजनवाद या पूँजीवाद की जड़ खोदकर फेंक दी है, जिसका मूल सिद्धान्त यह है कि प्रत्येक व्यक्ति जो अपने शरीर या दिमाग से मेहनत करके कुछ पैदा कर सकता है, राज्य और समाज का परम सम्मानित सदस्य हो सकता है, और जो केवल दूसरों की मेहनत या बाप-दादों के जोड़े हुए धन पर रईस बना फिरता है, वह पतिततम प्राणी है। उसे राज्य-प्रबन्ध में राय देने का हक नहीं और वह नागरिकता के अधिकारों का भी पात्र नहीं। महाजन इस नई लहर से अति उद्विग्न होकर बौखलाया हुआ फिर रहा है और सारी दुनिया के महाजनों की शामिल आवाज़ इस नई सभ्यता को कोस रही है, शाप दे रही है।...निस्सन्देह इस नई सभ्यता ने व्यक्ति-स्वातन्त्र्य के पंजे, नाखून और दाँत तोड़ दिए गए हैं। उसके राज्य में अब एक पूँजीपति लाखों मजदूरों का ख़ून पीकर मोटा नहीं हो सकता। उसे अब

यह आज़ादी नहीं कि अपने नफ़े के लिए साधारण आवश्यकता की वस्तुओं के दाम चढ़ा सके, दूसरे अपने माल की खपत के लिए युद्ध करा दे, गोला-बारूद और युद्ध-सामग्री बनाकर दुर्बल राष्ट्रों का दमन कराए।...इस पैसा-पूजा को मिटा दीजिए, सारी बुराइयाँ अपने आप मिट जाएँगी। जड़ न खोदकर केवल फुनगी की पत्तियाँ तोड़ना बेकार है।'

ज़ाहिर है कि प्रेमचन्द का संकेत महान अक्टूबर क्रान्ति की ओर है। यही समाधान है। यही प्रेमचन्द का अन्तिम यूटोपिया, अन्तिम स्वप्न है। शोषण पर आधारित महाजनी (पूँजीवादी) सभ्यता को पलट देना ही वह 'मंगलसूत्र' है जिसकी संरचना इस उपन्यास के माध्यम से वे करना चाहते होंगे। यह कैसे सम्भव होता, यह बताना अब तो असम्भव है।

प्रेमचन्द का वह स्वप्न, वह यूटोपिया, वह 'मंगलसूत्र', फ़िलहाल, विफल तो नहीं, स्थगित अवश्य हो गया है। महाजनी पूँजी आज अन्तर्राष्ट्रीय वित्तीय पूँजी में बदल गई है। वह लघुकाय सूदख़ोरी इस वित्तीय पूँजी के माध्यम से अन्तर्राष्ट्रीय सूदख़ोरी के चलते कर्ज़ों से लदी हुई है। विकास के नाम पर दिए गए ये कर्ज़े रातों-रात राष्ट्रों की तकदीर का फ़ैसला कर देते हैं। साम्राज्यवादी गुलामी का, शोषण का, पतन का एक नया और अनहोना दौर चालू है। चौबीस घंटे के भीतर अनेक देशों की अर्थव्यवस्थाएँ चरमराकर बैठ जाती हैं। उनकी मुद्राएँ मूल्यरहित हो जाती हैं। तब सहायता-पैकेजों द्वारा उनका 'उद्धार' किया जाता है। लेकिन 'बिज़नेस इज बिज़नेस,' उसमें मानवीय मूल्यों, प्रेम और प्रतिष्ठा और जीने की बुनियादी स्वतन्त्रता का कोई अर्थ नहीं रह जाता। जो भी सिर उठाता है उसके ख़िलाफ़ आर्थिक बन्दिशें लगाकर उसका गला मरोड़ दिया जाता है। स्वतन्त्र और राष्ट्रीय विकास की गुंजाइश कम छोड़ी जाती है। अन्तर्राष्ट्रीय स्तर पर शालीनता-भरी धमकी के साथ अनेक देशों के संसाधनों का ये अन्तर्राष्ट्रीय सूदख़ोर दोहन करते हैं और नैतिकता, स्वतन्त्रता और मानवाधिकारों की बड़ी-बड़ी लफ्फ़ाजी दुनिया के सामने पेश करते हैं। लेकिन जनता की वास्तविक स्वतन्त्रता और मुक्ति की आकांक्षा को वे पूरी तरह कुचलने में असमर्थ हैं। मार्क्सवाद के विचार-दर्शन का अमृत-कलश वे छीनने में कामयाब नहीं हो पा रहे हैं। ज्योति बसु ने पिछले वर्ष अपने एक साक्षात्कार में कहा था कि 'एक कम्युनिस्ट कभी अवकाश ग्रहण नहीं करता।' तो दुनिया की दबी-कुचली, लांछित-अपमानित जनता ने न अपने संघर्षों से, युद्ध से अवकाश ग्रहण किया है, न करेगी। दुनिया की मुक्ति का आवाहन करने वाली मार्क्सवादी विचारधारा ने भी अवकाश ग्रहण नहीं किया है और प्रेमचन्द ने भी अपने स्वप्नों और यूटोपिया से अवकाश ग्रहण नहीं किया है। वे अपने रचनात्मक संघर्षों और मार्गदर्शक सन्देशों के साथ अमर हैं।

सुमित्रानन्दन पन्त का अन्तर्गमन

1

सुमित्रानन्दन पन्त पर अब तक मैं चार बार लिख चुका हूँ। पहली बार सन् 1963 में, जब मैंने उनके 'आत्म-सम्बोधनात्मक तत्त्व' की चर्चा की। दूसरी बार सन् 1968-69 में 'सम्पूर्णता का कवि' नामक अपने आलेख में, जिसमें मैंने 'कृति की राह' से उनके तब तक के उपलब्ध और प्रकाशित सम्पूर्ण काव्य-साहित्य का विवेचन प्रस्तुत किया जो मेरे द्वारा किए गए उनके संचयन 'तारापथ' की भूमिका के रूप में छपा और आज भी उपलब्ध है। पन्त जी ने स्वयं इसकी तारीफ़ की लेकिन संकोच के साथ, जैसा कि उनका स्वभाव था। संकोच से भी ज़्यादा उपयुक्त शब्द होगा—सशंक भाव से। क्योंकि अब तक उनकी कविता को लेकर जो कुछ घटित हुआ था या हो रहा था, उसमें वह व्याख्या उनको आश्चर्य में डालने वाली थी। उसमें एक नवयुवक के अति उत्साह, श्रद्धा-विगलित क्षणों की मुँहदेखी उन्हें लगी। मुझे पता नहीं चलता कि उनके भीतर ऐसा कुछ चल रहा है, अगर उन्होंने सिविल लाइंस में एक दिन साँझ को टहलते हुए अनायास ही यह न कहा होता या पूछा होता कि 'क्या तुमने जैसा लिखा है, सचमुच सब कुछ वैसा ही है ?' यह दोनों ओर से एक मर्माहत करने वाली बात थी। लेकिन बाद में उनके इस प्रश्न ने मुझे यह सोचने के लिए बाध्य किया कि क्या 'कृति की राह से गुज़र कर' किसी रचनाकार की सम्पूर्ण व्याख्या सम्भव है ? और अगर सम्भव है तो कवि को अपनी कविता का नियन्ता मानकर उसकी व्याख्या के लिए जो भी तर्क गढ़े जाएँगे, वही उसकी कविता के समग्र मर्म को उद्घाटित करेंगे अथवा आलोचना-कर्म कुछ और भी है ? दूसरे शब्दों में यह कि क्या आलोचना-कर्म कवि या रचनाकार के कृतित्व से स्वतन्त्र धर्म है अथवा नहीं ? हम जानते हैं कि वह एक स्वतन्त्र धर्म है। उन दिनों मेरे गुरु-स्थानीय डॉ. इन्द्रनाथ मदान ने 'कृति की राह से' का नारा छेड़ रखा था और उनका मानना था कि और कोई भी दूसरा तरीका कृतिकार के साथ अन्याय करता है। मैं अपनी शिक्षा में हिन्दी का विद्यार्थी नहीं था। हिन्दी मेरी 'दीगर ज़बान' थी। यह संयोग था कि मैंने एम.ए. में हिन्दी-साहित्य को अपने अध्ययन के लिए चुना। मुझे परम्परा से मिले अर्थ-सन्दर्भों और भाषिक आवेगों का ज्ञान कम था। मैं धीरे-धीरे दीक्षित हुआ लेकिन

संस्कृत, अंग्रेज़ी और उर्दू की पूर्व-दीक्षा ने मेरे इस नए दीक्षान्त को थोड़ा दूसरे रूप में ढाला। अतः मैं कविताओं तक पहले गया, उनके लिखे-पढ़े तक बाद में। मेरा यह तरीका आज भी चलता है लेकिन अपने आलोचक-धर्म के साथ। फिर भी आलोचना के पारम्परिक टंटे मुझे पसन्द नहीं और न ही नवीन टोटके। मुझे उतने ही से काम है जो एक कवि को समझने और उसकी निष्कृति या नियति को टटोलने में मदद करे। मैं कोई विद्वान नहीं।

तीसरी बार 1972 में मैंने निराला पर लिखते हुए पन्त को पुनर्मूल्यांकन का विषय बनाया। वह इसलिए कि दोनों समकालीन हैं और हिन्दी कविता के व्यक्तित्व-विकास में उनका महत् योगदान है। दोनों का प्रदाय कितना भिन्न और प्रतिकूल दिशाओं में जाने वाला है—यह खोजने और व्याख्यायित करने का अवसर मिला। यह काम औरों ने भी किया है क्योंकि पन्त को छोड़कर हिन्दी कविता की नियति और कवि की नियति को नहीं समझा जा सकता। मैंने उस किताब में चारों छायावादी कवियों की परस्पर भिन्न रचना-प्रक्रियाओं की चर्चा करते हुए उनके अलग-अलग प्रदायों की व्याख्या की। यही वह द्वन्द्वात्मकता है जिसमें एक काल में लिखते हुए भी कविगण अपने अलग-अलग व्यक्तित्व का विकास करते हैं और कविता का भूगोल विस्तृत होता है। लेकिन उस किताब में केवल छायावादी कवि ही नहीं हैं। 'असाध्य वीणा', 'संशय की एक रात', 'कनुप्रिया', 'अँधेरे में' इत्यादि के साथ ही रवीन्द्रनाथ ठाकुर की बहुत सारी कविताओं को निराला को समझने के लिए वस्तु-तत्त्व के रूप में इस्तेमाल किया गया है।...चौथी बार सन् 1995 में मैंने एक पूरी किताब 'लौट आ, ओ धार' में पन्त को प्रमुख रूप से व्याख्यायित करने की कोशिश की। मैंने कवि की बंजरता के मर्मबेधी कारणों को तलाशने की कोशिश की। उसके कुछ नियमों की जो किसी रचनाकार के भीतर अनजाने ही घटित होते रहते हैं। क्यों और कैसे ? और कैसे नहीं, इसके लिए मैंने शमशेर के जीवन और कृतित्व को टटोलकर देखा। यह किताब पन्त जी से शुरू होकर उन्हीं के अवसान पर ख़त्म होती है। यह किताब एक संस्मरणात्मक आलेख है, अतः इसमें रूप-विधाओं की पूरी तोड़फोड़ है। फिर भी उसकी अन्तर्वस्तु रचनाकार की बंजरता के कारणों की तलाश है। दूसरे आलेख उसमें गौण हैं।

तो सम्पूर्णता की तलाश से बंजरता की तलाश तक—पन्त मुझे इस तरह हांट करते रहे हैं कि मैं बार-बार उन तक गया और जैसा कि ऊपर मैंने कहा है, मैंने उनके जीवन और काव्य की निष्कृति और नियति पर से पर्दा हटाने का काम किया। किसी के कहे से नहीं, अपने-आप। हमारे गुरु डॉ. रामस्वरूप चतुर्वेदी ने अभी हाल ही में मुझसे कहा कि 'अब तुम प्रेम और नौकरी दोनों से मुक्त हो अतः यही अवसर है।' उनकी मुझ पर हमेशा कृपा रही है लेकिन मेरी हालत अज्ञेय के उसी 'सरस्वती पुत्र' की है :

बाहर वह,
खोया-पाया मैला-उजला
दिन-दिन होता जाता वयस्क

दिन-दिन धुँधलाती आँखों से
सुस्पष्ट देखता जाता था,
पहचान रहा था रूप
पा रहा वाणी और बूझता शब्द
पर दिन-दिन अधिकाधिक हकलाता था
दिन-दिन पर उसकी घिग्घी बँधती जाती थी।

2

साहित्य के एक प्रसिद्ध विद्वान का कथन है : Literature has an ecology that forbids unlimited expanssion. पुनर्मूल्यांकन के लिए पन्त जी में ऐसा क्या बचता है जिसके लिए उन्मुख हुआ जाए। मैंने द्वन्द्वात्मक तरीके से परखने की अपनी जान हर कोशिश की। क्या विस्मय और चित्रभाषा और वैचारिक उरझानों की सूचीबद्धता के बाहर कोई राह है ? कोई नया तथ्य, कोई नया भावात्मक आवेग, कोई नई भूमि जो छूट गई हो या जिस पर नए सिरे से पुनर्विचार सम्भव हो ? क्या आलोचकों के कथनों में कोई अतिरेक था जिसका मार्जन ज़रूरी है ? या कोई ऐसी अनहोनी भाव सम्पदा जो अब तक अँधेरे की ओट में है या कोई ऐसी व्याख्या जिससे असहमति के लिए जगह हो ? मेरा ख़याल है बहुत कम, या लगभग नहीं के बराबर। प्रारम्भ में उनका अभूतपूर्व स्वीकार और धीरे-धीरे उठता हुआ खिन्नता का स्वर। विरोध और विस्थापन की अनेक रणनीतियाँ जिसने पन्त जी को और अलग-थलग किया। कई धारणाओं और दार्शनिक उपपत्तियों तक हर बार वे स्वतः नहीं गए, आलोचना के शीत युद्ध में उन्होंने अपने लिए कोई अलग राह खोजने की कोशिश की। उसमें उनकी भटकन और भुलावे और छलावे और बढ़ते ही गए। काव्य-मर्म उनसे बिछुड़ता गया। उन्होंने अपने भटकावों की पूरे जोश-खरोश के साथ वकालत भी की और जब फिर उन्होंने घबराकर, सम्भ्रमित होकर दूसरी राह पकड़ ली तो पहली को उतने ही उत्साह के साथ निरस्त भी कर दिया। सबसे पहले 'पल्लव' की भूमिका में उन्होंने ब्रजभाषा में लिखने वालों को 'कला-कुशल बाजीगर' कहकर निरस्त किया। फिर नई भाषा के निर्माण पर उन्होंने 'काव्य के बाह्य स्वरूप' (यानी भाषा) पर विस्तृत विचार किया। शब्दों के लिंग, उच्चारण और ध्वनि के विभिन्न आसंगों पर विचार किया। उन्होंने कहा, 'जो शब्द परिपूर्ण क्षणों में बने होते हैं उनमें भाव और स्वर का पूर्ण सामंजस्य मिलता है, और कविता में ऐसे ही शब्दों की आवश्यकता होती है।...हमें भाषा नहीं, राष्ट्रभाषा की ज़रूरत है–पुस्तकों की नहीं, मनुष्यों की भाषा। भाषा संसार का नादमय चित्र है, ध्वनिमय स्वरूप है। यह विश्व के हृत्तन्त्री की झंकार है।' इस नई भाषा को उन्होंने 'चित्र-राग' की संज्ञा दी। लेकिन आगे चलकर सन् 1958 के आसपास 'चिदम्बरा' की विस्तृत भूमिका में उन्होंने पूरे 'पल्लव काल' को ही निरस्त कर दिया। उन्होंने कहा, 'पल्लव काल में मेरा कवि आत्म-प्रबुद्ध

नहीं हुआ था।' उनके आगे के 'आत्म-प्रबुद्ध' 'परिपूर्ण क्षणों' और निरस्तीकरणों के बारे में हम बाद में बात करेंगे, यहाँ पहले यह देखना ज़रूरी है कि उनके 'पल्लव काल' की कविताओं का संसार कैसा है, वे क्या रचती हैं और बनाती हैं। भाषा को जिस 'चित्र-राग' की संज्ञा वे देते हैं उस चित्र-राग का प्रारूप कैसा है।

कविता के नाम पर कथ्य का व्याकरणबद्ध विवरणात्मक ढाँचा, जो द्विवेदी काल के कवियों ने तैयार किया उसमें कविता दो कारणों से बनती है। एक–उसमें कविता और भाषा के पुराने कर्मकांड से इनकार है और दो–उसमें नई बातों की आहटें हैं। ये बहुत हद तक आहटें ही हैं, कविता में कम रूपान्तरित होती हैं। पन्त जी ने आते ही काव्य भाषा के इस व्याकरणबद्ध विवरणात्मक ढाँचे को राग के आवेग और तनाव से कस दिया। नए ध्वनि-संयोगों और बिम्ब-मालाओं की संरचना से काव्य-भाषा ने सघन और अनोखा प्रारूप ग्रहण किया। इस काल की कुछ प्रमुख कविताएँ हैं–'मौन निमन्त्रण', 'छाया', 'बादल; और 'परिवर्तन'। 'मौन निमन्त्रण' के बारे में एक ख़ास बात गौर करने लायक है कि उसके अन्तिम दो बन्द स्त्रीलिंग में परिवर्तित हो जाते हैं। इन अन्तिम दो बन्दों में पहला एक कामकाजी, घर-बार सँभालने वाली औरत का चित्र प्रस्तुत करता है–'शून्य-शैया में श्रमित अपार/जुड़ाती जब मैं व्याकुल प्राण'...ऐसी स्त्री को पन्त कहते हैं कि सपनों में मैं 'छाया जग' में चली जाती हूँ, या 'छाया-जग' में जाने के लिए चुपचाप कोई निमन्त्रित करता है। इसके अगले बन्द में कवि उस 'अनजान' की ओर इशारा करता है, उसे 'अये द्युतिमान' कहकर सम्बोधित करता है। चाहे स्त्रीलिंग में ही सही, कवि कविता के इस नए पथ पर अनजाने ही चल पड़ने की ओर इशारा करता है :

न जाने कौन अये द्युतिमान !
जान मुझको अबोध अज्ञान
सुझाते हो तुम पथ अनजान
फूँक देते छिद्रों में गान।

कविता के नए पथ पर इस तरह चल पड़ने में कुछ लोगों को सन्देह हो सकता है लेकिन यह सच है कि कला-संरचना की प्रक्रियाएँ पूरी तरह जानी-पहचानी नहीं होतीं। वह तो एक झिलमिल अन्तर्ज्ञान में धीरे-धीरे रूप ग्रहण करती है। पन्त 'पल्लव' की भूमिका में कविता के बाह्य पक्ष पर जिस नवोन्मेष की वकालत करते हैं, वह इसी धुँधलेपन से प्रकट होगा। लेकिन यह 'अये द्युतिमान' कौन है ? यह कविता का प्रेरणा-पुरुष है, Inspiration, वह कल्पना की उड़ान जिसे कवि इस रूप में सम्बोधित करता है। जो अन्ततः, चाहे जितने ट्रेजिक रूप में ही सही, उसके काव्य-जीवन के अन्त तक उसके 'सुख-दुख का सहचर है।' और यह सहचर मौन है। उसमें एक अचीह्लापन है। निश्चय ही यह धुँधलापन, यह अचीह्लापन कला की रचना-प्रक्रिया का ध्रुव-सत्य है जिसमें से वह धीरे-धीरे रूप ग्रहण करती है। कला-रचनाएँ इसी तरह अपने सम्पूर्ण सत्व के साथ अस्तित्व में आती हैं। तभी और इसी तरह वे अपने 'सत्य' को उद्‌भासित करती

हैं। पन्त इस बात को अनजाने ही कहते ज़रूर हैं लेकिन आगे चलकर यह अनजानपन उनकी कविता में दूसरा ही रुख़ अख़्तियार कर लेता है। होता यह है कि किसी भी कविता में पन्त की काव्य-वस्तु का विकास नहीं होता। अधिकांश (या लगभग सभी) कविताओं की संरचना वृत्ताकार है। वे अपनी जगह पर ही गोल-गोल घूमती रहती हैं। काव्य-वस्तु उस वृत्त के भीतर केन्द्र में स्थापित रहती है। वह जड़, स्थिर और द्वन्द्वरहित है। फिर कवि अनेकानेक नए चित्रबिम्बों की फ़्लैश-लाइट उस केन्द्र की ओर फेंकता है। काव्य-वस्तु पर अनेकानेक चौंधियाती रोशनियाँ बार-बार गिरती हैं और वह उसी रूप में हमें हर बिम्ब के साथ दिखती रहती है—कुछ और चमक के साथ, या कभी थोड़ी धुँधली—यह बिम्बमालाओं के भीतर निहित कल्पना के चमत्कारों पर निर्भर करता है। बिम्ब की चमक, उसकी फ़्लैश-लाइट अधिक सघन, संघटित और अनहोनी हुई तो काव्य-वस्तु कुछ ज़्यादा चमक के साथ उभर उठती है, कम हुई तो कुछ धुँधली। 'छाया', 'बादल', 'परिवर्तन' हमारे इस कथन के श्रेष्ठ उदाहरण हैं। 'नौका-विहार' में एक संचरण है, गति है, इसलिए उस गति के विवरणों के आधार पर बिम्ब थोड़ा खिसकते रहते हैं और उनके साथ-साथ काव्य-वस्तु भी। लेकिन 'पल्लव', 'गुंजन काल' में जिन कविताओं पर उनकी पूरी कीर्ति टिकी हुई है, उनमें काव्य-वस्तु एकदम स्थिर है। 'छाया' में पसरी हुई 'छाया', 'बादल' में बादलों के अनेक रंग और कार्य और कृत्य-विधान और 'परिवर्तन' में परिवर्तन का अकल-अनादि तत्त्व जो कभी हिलता-डुलता नहीं, उसके सर्वशक्तिमान होने का उल्लेख ही इतनी लम्बी कविता में बिम्बों की अनेक आवृत्तियों में हुआ है। हम ये कविताएँ काव्य-वस्तु को जानने के लिए नहीं पढ़ते, पुनरावृत बिम्बों के चकमक चमत्कारों से आह्लादित होते हुए हम आगे बढ़ते हैं। कहा जा सकता है कि कविता का सारतत्त्व हम आरम्भ में ही जान लेते हैं, फिर हमारी उत्सुकता सिर्फ़ बिम्बों के खेल के प्रति रहती है। हम यह देखते हुए आगे बढ़ते हैं कि कवि का भाषा पर कितना असाधारण अधिकार है।...काव्य-मर्म के विकसित होने का अर्थ एक ख़याल गायन या सितार या सरोद वादन की शैली से समझना चाहिए। आलाप जो राग की पूरी संरचना के सारतत्त्व को सन्निहित करता हुआ उठाता है, द्रुत जब राग की संरचना और उसका सारतत्त्व एक वृक्ष की विभिन्न शाखा-प्रशाखाओं की तरह फैलता और विकसित होता है और फिर अन्त का द्रुततम (झाला) जिसमें समग्र वस्तु-तत्त्व और संरचना का एकात्म समन्वय होता है और कविता (या राग) रूपी वृक्ष की अनेक टहनियों, पत्तियों से उतरता हुआ वह काव्य-रस, वह संवेदन तत्त्व अन्त में वृक्ष के उसी तने से होकर पुनः नीचे अपने अवसान या पूर्णाहुति की ओर उतरता है।...काव्य-वस्तु के विकास का यह शिल्प पन्त की कविताओं का नहीं है। इसलिए काव्य-तत्त्व उद्घाटित नहीं होता सिर्फ़ चमत्कृत करता है, चमक मारकर रह जाता है। अधिक-से-अधिक कविता का अन्त निष्कर्षात्मक हो जाता है। 'छाया' और 'परिवर्तन' का अन्त तो एकदम निष्कर्षात्मक है। लगता है, बिम्बों की खोज और भाषा का कमाल ख़त्म हुआ, अब बहुत हुआ...तो कवि कविता के तुरत फुरत रामापन में कुछ निष्कर्षों का सहारा ले लेता

है।...फिर इन बिम्ब-संघटनाओं में किसी संगति का भी ध्यान नहीं रखा गया है। 'चित्र भाषा' की अलग-अलग शब्दावलियों में रचे हुए खंड हैं जिन्हें जैसे चाहें रख दिया गया है। हर खंड या हर बिम्ब अपने में स्वतन्त्र और पूर्ण है और उसे किसी पूर्वापर की अपेक्षा नहीं है। उसे आगे-पीछे किया जा सकता है। 'बादल' या 'परिवर्तन' या 'छाया' कविता की बिम्बमालाओं में हेर-फेर करके सजा दीजिए तो क्या फ़र्क पड़ेगा ? फिर असंगत बिम्ब कविता के मूलभाव को अनेक बार खंडित करते हुए उसे हास्यास्पद भी बनाते हैं। उदाहरण के लिए यहाँ 'छाया' कविता की बिम्ब संरचनाओं को लेते हैं, पहले बिम्ब में गोपियों का चित्र है। रास के बाद की विश्रान्ति, खिन्नता, कृष्ण रूपी वृक्ष से विच्छिन्न वल्लरी की तरह रतिश्रान्ता। ज़ाहिर है कि छाया के भीतर इस बिम्ब को संयोजित करने में थोड़ी दिक्कत होती है। ज़मीन पर पसरी हुई वृक्ष की छाँह का इतना मांसल, इतना मनोवैज्ञानिक, इतना लाक्षणिक चित्र और 'छाया' के लिए ? फिर वह 'परिहत वसना' कैसे हुई। छाया का वसन क्या है ? ख़ैर, दूसरा बिम्ब एक पितृसत्तात्मक समाज में पद दलित स्त्री का चित्र है। यह चल सकता है। दमयन्ती वाला तीसरा चित्र-बिम्ब भी ठीक है। लेकिन पाँचवाँ बिम्ब तो एकदम अकारथ है :

गूढ़ कल्पना-सी कवियों की
अज्ञाता के विस्मय-सी
ऋषियों के गम्भीर हृदय-सी
बच्चों के तुतले भय-सी।

यह अभूतपूर्व अमूर्तन है। कवि का इष्ट सिर्फ़ बिम्बों का सृजन है। अपनी उसी महारत को बार-बार प्रदर्शित करना है, संगति-असंगति का ख़याल क्यों करें ? 'अविदित भावाकुल भाषा-सी, पछतावे की परछाईं-सी, मदिरा की मादकता-सी औ', वृद्धावस्था की स्मृति-सी, दर्शन की अति जटिल ग्रन्थि सी, तुम त्रिभुवन के नयन चित्र सी, विश्व विदूषक सी अज्ञात... ।' इनमें कहीं कोई अर्थ-संगति नहीं। आप खोजेंगे तो पछताएँगे। ज़ाहिर है कि यहाँ बिम्ब ही साध्य है, काव्य-वस्तु नहीं। काव्य-वस्तु तो बहाना मात्र है। इन्हीं असंगत बिम्बमालाओं को लक्ष्य करते हुए पं. रामचन्द्र शुक्ल ने पन्त जी के बारे में अपने इतिहास में कहा था, 'प्रतिभा के उत्साह या साहस का तथा पुरानी काव्य पद्धति के विरुद्ध प्रतिक्रिया का बहुत बढ़ा-चढ़ा वर्णन है।' इस सम्बन्ध में अपने इतिहास में एक जगह पन्त जी की 'नक्षत्र' कविता से एक छन्द उद्धृत कर वे उसकी हास्यास्पदता की चर्चा करते हैं। वह छन्द और व्याख्या निम्नलिखित है :

'अहे तिमिर चरते शशिशावक,
इंदु दीप के दग्ध शलभ शिशु,
शुचि उलूक, अब हुआ विहान
अन्धकारमय मेरे उर में
आओ, छिप जाओ अनजान।

सवेरा हो जाने पर नक्षत्र भी छिप जाते हैं, उल्लू भी। बस इतने से साधर्म्य को लेकर कवि ने नक्षत्रों को उल्लू बनाया है–साफ़-सुथरे उल्लू ही सही–और उन्हें अँधेरे उर में छिपने के लिए आमन्त्रित करता है। पर इतने उल्लू यदि डेरा डालेंगे तो मन की दशा क्या होगी ? कवि को यदि अपने हृदय के नैराश्य और अवसाद की व्यंजना करनी ही थी तो नक्षत्रों को बिना उल्लू बनाए भी काम चल सकता था।'

निराला जो 'पल्लव' की भूमिका के बारे में कहते हैं 'अपनी (पन्त) कविता की कारीगरी की व्याख्या' करते हैं और 'पल्लव' की व्याख्या करते हुए जो यह कहते हैं कि 'अप्रिय सत्य के लिए मुझे हार्दिक दुख है', तो इस कथन को इस आलेख के सन्दर्भ में भी समझा जाना चाहिए। निराला भी पन्त पर रवीन्द्रनाथ ठाकुर के सीधे प्रभावों का उल्लेख करते हैं और पं. रामचन्द्र शुक्ल भी अपने इतिहास में। शुक्ल जी तो यहाँ तक जाते हैं कि 'छायावाद' बँगला के माध्यम से हिन्दी में आया। प्रसाद जी ने छायावाद को लेकर 'शब्द के भीतर की जिस विच्छित्ति' की चर्चा की, पन्त का चित्र-राग अपनी सारी असंगतियों के बावजूद निश्चय ही एक नवोन्मेष है और इस रूप में उनके योगदान से इनकार नहीं किया जा सकता।

जहाँ हमने काव्य-तत्त्व के विकसित न होने की बात कही तो इस सन्दर्भ में पन्त की 'बादल' कविता में काव्य-वस्तु के स्थिर और जड़ बने रहने और निराला की 'बादल राग' कविता-क्रम की किसी भी कविता का उदाहरण लेकर दोनों के अन्तर को समझा जा सकता है। यह इसलिए ज़रूरी है कि ऐसा न लगे कि हम पन्त जी के कृतित्व के साथ कोई ज़ोर-ज़बर्दस्ती कर रहे हैं। तो इस सन्दर्भ को समझने के लिए हम निराला की 'बादल राग' क्रम की छठी कविता को लेते हैं : इस छोटी-सी कविता में काव्य-तत्त्व के विकास के पाँच सोपान हैं। बादल को 'विप्लव के वीर' के रूप में चित्रित किया गया है। पहले तो काव्य-कल्पना की यह उत्सर्जना ही अनहोनी है। बहरहाल...यहाँ पाँच सोपानों के विकास की चर्चा है। प्रारम्भ में संसार के दग्ध हृदय पर अस्थिर सुख (वर्षा होगी ? नहीं होगी ?) पर धूप-छाँही खेल की तरह हवा के समुद्र पर तैरकर आसमान में उठते हुए 'विप्लव के वीर' के आगमन (या आहट) की सूचना है। कविता के प्रारम्भ में यह भाग आलाप की तरह है, धीमा और अपने राग-तत्त्व की ध्वनिमय स्वर-लिपि की सूचना देता हुआ। दूसरे सोपान में :

घन, भेरी गर्जन से सजग सुप्त अंकुर
उर में पृथ्वी के, आशाओं से
नवजीवन की, ऊँचा कर सिर
ताक रहे हैं, ऐ विप्लव के बादल !

यह बिल्कुल स्पष्ट है लेकिन कविता के रागात्मक विकास में यह आलाप में हल्की-हल्की बढ़त है जिससे राग-रचना अपने द्रुत में वेगवती होकर प्रस्फुटित हो उठेगी। और यह होता है :

बार-बार गर्जन
वर्षण है मूसलधार
हृदय थाम लेता संसार
सुन-सुन घोर वज्र हुंकार,

यह उठान है। और अगले, यानी कविता के चौथे सोपान में इस 'विप्लव वीर' के क्रान्तिकारी कार्यों के प्रभावों का वर्णन है। किसके पक्ष में और किसके विपक्ष में ? कौन आहत और धूलिसात ? और कौन आनन्द-मग्न, वर्षा का स्वागत करने वाला। यह पूरे राग की द्रुत में चित्रकारी है—भाव विह्वल, कोमल, सकारात्मक, निर्माण और आशा की उठान की ओर ले जाती हुई। और अन्तिम पाँचवें सोपान में कविता का साध्य, उसका सारतत्त्व ध्वनित है :

जीर्ण बाहु, है शीर्ण शरीर
तुझे बुलाता कृषक अधीर
ऐ, विप्लव के वीर !
चूस लिया है उसका सार
हाड़-मांस ही है आधार
ऐ जीवन के पारावार।

यह लौटना है। कविता के वृक्ष, राग की सारी शाखाओं-प्रशाखाओं को अनुगूँजित, अनुरंजित करते हुए पुनः मूल की तरफ़, प्रारम्भ की तरफ़, आलाप की ओर—एक उपशमन, एक सम्पूर्ण अर्थगर्भिता की ओर, जिसे निराला एक जगह कहते हैं, 'बीज को ज्यों चला वृक्ष'। कविता में दार्शनिक उपपत्तियाँ कुछ इस तरह आती हैं। इसकी जगह पन्त की 'बादल' कविता का एक ही बिम्ब यह दिखाने के लिए काफ़ी है कि वे क्या कहना चाहते हैं :

कभी अचानक भूतों का सा
प्रकटा विकट महा आकार
कड़क-कड़क जब हम हँसते हैं
थर्रा उठता है संसार।

3

निश्चय ही काव्य-मर्म में यह खोट पन्त जी के भीतर असन्तोष पैदा करती रही होगी। एक संवेदनशील कवि और मनुष्य होने के नाते वे अपनी कमियों से परिचित होंगे। वे जानते होंगे कि 'प्रकृति के सुन्दर रूपों की आह्लादमयी अनुभूति' (पं. रामचन्द्र शुक्ल) से ही काम नहीं चलने वाला। उनके भीतर एक खोज निरन्तर जारी रही होगी। लेकिन

काव्य-मर्म की इस तलाश में उन्होंने किस तरह का आत्मसंघर्ष किया ? वे इसकी खोज में बाहर निकल पड़े। उनमें पाने और रचने की अदम्य लालसा है और भाषा और सर्जना की अपरम्पार क्षमता है। फिर भी चूकते चले गए। इसकी वजह क्या थी ? वे भारतीय जीवन के ऐतिहासिक संघर्षों में शामिल होने, बरबस या अनजाने शामिल होने की जगह उनके बारे में सिर्फ़ सोचते हैं, सिर्फ़ मनन करते हैं। वे हर संघर्ष से थोड़ी दूरी पर हैं। उनका ग्रहण और अस्वीकार विचार और सोच के स्तर पर सीमित है। ऐसा क्यों हुआ ? मुझे लगता है, जिज्ञासु तो वे थे और इस दुनिया को उन्नत और वैभवशाली भी देखना चाहते थे, इसमें ईमानदारीपूर्वक वे विश्वास भी करते थे। फिर भी वह काव्य-मर्म उनसे छूट गया। विचार और विश्लेषण करना और बात है, उसे छन्दोबद्ध करना भी और बात है। कोई यह कह सकता है कि देखो, उन्होंने यह सब तो कहा है, लिखा है, अन्तर-बाहर के सारे विषय तो समेट लिए हैं, फिर आप उनसे क्या चाहते हैं ? यही तो बात है। न सब कुछ समेट लेने और कह देने से कविता बन जाती है, न सब कुछ छोड़ देने से वह नष्ट हो जाती है। विषय और विचार प्रमुख और चिन्तन-मनन प्रमुख नहीं है, न सिर्फ़ शब्द-पारखी या बिम्ब-संरचना की अतिरिक्त क्षमता से ही बात बन सकती है। ये सारी बातें सहायक की भूमिका अदा करती हैं। बात यह है कि इन सभी साधनों और सामर्थ्यों से वह अनहोनापन अभिव्यक्त हुआ या नहीं। वही जब बरबस फूट पड़ता है तो कविता या कलाएँ संरचना का अभूतपूर्व रूप ग्रहण कर लेती हैं। अक्सर बहुत सचेत होने पर कविगण चूक जाते हैं। वह सायास-अनायास छिटककर आपसे अलग खड़ी हो जाती हैं। तब अगर झपट्टा मारकर आप उसे पकड़ भी लेंगे तो उसका बेचारा, मलिन, कमज़ोर और सकुचाया हुआ चेहरा ही वहाँ प्रकट होगा, उसका अनहोनापन नष्ट हो जाएगा। कला और कविता में ज़ोर-जबर्दस्ती नहीं चलती। बहुत सोच-विचार और व्याख्या-विश्लेषण भी नहीं चलता जो कि पन्त जी करते हैं। ज़ोर-ज़बर्दस्ती नहीं करते, अपने संकोची स्वभाव के कारण बार-बार अनेक विचारों की शरण में जाते हैं। उनको अपने ढंग से पचाते भी हैं और शब्द-बद्ध भी करते हैं, उनके लिए बिम्बों को रचते-गढ़ते भी हैं, फिर भी बात नहीं बनती। यह मारक असन्तोष उन्हें बहुत भटकाता है, विचित्र दुख देता है। वे समझते हैं कि वही सच है। वे अपने बचपन के जिज्ञासु संस्कारों की दुहाई देते हैं, वे यह भी कहते हैं कि 'धरती के जीवन को नवीन मानवीय ऐश्वर्य एवं सौन्दर्य से मंडित देखने की दुर्निवार आकांक्षा मुझमें, अधिक कल्पनाशील होने के कारण, युवावस्था में ही उत्पन्न हो गई थी।' इस सारी दुर्निवार आकांक्षा और अधिक कल्पनाशीलता के बावजूद उनकी कविता सूचीबद्धता, विवरण, तथ्यकथन, सिद्धान्त कथन बनकर क्यों रह जाती है ? बौद्धिक शुभेच्छाओं का यह संसार 'कविता' में क्यों नहीं रूपान्तरित हो पाता ? कारण वही है, पन्त थोड़ी दूरी पर हैं, थोड़ा तटस्थ हैं, थोड़ा विचार करते हैं, सम्पूर्ण आत्मसमर्पण नहीं है और उनकी प्रतिभा का अन्तर्जल उनके अनजाने ही शायद घट रहा है, तिरोहित हो रहा है। हुनर है लेकिन ज्ञानात्मक संवेदन क्षीण है। लगता है, 'कविता जिन परिपूर्ण क्षणों की वाणी है', वह परिपूर्ण क्षण पन्त

के काव्य-संवेदन में (शायद) कभी आया ही नहीं। भाषा और शब्दों पर असाधारण अधिकार के कारण काव्य-वस्तु एक अलंकृति के रूप में विद्यमान है, काव्य मर्म तिरोहित। गजानन माधव मुक्तिबोध उनके बारे में लिखते हैं : ''पन्त जी अन्तर्मुख कवि नहीं हैं–अथवा उनकी अन्तर्मुखता बहुत क्षीण है। पन्त जी अपने भावों को न केवल सरल रूप में रखते हैं, वरन् उनकी मात्रा भी बहुत कम होती है और साथ ही उनका आवेग भी।...सच तो यह है कि विशेष प्रकार के भावों को प्रकट करते रहने, उन भावों से अभिव्यक्ति की आदत पड़ जाती है। उन भावों से जुड़े चित्र, भंगिमा और शब्द-सम्पदा आप ही आप आवृत्त और पुनरावृत्त होने लगती है। तब उनमें ताज़गी नहीं रह जाती। वे भाव और उनकी अभिव्यक्ति 'कंडिशंड रिफ़्लेक्स' का रूप धारण कर लेती है। अभिव्यक्ति में यान्त्रिकता आ जाती है।...पाठक एक संवेदनमय धुन्ध में खो जाता है।'' मुक्तिबोध यह भी कहते हैं कि 'विचारों की उच्चता काव्य की भी उच्चता हो, यह ज़रूरी नहीं।' जिसका कि पन्त जी के उत्तर-काव्य के विवेचक बार-बार हवाला देते हैं। हर व्यक्ति योगी अरविन्द के पास जाकर योगी नहीं हो गया।

इसी मानसिक ऊहापोह में काव्य-मर्म की खोज में पन्त जी का झुकाव मार्क्सवाद की ओर और बाद में अरविन्द दर्शन और वैदिक दर्शन की ओर हुआ। मार्क्सवाद की तरफ़ उनका आकर्षण प्रसिद्ध मार्क्सवादी नेता (एक समय कम्यूनिस्ट पार्टी के महासचिव) और पन्त जी के किशोर सखा पूरन चन्द जोशी के कारण हुआ। पी.सी. जोशी एक उदारवादी कम्युनिस्ट थे और साहित्य संस्कृति और लोक संस्कृति तथा लोक साहित्य में उनकी गहरी रुचि थी। पन्त जी की अपने दूसरे दौर की कविताई पर पूरन चन्द जोशी के सौम्य सुहृद और लोकप्रिय व्यक्तित्व का बहुत ज़्यादा असर है। कविता में लोक-धुनों का उपयोग और समाज के निचले तबके पर जो पन्त जी की दृष्टि गई उसमें पी.सी. जोशी का बहुत बड़ा योगदान है। झंझा में नीम, कहारों का रुद्र नृत्य, धोबियों का नृत्य, ग्राम श्री, ग्राम युवती, ताज, पुण्य प्रसू, दो लड़के, वह बुड्ढा, वे आँखें, मजदूरनी के प्रति और भारत माता जैसी कविताओं में उनकी वाणी ने एक सर्वथा नया रूप और नई काव्य-वस्तु ग्रहण की। यह 'प्रगतिशील लेखक संघ' की स्थापना का भी समय है। उस समय पार्टी पर प्रतिबन्ध था इसलिए कट्टरपन्थियों और उदारवादियों का संघर्ष खुलकर सामने नहीं था। पी.सी. जोशी क्योंकि हमेशा से पार्टी में उदारवाद के समर्थक थे इसलिए कट्टरपन्थियों को वे कभी रास नहीं आए। पन्त जी, जो मूलतः कवि थे और जोशी के प्रभाव में थे, अतः कट्टरपन्थी उनकी काव्य-रचना को हमेशा शंका की दृष्टि से देखते रहे। डॉ. रामविलास शर्मा हमेशा पन्त जी की निर्बलों के प्रति सहानुभूति को 'बौद्धिक सहानुभूति' कहते हैं। दूसरी ओर 1943-44 के आसपास इलाहाबाद में जब 'परिमल' की स्थापना हुई तो उन लोगों ने भी पन्त जी को अपनी ओर खींचने का प्रयत्न किया। अपने संकोची स्वभाव और किसी को भी 'ना' न कहने की आदत के कारण पन्त जी दोनों ओर जाते रहे। इसी शीत युद्ध में वे पिटे और दोनों तरफ़ से गए। इस पूरे शीत युद्ध में उन्होंने अपने ऊपर होने वाली दो गोष्ठियों से

बहिर्गमन किया। पहली गोष्ठी का चश्मदीद गवाह मैं नहीं हूँ क्योंकि तब मैं इलाहाबाद में नहीं था। यह गोष्ठी हिवेट रोड पर स्थित कम्युनिस्ट पार्टी के दफ़्तर में कभी 52-53-54 के आसपास हुई थी जिसमें डॉ. रामविलास शर्मा ने पन्त जी के काव्य-संकलन 'उत्तरा' की समीक्षा (शीर्षक : भारतीय संस्कृति बनाम मार्क्सवाद) पढ़ी थी। कहा जाता है कि उसमें पन्त जी उपस्थित थे। भैरव प्रसाद गुप्त इस बात को सार्वजनिक रूप से बताया करते थे। बताने वालों में श्री मार्कंडेय और शेखर जोशी भी हैं। पन्त जी ने समीक्षा-पाठ ख़त्म होने पर यह कहते हुए बहिर्गमन किया कि ''राम विलास, तुम्हें मैटर की समझ मटर बराबर भी नहीं है।'' यह पन्त जी का पहला बहिर्गमन था। इस व्याख्यान के लिए निमन्त्रित होने के तुरन्त बाद मैंने दिल्ली श्री अजय तिवारी को फ़ोन भी किया कि वे जाकर रामविलास जी से सुनिश्चित करें कि पन्त जी ने ऐसा कहा था या नहीं लेकिन तब वे बोलने की स्थिति में नहीं थे। दूसरा बहिर्गमन पन्त जी ने 11 अप्रैल सन् 1965 को एनी बेसेंट हॉल से किया जहाँ 'विवेचना' संस्था की तरफ़ से उनके सद्यः प्रकाशित महाकाव्य 'लोकायतन' पर गोष्ठी थी। विजय देव नारायण साही ने श्रीलाल शुक्ल के उकसावे पर उठकर कहा कि ''मैंने न तो 'लोकायतन' पढ़ा है, न पढ़ूँगा।'' इस पर जो कुछ हुआ वह 'माध्यम' पत्रिका में छपी रिपोर्ट, और 'विवेचना' के संकलन में मौजूद है, तथा उसमें बहुत-से सदस्यों का सामूहिक इस्तीफ़ा भी शामिल है। रिपोर्ट में यह भी कहा गया है कि प्रभात शास्त्री और गंगा प्रसाद पांडेय के विरोध करने पर साही ने अपना वाक्य वापस ले लिया। लेकिन 'विवेचना' की संयोजिका श्रीमती उमा राव से इस दुर्घटना के बाद हुई बातचीत को सुश्री शान्ति जोशी ने 'पन्त : जीवन और साहित्य' नामक जीवनी में कुछ यों दर्ज किया है : ''हम लोगों ने साही जी से बहुत कहा कि अपना कथन वापस ले लीजिए लेकिन उन्होंने नहीं वापस लिया।'' केशव चन्द्र वर्मा ने 'हिन्दुस्तानी' पत्रिका के अपने लेख में कहा है कि 'साही ने ऐसा ऊब के कारण कहा' लेकिन शान्ति जोशी अपनी किताब में कई हवालों से कहती हैं कि यह सब कुछ 'पूर्व नियोजित' था और पन्त जी को बहुत मना किया गया लेकिन वे फिर भी गए। मैं इस गोष्ठी का चश्मदीद गवाह हूँ। साही के ऐसा कहने पर बाद में पन्त जी ने अपने जीवन का शायद सबसे तेजस्वी वक्तव्य दिया और यह कहते हुए उठकर चले गए कि ''आप नहीं पढ़ेंगे, मुझे आने वाली पीढ़ियाँ पढ़ेंगी।'' यह पन्त जी का दूसरा बहिर्गमन था।

साहित्य-क्षेत्र के इस शीत-युद्ध का पन्त जी की कविताई पर क्या असर हुआ, यह जानना बड़ा दिलचस्प है। पन्त जी प्रगतिवादियों और नई कवितावादियों, दोनों से उपेक्षित, तिरस्कृत, अपमानित होकर अपनी कविता के लिए कोई अलग राह निकालना चाहते हैं। 'चिदम्बरा' की भूमिका में वे कहते हैं : ''सम्भवतः जिस संकीर्ण अर्थ में अब प्रगतिवाद का प्रयोग किया जा रहा है उस अर्थ में मैं प्रगतिवादी हूँ भी नहीं।...यदि प्रगतिशील विचारकों का ध्येय साहित्यिक नेतागिरी तथा यान्त्रिक, तार्किक मूल्यों का प्रचार करना रहा है तो नवलेखन (नई कविता) का ध्येय अधिकतर रूप विधान का मोह

तथा रीढ़-हीन आत्मसुख के कर्दम में रेंगने वाले लघु यथार्थ के कला फेन की सृष्टि करना।...लघुमानव की कुंठाओं से भय, तुच्छ, आत्मपीड़ित यथार्थ...रीढ़तोड़क, लुंजपुंज,...अस्तित्ववादियों से प्रभावित, महत् के प्रति संदिग्ध, अहन्ता, कुंठा, आत्मरति भरी वास्तविकता को कला के ललित फेन में लपेटकर...कला कला के लिए...।...आज की नई कविता वास्तविकता के घनत्व से हीन एक भयानक शून्य में भटक गई है...।'' इत्यादि। ये विशेषण-भरे उद्‌गार देखने लायक हैं। 'निराला व्याख्यानमाला' के अन्तर्गत पन्त जी ने विजयनगरम् हॉल (इलाहाबाद विश्वविद्यालय) में 'छायावाद : एक पुनर्मूल्यांकन' में नई कविता के लिए जो दृष्टि अपनाई उससे चिढ़कर लक्ष्मीकान्त वर्मा ने हॉल से बाहर निकलते हुए कहा था, 'कबूतर हाथ से निकल गया'। इस सन्दर्भ में श्री वर्मा ने तब एक टिप्पणी भी लिखी थी। यानी कि पन्त जी एक शान्ति कपोत थे जिसे उड़ाने का अधिकार सिर्फ़ परिमल वालों को ही था। दरअसल इस शीत युद्ध के तराजू पर पन्त जी का वज़न सबसे गरू था। वे जिधर बैठ जाते थे वह पलड़ा ज़मीन पर चला जाता था। परिमल के लोगों की कुल खीझ यह थी कि बजाते हम लोग हैं और जब पक्ष लेना होता है यह आदमी प्रगतिशीलों के साथ जाकर बैठ जाता है। और कट्टरपन्थी प्रगतिशीलों की शिकायत थी कि यह आदमी नकली है, इसकी सहानुभूति सिर्फ़ 'बौद्धिक सहानुभूति' है। इस तरह दोनों में से कोई भी, यदि मुक्तिबोध की एक कविता पंक्ति से कहना चाहे, तो कोई भी नहीं कह सकता था पन्त जी को लेकर कि 'मेरा पक्ष निस्सन्देह।' और इसकी प्रतिक्रया पन्त जी पर यह थी कि वे इस पूरे शीत युद्ध से बाहर निकलकर अपने लिए कोई नई राह बनाना चाह रहे थे। यह सम्भव है अथवा नहीं, या इसके लिए की गई उनकी कोशिशों का क्या हश्र हुआ, यह जानने के पहले इसका जायज़ा लेना ज़रूरी है कि जब वे मार्क्सवाद के असर में रहे अथवा जब उन्होंने नई कविता के चलन को पकड़ने की कोशिश की तब की कविताओं में काव्य-मर्म कैसा और किस हद तक उद्‌घाटित हुआ है।

ऐसा नहीं है कि पन्त जी ने यान्त्रिक और कठमुल्ला मार्क्सवाद के असर में कविताएँ नहीं लिखीं। कई बार लिखीं और इसकी कोशिश की कि 'बौद्धिक सहानुभूति' का लेबिल हट जाए। और इन कविताओं को महत्त्वपूर्ण मानकर उन्होंने 'चिदम्बरा' में (सन् 1958) चयनित भी किया। अतः इसमें दो राय नहीं है कि वे इन कविताओं को महत्त्वपूर्ण और प्रतिनिधित्व करने वाली मानते होंगे क्योंकि 'चिदम्बरा' एक चयन है, संकलन नहीं। 'मूल्यांकन', 'मार्क्स के प्रति' 'भूत दर्शन', 'साम्राज्यवाद', 'समाजवाद-गांधीवाद', 'धनपति', 'कृषक', 'मध्यवर्ग' या 'श्रमजीवी'—भाषा और छन्द के असाधारण अधिकार की एक स्थूल चित्रवीथी हैं। कवि प्रतिभा का उपयोग चित्र-कथन में किया गया है। जो स्थूल और जाने-पहचाने विचार हैं, जो किताबी हैं, चर्चा में हैं, जो अख़बारों, गोष्ठियों, पत्रिकाओं, सेमिनारों में आम ख़बरों की तरह उन दिनों छाए हुए थे—उन्हीं का छन्द-बद्ध आलेखन है। विचारों या सिद्धान्तों का उक्तिकथन के रूप में इस्तेमाल किया गया है। उनमें वह नवोन्मेष नहीं है जिससे कोई उक्ति अथवा छवि कविता बनती

है। 'कृषक' को लेकर हम यही जान सकते हैं कि उसके गुण-दोष निम्नलिखित हैं, 'श्रमजीवी' की मूल विशेषताएँ निम्न प्रकार हैं, 'धनपति' किस तरह 'धनपशु' होता है, 'समाजवाद-गांधीवाद' के मूल उपादान क्या हैं, 'साम्राज्यवाद' के निम्न प्रचलित लक्षण हैं, 'भौतिक दर्शन' यह होता है और धन्य है यह तिमिराच्छन्न धरा जिस पर प्रलयंकर मार्क्स प्रकट हुए। यानी कि सैद्धान्तिक गुटकों में वर्ग-चरित्र के बारे में प्रशिक्षण के लिए जो भी सरल रूप में एकत्र किया जाता है, उन्हीं विचारों, सिद्धान्तों का एक 'स्टिल' कैमरा-भाषा में जस-का-तस कथन है, दृश्यांकन है। कोई नवोन्मेष नहीं, कोई गहरा अन्तर्भाव नहीं, कोई ऐसा उत्सर्जन नहीं जो गहरे तक छू ले और बरबस मान लेने को मन हो कि कुछ भी हो या न हो, कविता तो है—अननुभूत, असम्भव-सम्भव सृजन का उद्‌गार, जो अन्ततः स्वयं अपने भीतर से उद्‌भासित रहती है और स्वयं अपने को व्याख्यायित करती हुई इतिहास की तात्कालिकता के बाहर-भीतर सर्वत्र अपने को सिद्ध करती है। ऐसा कहकर कविता को मैं किसी रहस्यमय संस्कार की ओर, किसी नव-अध्यात्म की ओर नहीं ठेल रहा हूँ—बल्कि सचमुच कविता क्या है ? वही न जो इतिहास की शर्तों और आख्याओं के भीतर 'ऑपरेट' करती हुई उसके बाहर भी मनुष्य के चैतन्य मानस के लिए 'ऑपरेट' करे ? लेकिन क्या उपर्युक्त कविताओं में ऐसा सम्भव हुआ है या जो मेरा निष्कर्ष है वही तथ्य है : इसके लिए उनमें से एक कविता 'धनपति' हम यहाँ उद्धृत करते हैं :

वे नृशंस हैं : वे जन के श्रमबल से पोषित
दुहरे धनी, जोंक जग के, भू जिनसे शोषित
नहीं जिन्हें श्रम से करनी जीविका उपार्जित
नैतिकता से भी रहते जो अतः अपरिचित।

शय्या की क्रीड़ा कन्दुक है उनको नारी
अहंमन्य वे, मूढ़, अर्थबल के व्यभिचारी
सुरांगना, सम्पदा सुराओं से संसेवित।
नर पशु वे भूभार मनुजता जिनसे लज्जित।

दर्पी, हठी, निरंकुश, निर्मम, कलुषित, कुत्सित,
गत संस्कृति के गरल, लोक जीवन जिनसे मृत।
जग जीवन का दुरुपयोग है उनका जीवन,
अब न प्रयोजन उनका, अन्तिम हैं उनके क्षण।

यह शुद्ध प्रोपोगेंडा काव्य है। और कम्युनिस्ट पार्टियों को इसकी ज़रूरत पड़ती है। अन्तर और बाहर के विश्वासों-अविश्वासों के इसी द्वन्द्व में स्टालिन के ज़माने में मायकोवेस्की जैसे कवि को आत्म-वध का शिकार होना पड़ा। लेकिन हमारे यहाँ सत्ता

में तो कम्युनिस्ट नहीं थे, इसलिए पन्त जी का जो बार-बार मोहभंग होता है उसमें वे कह सकते थे कि मैं 'जन-भूजीवन को भगवत् जीवन बनाना चाहता हूँ।' और यह कहकर, वहाँ से निकलकर जिस 'स्वर्णकिरण' और 'स्वर्णधूलि' में उन्होंने प्रवेश किया, वहाँ से भी कहीं भी जा सकने को स्वतन्त्र थे। इस पूरे प्रयत्न में वे 'कवित्व' से ही हाथ धो बैठे। आज के पी.डब्ल्यू.जी. या सी.पी.आई. (एम.एल.) के लोग अगर उस ज़माने में होते तो पन्त जी उनके लिए संसार के सबसे बड़े कवि होते, क्योंकि कविता के अन्त में वर्ग-शत्रु के सफ़ाए का भव्य संकेत है।

जो उदारवादी टोन की कविताएँ हैं उनमें कवि की पुरानी चित्रभाषा एक ही शैली के छन्दों में अलग-अलग बन्दों में पुनरावृत्त हुई और उस पुरानी आदत के अनुसार अचानक कविता का निष्कर्षात्मक अन्त जा जाता है। 'भारत माता' जैसी उत्कृष्ट कविता का भी 'सत्य-अहिंसा सुधोपम स्तन्य' में अन्त होता है। 'ग्राम-युवती' कविता की तीन ताल के विरामों की धमक की तरह कुछ-कुछ छन्द-संरचना हुई है: 'पट-लट-झट', या 'पर-नर-भर', या 'जाती-मटकाती-लचकाती' इत्यादि। इसी तरह दीर्घ स्वरान्त फिर लघु तुकों की भीड़ को लेकर चित्र-रचना के प्रयत्न भी हैं : जैसे–'सरकाती पट, खिसकाती लट, शरमाती झट', 'सिर पर घट, उर पर धर पट, उरू मटकाती, कटि लचकाती' आदि। फिर पूरी कविता कवि द्वारा 'कल्पित' एक चित्र मात्र है, वह न तो वास्तविक है, न पुनर्रचित। कई बार तो उसका चित्र मध्यकालीन गोपिकाओं की याद दिलाता है :

कानों में गुड़हल
खोंस–धवल
या कनेर लोध पाटल
वह हरसिंगार से कच सँवार
मृदु मौलसिरी के गूँथ हार
गउओं संग करती वन-विहार
पिक-चातक के संग दे पुकार
वह कुन्द काँस से
अमलतास से
आम्र बौर, सहजन, पलाश से
निर्जन में सज ऋतु-सिंगार।''

अब कवि का भोलापन देखिए : इतने फूल इकट्ठे, एक ही ऋतु में इस ग्राम-बाला के लिए खिले हुए हैं और एक ही जगह उपलब्ध हैं कि लगता है कि वह इस धरती पर नहीं, देवताओं के नन्दन कानन में गौवें चरा रही है। अलग-अलग फूलों के खिलने की ऋतुओं का भी ध्यान नहीं रखा गया है। हरसिंगार और अमलतास–सब एक ही ऋतु में नहीं खिलते। वही सूची-बद्धता की प्रवृत्ति...पहले पृथक-पृथक बिम्बों के रूप,

बाद में व्यक्तिवाची, जातिवाची, भाववाची संज्ञाओं की सूची एकत्र मिलने लगी। फिर 'गउओं के संग वन विहार' का बिम्ब आधुनिक सन्दर्भों में बड़ा विचित्र है। जिस तरह एक बिहिटी या लुगरी पहने, जुओं भरे, काले-भूरे चिमटे बालों की गठरी सिर पर धारे एक लुकुड़ी लिए बच्चियाँ या अधेड़ स्त्रियाँ हड्डही गायों के पीछे चैत-बैसाख की धूप में, रबी कटे खेतों या तथाकथित जंगलों में हँकाती घूमती हैं वह बिम्ब 'गउओं के संग वन-विहार' का बिम्ब तो नहीं है। यह तो सम्पूर्ण प्राकृतिक शृंगार के साथ रास रचाने वाली मध्यकालीन गोपी का चित्र-बिम्ब है जो पन्त की रचनात्मक संकल्पना में अँटका हुआ है। यह औरत का कवि द्वारा मनोकल्पित 'रिट्रोगेसिव' चित्र है। यहाँ मध्यकालीन मानस बोल रहा है और तिस पर स्त्री को देखने की जो कवि दृष्टि है वह एक लोलुप की है :

वह मेड़ों पर आती जाती
उरू मटकाती
कटि लचकाती...

ऐसा लगता है कि 'ग्राम युवती' आधुनिक मॉडलों का 'कैट वाक्' करती हुई चली आ रही है। जबकि अगर औरत के सिर पर बोझा है तो अपनी कमर और पिंडलियों से उस भार को साधती हुई चलती है—मटकाती, लचकाती नहीं। लेकिन पन्त की काव्य-मनोभूमि तो चारदीवारी में बन्द है। वह बाहर भी जाते हैं तो मन की आँखों से देखते हैं। कहा जा सकता है कि पन्त ऊर्जस्वित कल्पना के आधारहीन अतिरेक से पीड़ित हैं। यहाँ भी अन्ततः वे इस मांसल चित्र की 'इस धारा सा ही जग का क्रम' (नौका विहार) या 'चार दिन सुखद चाँदनी रात और फिर अन्धकार अज्ञात' (परिवर्तन) की पुरानी तर्ज पर सब कुछ के क्षणिक और मरणशील अतः निरर्थक होने के निष्कर्ष पर ख़त्म कर देते हैं :

रे, दो दिन का उसका यौवन
सपना छिन का रहता न स्मरण।

4

इस तरह प्रगतिशीलों और नई कवितावादियों से पन्त जी अलग राह निकालना चाहते हैं, वह क्या सम्भव हुई ? वे शायद 'जन-भू को भगवत् जीवन बनाने' की अपनी कल्पना या अपनी 'आत्मा के पावक' से इस नई काव्य-समृद्धि को पाना चाहते हैं। या फिर इन दोनों के समन्वित दृष्टिकोण को अपनाकर शायद। एक नया रसायन, एक नया विज़न, एक नई अन्तर्दृष्टि या अपनी कविता के लिए एक नई दिव्य-दृष्टि। क्या इस रसायन को पन्त जी अपनी कविता के अगले चरणों में सम्भव बना सके ? कहा जा सकता है, नहीं। इस समन्वित द्रष्टि का भी केवल उक्तिकथन है। मुक्तिबोध कहते हैं

कि 'पन्त जी में इतिहास दृष्टि है' लेकिन मुझे लगता है कि पन्त जी अपनी ऐतिहासिक नियति को नहीं समझते। वे न तो अपनी ही सर्जित काव्य-परम्परा को समृद्ध और घना करते हैं, न कोई सर्वथा नवीन, अननुभूत, अनहोनी तोड़फोड़ और विद्रोही प्रस्थान। वे बाह्य विचारों की शरण में जाते हैं। उनके प्रस्थान बाह्य वैचारिक छटपटाहटें हैं, जिनमें वे नूतन आविर्भावों की आहट सुनने के लिए व्याकुल हैं। किन्तु कला-सन्धान और 'क्रियेटिविटी' के नए विस्फोट किन्हीं बने-बनाए वैचारिक आग्रहों में निहित नहीं होते। और कविता में तो शब्द की सघनतम अर्थ-छटाओं के अनायास उत्कर्षों और कवि के ऐतिहासिक जीवन-संघर्षों से आते हैं। अगर यह नहीं है तो 'जन-भू' का मात्र उल्लेख 'गरीबी हटाओ' के नारे की तरह लगता है और न ही 'आत्मा का पावक' धारण करने के लिए अपनी देह के प्रति कृतज्ञ होने से ही उस प्रस्थान बिन्दु को पाया जा सकता है। यही होता है। इसीलिए मैं अक्सर कहता हूँ कि कविता-कौसानी उन्हें छोड़कर भाग गई है। अब केवल सिद्धहस्त कला है। इन्हीं वैचारिक बहिर्गमनों और हिन्दी आलोचना के शीत युद्ध में दुर्घटित हुआ उनका 'फ़िज़िकल बहिर्गमन'—और इन्हीं भटकावों, छलावों और तकलीफ़ों के बीच पन्त का अन्तर्गमन घटित होता है। वे सब कुछ से ऊबे हुए हैं और किसी और शरण्य की खोज करते हैं। इस खोज में 'जीवन का नया गान' विकसित होने की उनकी कल्पना बड़ी ट्रेजिक है : इस कविता का शीर्षक है—'उन्मेष।'

मौन रहेगा ज्ञान,
स्तब्ध निखिल विज्ञान
क्रान्ति पालतू पशु सी होगी शान्त
तर्क-बुद्धि के वाद लगेंगे भ्रान्त।
राजनीति औ' अर्थशास्त्र
होंगे संघर्ष, परास्त;
धर्म, नीति, आचार
रूँधेगी सबकी क्षीण पुकार।

जीवन के स्वर में हो प्रकट महान
फूटेगा जीवन रहस्य का गान
क्षुधा, तृषा औ, स्पृहा, काम से ऊपर
जाति वर्ग औ' देश, राष्ट्र से उठकर
जीवित स्वर में व्यापक जीवन गान
सद्य करेगा मानव का कल्याण।

यह कौन-सी और कैसी दुनिया है, जिसकी कल्पना पन्त अपने अन्तर्गमन की राह में करते हैं ? सब कुछ के निषेध में कौन-सा जीवन-गान और किसलिए ? क्या पन्त मानव इतिहास से बाहर किसी आदिम समाज की कल्पना कर रहे हैं जहाँ यह जीवन-गान

विकसित होगा ? इस सन्दर्भ में इसके ठीक प्रतिकूल निराला की एक पंक्ति मुझे याद आ रही है :

भरे हुए उपवन में
अनमन।

उपवन यहाँ मूर्त भी है और अमूर्त भी। उसकी स्थानिकता भी है और सार्वदेशिकता भी। वह सर्वत्र है–सर्वव्यापक। और भरा हुआ। वहाँ जीवन की खलबल है, उल्लास है, गहमागहमी है, संघर्ष है, उठापटक है, आवाजाही है, रंगों और फूलों और हरीतिमा की लद-फँद है और उसमें कवि एक शब्द का उपयोग करता है–'अनमन'। उदास भी नहीं, दुख भी नहीं, सुख और उल्लास भी नहीं–सिर्फ़ 'अनमन'। 'भरे हुए उपवन में अनमन'– यही वह काव्य-मर्म है जिसे कांट 'सबजेक्टिव यूनिवर्सल' कहते हैं। यहाँ वस्तुएँ नहीं हैं और संकेतित भी हैं और उस भरे हुए पन में कवि की तरफ़ से एक द्वन्द्व भी है– 'अनमन'। यह भरा-भरा उपवन तिरस्कार्य तो नहीं लेकिन उसकी सर्वस्वीकृति भी नहीं। इसी में काव्य-मर्म का वह अनहोनापन है।

लेकिन पन्त अपने अन्तर्गमन के पथ पर सिर्फ़ विश्वजीवन का ही निषेध नहीं करते, अन्ततः अपना भी निषेध करते हैं और इस कविता का शीर्षक ही 'अन्तर्गमन' है :

दाईं बाईं ओर, सामने पीछे निश्चित
नहीं सूझता कुछ भी बहिरन्तर तमसावृत।
हे आदित्यो, मेरा मार्ग करो चिर ज्योतित
धैर्य रहित मैं, भय से पीड़ित, अपरिपक्व चित्

विविध दृश्य शब्दों की माया गति से मोहित
मेरे चक्षु श्रवण हो उठते मोह विभ्रमित
विचरण करता रहता चंचल मन विषयों पर
दिव्य हृदय की ज्योति बहिर्मुख गई है बिखर।

तेजहीन मैं, क्या उत्तर दूँ, करूँ मनन कब ?
बहुद्वारों से बहिर्गमन कर मैं खोया अब...
...ज्योति पुरुष तुम जहाँ दिव्य मन के हो स्वामी
निखिल इन्द्रियों के परिचालक, अन्तर्यामी...

इन पंक्तियों की व्याख्या की कोई ज़रूरत नहीं। पन्त के पूरे काव्य की ऊर्ध्वमुखी अधोगति यही है। यही है उनका उत्तर-काव्य जो संस्कृति और साहित्य के कर्मकांडियों के लिए ख़ूब काम की वस्तु है क्योंकि यहाँ 'ऋत्-चित्' की पवित्रता है और 'अन्तर्यामी' तो है ही। इसका 'कैननाइजेशन' तो होगा ही क्योंकि जैसा कि इस सन्दर्भ में एक प्रसिद्ध

आलोचक का कथन है : "Text's acceptence into canon is and has always been a political decision, and can be influenced by interest groups_with social and cultural agendas,' तो ऐसे interest groups अपने cultural agendas के साथ इस वक्त भारतीय चित्रपट पर ख़ूब विद्यमान हैं और वे अपना महत् कार्य सम्पादित करेंगे ही। लेकिन उस 'सबजेक्टिव यूनीवर्सल' का क्या करेंगे जिससे कोई कविता, कविता बनती है ? वहाँ तो सिर्फ़ यही कहा जा सकता है :

सुखन में खामः-ए-ग़ालिब की आतश अफ़सानी
यकीं है हमको भी, लेकिन अब उसमें दम क्या है।

❐❐

इलाहाबाद संग्रहालय द्वारा परिचालित 'सुमित्रानन्दन पन्त व्याख्यानमाला' के अन्तर्गत 9.6.2000 को पठित निबन्ध का मूल पाठ।

समकालीन हिन्दी कविता में रीतिवाद

1

'मैं तुम लोगों से इतना दूर हूँ
तुम्हारी प्रेरणाओं से मेरी प्रेरणा इतनी भिन्न है
कि जो तुम्हारे लिए विष है, मेरे लिए अन्न है।'

—मुक्तिबोध

सबसे पहले तो दो बातों के बारे में अपनी बात साफ़ कर दूँ। 'समकालीन हिन्दी कविता' से मेरा अर्थ 'तार सप्तक' के बाद आज तक की कविता से है। मोटे तौर पर आज़ादी के बाद की कविता से है। 'तार सप्तक' का उल्लेख पृष्ठभूमि के रूप में ही हुआ है क्योंकि उसके सम्पादक अज्ञेय एक लम्बे समय तक समकालीन कविता के साथ रहे हैं और उसमें शामिल भी रहे हैं। समय सीमा का यह निर्धारण इसलिए भी कि न तो खड़ी बोली कविता के प्रारम्भिक दौर में रीतिवाद के कोई लक्षण विकसित हुए और न छायावादी दौर में ही। पन्त चाहे जैसे भी हुआ, अपनी स्वनिर्मित रूढ़ियों को तोड़ने में सक्रिय रहे, चाहे उसमें उनकी कविता का क्षय ही क्यों न हुआ हो। प्रसाद में अन्त तक एक ही उठान है। महादेवी को जब अपनी पुनरावृत्तियों से मुक्ति मिलती नहीं दिखाई दी तो उन्होंने कविता लिखनी बन्द कर दी और गद्य की ओर मुड़ गईं, जहाँ उन्हें गुंजाइश लगी। इसीलिए उनकी कविता में आई हुई स्त्री का चेहरा, उनके गद्य में आई हुई स्त्री के चेहरे से बिल्कुल भिन्न है। निराला ने तो शुरू से ही अपनी कोई रूढ़ि या रीति निर्मित ही नहीं होने दी। हाँ, उनके गीतों के इकलौते अनुकर्ता जानकी वल्लभ शास्त्री हैं लेकिन उससे हिन्दी की गीति रचनाओं में किसी क्षयिष्णु और असामान्य रीतिवाद का विकास नहीं हुआ। निराला अपने तरह-तरह के प्रयोगों में काफ़ी बाद, यानी अपनी मृत्यु तक सक्रिय रहे लेकिन प्रगीत में स्वयं नरेन्द्र शर्मा और बच्चन ने अपना अलग विकास किया। एक बात यह भी ध्यान देने लायक है कि इन छायावादियों में किसी ने भी बाद के कवियों के लिए कोई वैचारिक रूढ़ि भी विकसित नहीं की, यद्यपि उन सभी की कविताओं में तरह-तरह के वैचारिक आग्रह दीख पड़ते हैं। यह भी गौरतलब है कि इनमें से किसी ने भी, कभी भी वैचारिक आग्रहों से परहेज करते, किसी विचारहीन साहित्य

का सृजन करते हुए, किसी छुपे और ख़तरनाक विचार की चुपके-चुपके वकालत नहीं की। इसीलिए समकालीनता का यह विभाजन मुझे करना पड़ा।

दूसरी बात है 'रीतिवाद'। जब हमने इस विषय पर चर्चा की तो हमारा मतलब परम्परित 'रीतिवाद' से नहीं था, अभी भी नहीं है और न वह मेरे आलेख का विषय है। हमारे कवियों ने लक्षण ग्रन्थों की रचना नहीं की लेकिन अनजाने कुछ सामान्य लक्षणों का विकास तो अपनी कविताओं से किया ही। फिर एक ज़माने में उसके शास्त्रकार भी पैदा हुए जिन्होंने कठोर अनुशासनों की भी रचना की। हल्ले, भीड़ और लफड़-दफड़ में तब तो कुछ साफ़-साफ़ नहीं नज़र आता था, लेकिन अब तो धुन्ध छँट चुकी है। छँट भी चुकी है और फिर एक दूसरे तरह की धुन्ध कविता के आसमान में दिखाई भी दे रही है। कौन ज़्यादा ख़तरनाक थी और कौन कम, इसे बताना थोड़ा मुश्किल है। दोनों के वकील हैं और दोनों की दलीलें हैं। लेकिन साहित्य, कविता और कला के क्षेत्र में फ़ैसला तो कवि-कलाकार करते हैं। ये तो वही जानें कि वे क्या करेंगे। मैं तो उस रीतिवाद का एक ख़ाका भर प्रस्तुत करूँगा। लेकिन मैं चाहता हूँ कि हमारे प्रिय कवि इस आलेख के प्रति उदासीनता, खिन्नता, उपेक्षा या एक हिंसक बहिष्कार का रुख़ न अपनाकर बहस में शामिल हों और 'रीतिवाद' की दुर्गति से बचें, जिसके, अनजाने, उनमें से बहुत से शिकार हैं।

2

पिछले पचास वर्षों की समकालीन हिन्दी कविता में यह 'रीतिवाद' दो बार चला है। अगर एक अन्य सन्दर्भ से आचार्य रामचन्द्र शुक्ल के शब्दों से प्रेरणा ग्रहण करके कहें तो कह सकते हैं कि पहला रीतिवाद का 'प्रथम उत्थान' (या पतन) था और इन दिनों उस रीतिवाद का 'द्वितीय उत्थान' (या पतन) चल रहा है। पहली बार इस 'रीतिवाद' का दौर-दौरा अज्ञेय द्वारा सम्पादित तीन सप्तकों के बाद चला, जिसे आज हम 'नई कविता' के नाम से जानते हैं। अज्ञेय ने निश्चय ही इन तीन सप्तकों के माध्यम से कविता को 'सम्भव बनाया।' (विजय देव नारायण साही; 'मछलीघर' का समर्पण) निश्चय ही इन तीन सप्तकों में हिन्दी कविता के कुछ महत्त्वपूर्ण नए हस्ताक्षरों को समेटकर उन्होंने छायावाद के घटाटोप और प्रगतिवादी आन्दोलन की कठमुल्ला रूढ़ियों से हिन्दी कविता को मुक्त किया। 'तार सप्तक' का मुख्य उद्‌देश्य परम्परित कविता से अलगाकर भिन्नताओं की खोज है। कवि-व्यक्तित्व की पृथक-पृथक मौलिक अद्वितीयताओं की खोज और उसका संकेत इस संग्रह के सम्पादन और कवियों के एकत्र होने के पीछे स्पष्ट है। दूसरे सप्तक के कवियों में भी बहुत हद तक ये अद्वितीयताएँ कायम हैं, हालाँकि अज्ञेय अपने एक साक्षात्कार में कहते हैं कि उसमें कविता की समृद्ध झलक ज़्यादा दिखाई देती है। तीसरा सप्तक भी काफ़ी हद तक इस अलगाव को सुरक्षित रखे है लेकिन उसमें अज्ञेय की छाया कुछ लम्बी होती हुई दिखाई देती है। एक रूढ़ि, एक तरह के सामान्य

अभिप्राय, प्रतीकों के याकसाँ फ़न और फ़ैशन, कुछ-कुछ 'रागात्मक ऐश्वर्य' (लक्ष्मीकान्त वर्मा) की ललक और अनुकृति, कुछ-कुछ अविनम्र-विनम्र अहंकृति कविताओं में दीख पड़ने लगती है। कुल मिलाकर यह एक दुर्घटना की तरह है और काफ़ी बाद 'चौथा सप्तक' का सम्पादकीय लिखते वक्त अज्ञेय पशोपेश में हैं। सम्पादकीय का 'टोन' कुछ-कुछ खीझा हुआ है। वे अपनी भावनाओं को बार-बार दबाना चाहते हैं क्योंकि चुनाव तो उन्हीं का है और सम्पादन भी। लेकिन जैसा कि जगज़ाहिर है—शब्द झूठ नहीं बोलते, छिपाते नहीं, छिपाकर भी व्यक्त करते हैं। अगर आप एक शब्द से झूठ बुलवाना भी चाहेंगे तो वह चिल्ला-चिल्लाकर कहेगा कि मैं झूठ बोल रहा हूँ, मैं संकोच कर रहा हूँ, मैं बच रहा हूँ, मैं यह नहीं कहा रहा लेकिन कह रहा हूँ। उसी तरह वात्स्यायन की यह भूमिका भी है। वे इन कवियों से अपनी संवेदनात्मक दूरी की भी बात करते हैं, वे बचना चाहते हैं लेकिन अपने अनुकर्ताओं पर उनकी चिढ़ साफ़-साफ़ झलक जाती है। हर सुसंस्कृत आदमी सुसंस्कृत होने के नाम पर बचता है। बाद में अपने एक लम्बे साक्षात्कार 'अज्ञेय अपने बारे में' में रघुवीर सहाय के यह पूछने पर कि क्या एक और सप्तक निकालने पर बात बन जाएगी, वे कहते हैं—नहीं।...अज्ञेय के अनुयायियों की यह पूरी भीड़ (फौज नहीं) 'नई कविता' पत्रिका और आन्दोलन के झंडे तले इकट्‌ठी देखी जा सकती है। यह भीड़ साही जैसे वकील को पाकर 'लघु मानव के बहाने हिन्दी कविता पर बहस' भी करती है और कविता में 'अर्थ की लय' भी खोजती है। लेकिन इनमें इकट्‌ठे सारे कवियों (कुछेक को छोड़कर) की कविताओं पर से उनके नाम हटा दें तो आप पहचान नहीं सकते कि कौन कविता किसकी है। सारी कविताएँ किसी की भी रचना हो सकती हैं। सब कुछ सभी का है और किसी का कुछ नहीं है। बात और विचार (यदि वह है तो) और कहने का ढंग—सब एक है। उसी में 'निज-निज मति अनुसार' कोई नया बिम्ब, कोई नयी लेकिन बासी उदासी, कोई नया लघु मानव, कोई अजूबी गरीबी, कोई नया सन्त्रास और नई अस्मिता का खेल रच रहे हैं। लेकिन अगर कवि नाम हटा दिया जाए तो वह उनमें से किसी की भी सम्पत्ति या विपत्ति हो सकती है। दरअसल विपत्ति ही है क्योंकि सभी कुछ अज्ञेय का उच्छिष्ठ और उतारन है। इसी को मैं समकालीन हिन्दी कविता के रीतिकाल या रीतिवाद का 'प्रथम उत्थान' (या पतन) कहता हूँ, जिसका सारा 'नखशिख', सारा 'नायिका भेद', सारा 'काव्य निर्णय' एक है। उसी को हर कवि रगड़-घिस रहा है। एक व्यक्तित्वहीन, चेहराविहीन कविता की भीड़—यही तो है किसी भी कविता का रीतिकाल। रूढ़िग्रस्त, उबाऊ, नीरस, निरर्थक, जिसके लिए पन्त ने 'चिदम्बरा' की भूमिका में 'रीढ़हीन, आत्म-सुख-दुख के कर्दम में रेंगने वाले लघु-यथार्थ के कला-फेन की सृष्टि' कहा था। इसका सीधा अर्थ है कि ऐसी कविता में कवि के मौलिक और अद्वितीय व्यक्तित्व की छाप नहीं होती। वह किसी (या किन्हीं) बड़ी प्रतिभा द्वारा निगल लिया जाता है और वह कभी नहीं जानता कि वह निगल लिया गया है। कविता की इसी निगली हुई भीड़ द्वारा जो कुछ उगला जा रहा था, उसी से खीझकर अज्ञेय ने वह कविता लिखी थी—'नए कवि के प्रति' :

'आ, तू आ,
हाँ, आ,
मेरे पैरों की छाप-छाप पर रखता पैर...
मेरी तो
तुझे पीठ ही दिखेगी, क्या करूँ कि मैं आगे हूँ
और देखता भी आगे की ओर।...
मैं चला इसी से
तुझको बीहड़ में भी ये पदचिह्न मिले हैं
काँटों पर ये एकोन्मुख संकेत लहू के
बालू की यह लिखत, मिटाने में ही
जिसको, फिर से तू लिख देगा।'

इस कविता को लेकर तब निगले हुए लोगों ने इसी शहर में बड़ा बावेला मचाया था। लेकिन देखिए कि अन्यत्र स्वयं अज्ञेय और दूसरे कुछ महत्त्वपूर्ण कवि क्या कहते हैं :

1. 'विषय केवल 'नए' हो सकते हैं', 'मौलिक' नहीं। मौलिकता 'वस्तु' से सम्बन्ध रखती है। 'विषय' सम्प्रेष्य नहीं 'वस्तु' सम्प्रेष्य है। नए कवियों में ऐसों की संख्या कम नहीं जिन्होंने 'विषय' को 'वस्तु' समझने की भूल की है।...काव्य में सत्य क्योंकि वस्तु-सत्य का ही रागाश्रित रूप है इसलिए उसमें व्यक्ति वैचित्र्य की गुंजाइश तो है ही, बल्कि व्यक्ति की छाप से युक्त होकर ही वह काव्य का सत्य हो सकता है। देखना यह होता है कि वह सत्य के साथ खिलवाड़ या 'फ्लर्टेशन' मात्र न हो।'–अज्ञेय 'नईकविता : प्रयोग के आयाम'–'तीसरा सप्तक' की भूमिका से।

2. 'वस्तुतः हम अपनी कविताओं के खोखलेपन को जानते हैं। यदि न जानते होते तो सम्भावना हो सकती थी कि हम कभी सही मार्ग पर आ सकेंगे।–आज की हमारी कविता तथा हमारे व्यक्तित्वों के बौनेपन के गम्भीर संकट के रूप में अनुभव करना होगा।' नरेश मेहता–'सव्याख्या वक्तव्य' 'नई कविता' से।

3. 'व्यक्तिगत स्तर पर नीचे गिरना या दुःसाध्य होते जाना और मझोले सामूहिक स्तर का प्रकट होना–मानवीय अनुभूति के क्षेत्र में भी यही हो रहा है : जन-जीवन में भी मानवीय मूल्यों का एक घटिया सामूहिक प्रतिमान उभरता दिखाई दे रहा है...जबकि मानवीय अनुभूति के लिए स्वीकार तो है, पर उसमें उत्कृष्टता का आग्रह न होकर एकरूपता का, स्तरीकरण का आग्रह है। मैं दोहराना चाहता हूँ कि यह सामाजिक धारणा प्रगतिशील आन्दोलन की सामाजिक धारणा से ज़्यादा ख़तरनाक है। इसमें बाजारूपन, कामचलाऊपन और सस्तेपन के बीज ज़्यादा अच्छी तरह पनप सकते हैं और व्यक्ति की गहरी अनुभूतियों के रास्ते में ज़्यादा अच्छी तरह बाधाएँ दे सकते हैं।' रघुवीर सहाय-सव्याख्या वक्तव्य 'नई कविता' से।

4. '(नई कविता में) क्योंकि लिखने के पथ में जोखिम नहीं है–छन्द, लय, तारतम्य–यहाँ तक कि अर्थ की आवश्यकता। पानी पर भी लकीर खिंचती है और आसमान में भी।' भवानी प्रसाद मिश्र–सव्याख्या वक्तव्य 'नई कविता' से।

5. 'हमको इस प्रतिक्रियावाद से, अर्थात् मनस्तरंगवाद से, अथवा क्षणवाद से निकलना होगा।...यह (कविता का) अथाह सागर फुटकल कविताओं में, क्षणिक उच्छवासों में, क्षणिक प्रतिक्रियाओं में अपने सर्व-सम्पूर्ण अस्तित्व के साथ विराजमान नहीं होता।' मुक्तिबोध–'नई कविता की उपलब्धि और सीमा', रचनावली-4, पृ. 118 से।

इन सभी वक्तव्यों का बुनियादी कथ्य क्या है ? एक तो यह कि कवि-व्यक्तित्व की छाप के बिना कोई कविता काव्य-सत्य के रूप में परिवर्तित नहीं होती। दूसरे, कवि को 'विषय' और 'वस्तु' (यानी कोई विषय कैसे कलात्मक इम्प्रेशन में बदलता है) का फ़र्क जानना चाहिए। अज्ञेय की इस शिकायत में यह अन्तर्ध्वनि है कि इन दोनों से शून्य कविताई ही कविता में 'रीतिवाद' को जन्म देती है। हम सब जानते हैं कि मौलिक और नकल में बाल बराबर का फ़र्क होता है और उखड़े हुए, हताश अनुकर्ता अखाड़े में उतरने की चुनौती भी अक्सर देते रहते हैं। नरेश मेहता का वक्तव्य जैसे कविता में खोखलेपन का आत्मस्वीकार है लेकिन उनके 'हम' में वे सारे निगले हुए लोग शामिल हैं। यह संकेतार्थ की उनकी अपनी शैली है जिसे हम सन् '59 से जानते हैं। लेकिन वे 'व्यक्तित्वों के बौनेपन' की चर्चा करते हैं। यह वही व्यक्तित्वहीन सामूहिकता है। रघुवीर सहाय का वक्तव्य दुतरफ़ा मारता है। मानवीय अनुभूति के क्षेत्र में 'मझोले स्तर की सामूहिकता, एकरूपता और मानकीकरण' की चिन्ता का अर्थ ही व्यक्तित्वहीन कविता की भीड़ के ख़तरे और 'व्यक्ति की गहरी अनुभूतियों के रास्ते में बाधाएँ हैं।' इन बाधाओं को रघुवीर सहाय ने कैसे हल किया, यह हम सब जानते हैं। अपने ढंग से नरेश मेहता ने भी उसे हल करने की कोशिश की। वे अपनी पहचान के लिए वानस्पतिक गन्धों, चीड़वनों में दीक्षा-भिक्षा लेने चले गए, वैदिकता में उतरे और इस तरह जीवन को अभिव्यक्त करने से ही छले गए। एक काल्पनिक प्रकृति की संवेदना ने उन्हें सदा के लिए ठग लिया। लेकिन इतना तो हुआ ही कि उनकी कविता उनके नाम के बिना भी पहचानी जा सकती है। भवानी प्रसाद मिश्र ने दूसरी जगह उँगली रखी और वह बहुत महत्त्वपूर्ण है। कविता लिखनी आसान हो गई। 'कोई कवि बन जाए, सहज सम्भाव्य है।' कुछ भी लिखो कविता है। और कैसे भी लिखो। इसी को कविता में मैं 'छन्दहीन छछन्द' कहता हूँ। निराला ने कविता को मुक्त किया तो इसलिए कि जो तुक और छन्दों के जोड़ में नहीं समाता उसे कविता में कैसे लाया जाए। तब भी कुछ लोगों ने उसे 'अर्र-बर्र' माना था, लेकिन 'राजनीति कड़ी-से-कड़ी चल रही है' यह काव्य-बन्ध बिना छन्द के उन्हीं का है जो अब एक मुहावरा बना हुआ है। तो मुक्ति का अर्थ 'कामचलाऊपन' नहीं था जैसा कि आगे चलकर हुआ और आज भी हो रहा है। मुक्तिबोध इन सारे लक्षणों को, जिनसे नई कविता में यह अद्भुत रीतिवाद पैदा

हुआ, 'मनस्तरंगवाद' कहते हैं। यह अपने आप में हिन्दी आलोचना के लिए एक नया शब्द है। मैं सिर्फ़ इतना ही कहूँगा कि यह 'मनस्तरंगवाद' आज भी कविता में चालू है।

ऐसा नहीं है कि रीतिवाद के इस 'प्रथम उत्थान' में लक्षण-शास्त्र नहीं रचे गए। इसका बीड़ा दो लोगों ने उठाया जो कविता भी करते हैं–लक्ष्मीकान्त वर्मा और डॉ. जगदीश गुप्त। लक्ष्मीकान्त वर्मा ने तो बाकायदा 'नई कविता के प्रतिमान' नाम से इस कविता का एक लक्षण-शास्त्र रच डाला। उसमें सलीके से एक-दो-तीन-चार करके उन लक्षणों का बखान किया गया है जिनके बिना 'नई कविता' नहीं हो सकती। फिर आगे उन सूत्रों को व्यास शैली में उद्धरण दे-देकर समझाया भी गया है। यह एक महत्त्वाकांक्षी परिकल्पना है जिसमें सब कुछ समेटने का प्रयत्न है–वैयक्तिक क्षण, यथार्थ, अस्मिता और कविता पर विचारहीन मध्यवर्गीय वर्चस्व का प्रयत्न। प्रगतिशील वस्तुगत सामूहिकता का विरोध करते हुए, व्यक्तित्वहीन, वैयक्तिक सामूहिकता की वकालत, जिसे रघुवीर सहाय 'मझोले सामूहिक स्तर पर प्रकट होना' कहते हैं। लेकिन लक्ष्मीकान्त द्वारा पैदा की गई सबसे बड़ी 'उपसम्पदा' है लघुमानव। इसके बारे में स्वयं उन्हीं के शिष्य मलयज क्या कहते हैं; 'लघुमानव = औसत आदमी + क्षण-क्षण का यथार्थ + बाह्यरोपित विचारधारा का विरोध। यह लघुमानव रचना के भीतर से स्वयं प्रकट नहीं हुआ, टेस्ट-ट्यूब बेबी की तरह अनुभव और सिद्धान्त का जोड़ बिठाकर जन्माया गया है।' ('संवाद और एकालाप' में निबन्ध–'आकारों की खोज' पृष्ठ-43.1)। और पं. रामस्वरूप चतुर्वेदी : 'क्षण का महत्त्व कवियों की प्रतिभा को अल्पकालिक बना दे, यह खेद का विषय है।' (नई कविता : सिद्धान्त पक्ष, पृष्ठ 253) जब यह लघु मानव स्वयं लक्ष्मीकान्त वर्मा के साथियों द्वारा पिटने लगा तो साही ने इसके बहाने हिन्दी कविता पर एक लम्बी बहस कर डाली। साही अक्सर अपने साथियों के बचाव का बीड़ा उठाते थे। उस पूरे निबन्ध में बहुत सारी अच्छी बातें भी हैं लेकिन उसका सारतत्त्व यह है कि अज्ञेय, प्रसाद की तरह के ही कवि हैं। यह बात प्रशंसा में तो नहीं ही कही गई है और इसमें एक ज़बर्दस्त तार्किक कुतर्क की ध्वनि भी गूँजती है और वह भी उस कवि के लिए, जिसने साही के ही शब्दों में 'कविता को सम्भव' बनाया। लेकिन साही अपने दोस्तों के लिए 'सदा सहाय' रहते थे। एक बार कॉफ़ी-हाऊस में मैंने पूछा कि 'जब रामस्वरूप चतुर्वेदी ने अपना नाम 'नई कविता' पत्रिका के सम्पादक से हटा लिया तो आपने अपना नाम क्यों दे दिया ? आप तो कुछ करते-धरते नहीं, सारा काम तो जगदीश गुपत करते हैं'। साही ने पहले अपना पाइप भरा, सुलगाया, कश लिया और बोले, 'जगदीश जी डरपोक हैं। तो मैंने उन्हें अभयदान दिया है कि ठीक है, मेरा नाम दे दो, फिर जो मन में आए करो।' लेकिन बावजूद इसके साही इस नामहीन सामूहिक काव्य-कृतित्व की वकालत अपने निबन्धों में कभी नहीं करते। वे 'साहित्य क्यों ?' जैसे बड़े प्रश्न उठाते हैं, यद्यपि कि अपने पच्चीस शीलों के बावजूद वे इस रीतिवाद के शिकार हैं। चाहे वे 'साधो' को बुलाएँ या फ़ैंटेसी में जाएँ, अज्ञेय की सर्वग्रासी भाषा उन्हें

क्षत-विक्षत करती ही है। लेकिन अपने फ़तवों के अनुकूल जोड़-गाँठकर बिठाने में लक्ष्मीकान्त वर्मा ने जो अपनी कविता की दुर्गति की है, वह तो असली 'लिंगवादलमोतवाद' है। फिर भी 'नकेन' में भी कविता है और 'नई कविता' के इस शास्त्रकार में भी। दूसरे कवि-लक्षणकार डॉ. जगदीश गुप्त हैं। आचर्श्यजनक साम्य यह है कि वे नायिका-भेद और नखशिख वाली कविता के अद्भुत प्रेमी और पारखी हैं और उन्होंने एक पूरा संग्रह 'युग्म' इस युगनद्धता पर रचा था। बाद में उन्हें शम्बूक का भूत दिखाई देने लगा। लेकिन 'नई कविता' पत्रिका के सम्पादक होने क नाते उन्होंने 'अर्थ की लय' से लेकर तरह-तरह के शास्त्र रचे। दरअसल 'नई कविता' को कोई छू भर दे, चाहे वह नगेन्द्र हों, नन्द दुलारे वाजपेयी हों, अज्ञेय हों, धर्मवीर भारती हों, उन्हें तुरन्त लगता था कि पत्रिका का शीलभंग हो गया और वे दौड़ा लेते थे। इसी दौड़ाने की प्रक्रिया में उन्होंने अपना लक्षण-शास्त्र रचा है। साही की ट्रेजिक अनुपस्थिति में भी यह सवाल मानी रखता है कि खड़ी बोली के सिर जो उन्होंने तीन दायित्व डाले थे–'एक-नए सिरे से ब्रजभाषा की मिलाप वाली परम्परा को चलाना। दो–किसान समाज को, जिसे दिल्ली और लखनऊ ने त्याग दिया था, अभिव्यक्ति देना। तीन–भारत के समूचे इतिहास को आत्मसात करके एक नया भारत-बिम्ब प्रस्तुत करना' ('धर्म-निरपेक्षता की खोज में'–साहित्य क्यों–पृष्ठ 99) वह भारत-बिम्ब, वह किसान समाज नई कविता के इस रीतिवादी दौर में कहाँ प्रकट हुआ ?

इस पूरी बहस को मद्देनज़र रखते हुए अब हम चाहें तो देख सकते हैं कि आचार्य रामचन्द्र शुक्ल कविता में इस रीतिवादिता के बारे में क्या कहते हैं, हालाँकि उनके कथन का सन्दर्भ हिन्दी की रीतिकालीन कविता है; 'उसका (कवि-दृष्टि) क्षेत्र संकुचित हो गया। वाग्धारा बँधी हुई नालियों में ही बहने लगी जिससे अनुभव के बहुत से गोचर और अगोचर विषय रससिक्त होकर सामने आने से रह गए। दूसरी बात यह हुई कि कवियों की व्यक्तिगत विशेषता की अभिव्यक्ति का अवसर बहुत ही कम रह गया। कुछ कवियों के बीच भाषा-शैली, पद-विन्यास, अलंकार विधान आदि बाहरी बातों का भेद हम थोड़ा-बहुत दिखा सकें, उनकी अभ्यन्तर प्रवृत्ति के अन्वीक्षण में समर्थ, उच्चकोटि की आलोचना की सामग्री बहुत कम पा सकते हैं।' (रामचन्द्र शुक्ल, हिन्दी साहित्य का इतिहास, 22वाँ संस्करण : पृष्ठ 164)।

3

यह एक अहम सवाल है कि क्यों एक बड़ा कवि हज़ारों की संख्या में अपने अनुकर्ता पैदा करता है, कैसे उसके पीछे एक रूढ़ि, एक मुद्रा, एक ऊब, एक रीति निर्मित होती है, कैसे वह बहुत सारे कवियों के अनजाने ही उन्हें निगल लेता है, कैसे वह आगे आने वाली एक पूरी जमात-की-जमात को बंजर और बौना कर देता है, और कैसे एक दूसरा बड़ा कवि अपना कोई अनुकर्ता नहीं पैदा करता, अपने पीछे कोई रूढ़ि, कोई रीति नहीं

निर्मित करता। वह अपने रचना-कर्म द्वारा कविता को समृद्ध करता है और आगे दूसरों के लिए मैदान खाली कर देता है कि आओ, और तुम अपनी अद्वितीय मौलिकता में, जिसे शुक्लजी कहते हैं—अपनी 'व्यक्तिगत विशेषता की अभिव्यक्ति' द्वारा जैसे चाहो समृद्ध करो। निराला ने, जिनका प्रसार इतना बड़ा है, अपनी कोई रूढ़ि निर्मित नहीं की, मुक्तिबोध का कोई अनुकर्ता पैदा नहीं हुआ, शमशेर का अनुकरण असम्भव है, त्रिलोचन का एक भी अनुगामी नहीं। ये कवि अपने आप में सम्पूर्ण हैं और अपनी मौलिक अद्वितीयता में अक्षुण्ण। उनका कोई सामान्यीकरण नहीं हो सकता। उनके भीतर से काव्य-रचना के किसी भी सरल नियम को 'रिड्यूस' करके किसी दूसरे के लिए काव्य-रचना सम्भव नहीं। वह बड़ा कवि अज्ञेय है जो अपने ही अनुकर्त्ताओं से खीझा हुआ है। वह उनसे संवेदनात्मक दूरी की भी बात करता है लेकिन है नहीं। जैसे जयदेव, विद्यापति और कुछ हद तक सूरदास के 'रिडक्शन' से रीतिकालीन कविता का माहौल निर्मित हुआ, कुछ-कुछ दूसरे अर्थों में वही घटना अज्ञेय के साथ घटी और विचित्र यह है कि उनके जीवित रहते ही, उनके रचना-रत रहते ही घटी। इसके कारण क्या हैं ? मेरी समझ में अज्ञेय ने कवि बनने के व्याकुल आकांक्षी लोगों के लिए कविता की एक सरल राह तैयार की। उन्होंने मध्यवर्ग के लिए एक एकरेखीय सुगम शिल्प का निर्माण किया जिसमें द्वन्द्वात्मकता नहीं है। उन्होंने मध्यवर्गीय बुद्धिजीवियों के लिए यह सुविधा प्रदान की कि वे बाहर के वृहत्तर भारतीय समाज से संवेदनात्मक स्तर पर बिना सम्पर्क साधे भी कविता में काम चला सकें। रघुवीर सहाय इसी को 'कामचलाऊपन' कहते हैं। किसी वृहत्तर शब्द-सम्पदा को आयत्त किए बिना भी, किसी कठिन जीवन का सामना किए बिना भी, किसी बड़े सामाजिक संघर्ष की हिस्सेदारी के बिना भी अपनी निजी, स्वायत्त और संकीर्ण दुनिया में रहते हुए भी काव्य-सृजन सम्भव हो सकता है, इस विचार को उन्होंने जन्म दिया, अनजाने ही जन्म दिया, जबकि उनका अपना जीवन एक वृहत राजनीतिक संघर्ष का अंग था। फिर उन्होंने एक ऐसी मानक, सुगम, निर्द्वन्द्व, तात्समिक भाषा का रूप खड़ा किया जो सामाजिक द्वन्द्वात्मकता और लोक-संघर्ष से कटा हुआ था और जिसे आसानी से दोयम दर्जे की संवेदना और संकल्पना वाले लोग भी हस्तगत कर सकते थे। इस निरायासता में से ही तब कविता में यह भयावह रीतिवाद पैदा हुआ। उनके लिए जो कठिन निर्मिति थी उसी में इस रीतिवाद के बीज भी छिपे हुए थे। तब अपनी एकान्तिकता और निजता में छिपकर रहने वाला यह कवि, जिसने अपने स्वीकार के लिए अपने प्रवक्ता पैदा किए, उन्हीं के द्वारा चुनौती दिए जाने पर खीझता है और एक रहस्यवादी टोन का इस्तेमाल करते हुए कहता है कि 'मैं बालू की वह लिखत हूँ जिसे मिटाते हुए भी तू उसे पुनः लिख देगा।' यानी तू वही करेगा, जो मैं कर चुका हूँ, कुछ भी अलग नहीं। एक पूरी की पूरी पीढ़ी को इसी तरह वे निगल जाते हैं और उनको बंजर कर देते हैं।

दूसरी ओर हम यह भी देखते हैं कि जो उनके दौर के दूसरे बड़े कवि हैं, और जिन्होंने अपनी कोई रूढ़ि दूसरों के लिए नहीं निर्मित की, वे कितने कठिन जीवन-संघर्ष

से गुज़र रहे थे—मुक्तिबोध, शमशेर, नागार्जुन, केदारनाथ अग्रवाल, त्रिलोचन। इनमें से कुछ को उन्होंने अपने शुरुआती दौर में विभिन्न 'राहों के खोजी' के रूप में समेटा भी, कुछ को अपनी व्यक्तिगत रुचि-अरुचि के कारण छोड़ भी दिया। उनमें से लगभग सभी कठिन जीवन-संघर्ष के साथ किसी-न-किसी रूप में सामाजिक संघर्ष से भी जुड़े हुए हैं। अतः उनका संवेदनात्मक जगत अज्ञेय से पूरी तरह भिन्न और अधिक समृद्ध, अधिक आवेग-जन्य, अधिक तनावपूर्ण और अनेक आयामी भी है। उनकी संवेदनात्मक भूमि पर उतरने के लिए उतने कठिन जीवन संघर्ष और सामाजिक संघर्ष में कवि-आकांक्षी लोगों को उतरना पड़ेगा। लेकिन अज्ञेय ने उससे बचते हुए कविता का एक रास्ता हर स्तर पर तैयार किया। वही इसके लिए दोषी हैं। यह नहीं कि उनकी काव्य-भूमि का प्रसार इतना बड़ा था कि उससे बाहर कोई जा ही नहीं सकता था।

एक और तथ्य यह भी है कि वास्तव में जो मुख्यधारा के बड़े कवि थे और जिन्होंने अपनी कोई रूढ़ि निर्मित नहीं की, वे नई कविता की इस सारी बहस, सारी हबड़-दबड़ से बाहर थे। वे होते हुए भी लगभग नहीं थे। कह कहते हैं कि वे एक साजिश की तहत हाशिए पर डाल दिए गए थे। 'प्रगतिशील लेखक संघ' के आन्तरिक अन्तर्विरोध के कारण उनके पास एक सुव्यवस्थित मंच नहीं था। दूसरी ओर के ख़ेमे के हाथ में लगभग सारी साहित्यिक पत्रिकाएँ थीं। एक चौतरफ़ा आक्रमण था, पुणे से, हैदराबाद से, मुम्बई से, लखनऊ और इलाहाबाद से—यहाँ तक कि मुजफ्फरपुर, छपरा और राँची से। लेकिन उसमें मुख्य भूमिका इलाहाबाद की थी जहाँ से 'निकष', 'नए पत्ते', 'नई कविता', 'क ख ग' और कुछ दिनों तक 'आलोचना' जैसी पत्रिका भी निकलती थी और शुरू के दिनों में 'प्रतीक' भी। दूसरी ओर जैसा कि मैंने कहा ये कवि अपने जीवन संघर्षों और सामाजिक संघर्षों में फँसे हुए थे या मुब्तिला थे। इसीलिए इस रूढ़ि का निर्माण लगभग निःशंक भाव से इकतरफ़ा हुआ। अगर कोई रगड़ होती तो इस दफसट में फँसे कवियों को शायद सन्देह करने का अवसर मिलता कि कविता की कठिन भूमि इतनी आसानी से नहीं पाई जाती 'और भी दुख हैं ज़माने में लघुमानव के सिवा।' नामवर सिंह, जिनकी सारी आलोचना इस वैचारिक शीतयुद्ध की उपज है, उन्होंने भी 'कविता के नए प्रतिमान' में जब एक उत्तरपक्ष प्रस्तुत करने की कोशिश की तो प्रकारान्तर से उन्होंने भी नई कविता की इस रूढ़ि को पुख़्ता ही किया। उस किताब के सारे उपशीर्षक जो पश्चिमी 'न्यू क्रिटिसिज़्म' से लिए गए हैं या प्रभावित हैं, और जो तत्कालीन कविता की उनकी व्याख्या है, वह मेरे इस कथन का प्रमाण हैं। मुक्तिबोध या नागार्जुन का तो कमंडलु के जल की तरह छिड़काव है। अपने इसी असन्तोष के कारण नामवर सिंह को सत्तर के बाद 'दूसरी परम्परा' की खोज में लगना पड़ा। दूसरी परम्परा, जो कि वास्तव में मुख्य और पहली परम्परा है। मेरा एक मित्र उनके इस तरह के विचित्र विचलन को लक्ष्य करके अक्सर मज़ाक में कबीर की ये पंक्तियाँ उद्धृत करता है :

'अब कहु राम कवन गति मोरी
तजिले बनारस मति भइ थोरी।'

4

कविता को इस रूढ़ि, इस सामान्यीकरण, स्तरीकरण, इस बेनामी बैनामे से निकालने का तात्कालिक काम तब हमारी इस तथाकथित 'दूसरी परम्परा' के कवियों ने नहीं किया। इस प्रथम 'रीतिवादी उत्थान' (पतन) को तोड़ने, बिगाड़ने, छिन्न-भिन्न करने का काम तो सन् '60 के बाद अपनी दिग्भ्रमित (?) ऊर्जा से राजकमल चौधरी और अपनी चमकती सूक्तियों और ठेठ किसानी ठाट से धूमिल ने किया। इतने कठिन काम को जिन दो कवियों ने अंजाम दिया, देखना चाहिए कि नामवर सिंह उनके बारे में या उस दौर के बारे में क्या कहते हैं :

''यह वही दौर था जिसमें 'जीभ और जाँघ के चालू भूगोल' और 'देह की राजनीति' वाली कविताएँ लिखी गईं। ज़्यादातर यह शहराती निम्नमध्यवर्गीय लोगों के असन्तोष, आक्रोश, कुंठा की अभिव्यक्ति थी, जिसमें राजनीति बहुत धूमिल थी और इसका जनता की आशाओं-आकांक्षाओं से कोई सम्बन्ध न था।'' ('कहना न होगा' पृष्ठ 255)।

''इस आर्थिक, राजनीतिक संकट के दौर में अनेक प्रकार की निम्नमध्यवर्गीय, अराजकतावादी प्रवृत्तियाँ प्रकट हुईं जिनमें कुछ की अभिव्यक्ति कविता में भी हुई। धूमिल की कविता का सामाजिक संसार मोटे तौर पर यही है, किन्तु धूमिल की विशेषता यह है कि इस उथल-पुथल की तस्वीर पेश करते हुए भी वे भीड़ का हिस्सा नहीं बने।'' ('कहना का होगा', पृष्ठ 265)।

अब हम राजकमल चौधरी की एक कविता का उदाहरण देते हैं : कविता का शीर्षक है 'अगस्त' '65 की आख़िरी कविता' :

किराए पर लाए गए लाउड-स्पीकर के अलावा (जो अब
तेज आवाज़ में 'रामधुन' बजा रहा था)
जुलूस के सारे लोग बेहोश हो गए, अचानक
टियरगैस और अफ़वाहें
हमारी बुद्धि और हमारे सार्वजनिक परिताप को
व्यर्थ करने लगीं।
ज़्यादा मोटे और कम लम्बे व्यक्तियों ने कहा,
चुप रह जाओ, मौसम
चुप रहने से ही बदलता है।
यों भी आजकल बेवफ़ाई है शोर-गुल करना;
चुप रहो, हे प्रजाजन,
जो कुछ भी कहना है, अपने प्रभु से
चुप रहकर ही कहो।

('इस अकाल वेला में', पृष्ठ 127)

कुछ-कुछ सुर्रियलिस्टिक टोन है कविता का लेकिन क्या सचमुच इसमें 'राजनीति धूमिल' है ? या गहरा 'डिप्रेशन' ? एक व्यंग्य ? क्या इन बातों का 'जनता की आशाओं आकांक्षाओं' से कोई सम्बन्ध नहीं बनता ? और किस आर्थिक-राजनीतिक संकट की बात कर रहे हैं वे ? जब उत्तर प्रदेश में पहली बार कांग्रेस और इन्दिरा गांधी का वर्चस्व ख़त्म हो रहा था ? और जो वास्तविक संकट आने वाला था, जिसमें 'चुप रहने से ही मौसम बदला' और जिसकी तरफ़ कविता इशारा करती है। क्या कांग्रेस का टूटना एक राजनीतिक संकट था ? बांग्ला में दो शब्द होते हैं 'सकाल-बिकाल' और हिन्दी में एक 'सुकाल' शब्द चलता है और एक 'दुकाल'—'दुसह दुकाल प्रजान को, क्यों न बढ़े दुख-दन्द'। और राजकमल इस पूरे समय को 'अकाल वेला' कहते हैं। क्या राजकमल इस कठिन समय की ओर इशारा नहीं करते जिसमें टियर गैस और अफ़वाहें एक पूरे जुलूस को बेहोश कर देती हैं ? वे कौन लोग हैं जो उस 'अकाल वेला' से लेकर आज तक अपने प्रभु से चुप रहकर ही जो माँगना होता है, माँग रहे हैं ? वे कौन लेखक ? कौन संस्कृतिकर्मी ? जो हँसमुख भगत बने हुए 'धनौती मठ' के बाहर वर्षों से खड़े हैं ? वे कौन प्रजाजन हैं, गोरख पांडे के शब्दों में 'हम समझते हैं।' राजकमल या धूमिल या मुक्तिबोध या शमशेर तो हैं नहीं। इस तरह की चालू प्रतिक्रियाएँ देनी हों तो कम-से-कम लिखित तो नहीं ही देनी चाहिए। वाचिक में तो नामवर सिंह यह सब चलाते ही रहते हैं। 'जीभ और जाँघ के चालू भूगोल' और 'देह की राजनीति' जैसे फ़िकरों का इस्तेमाल करने के पहले उन्हें देख लेना चाहिए था कि कहीं कविता के मूल सारतत्त्व को ही तो वे नहीं नष्ट-भ्रष्ट और विकृत कर रहे हैं। जब धूमिल इस चमकदार सूक्ति का इस्तेमाल करते हैं तो वे क्या कहना चाहते हैं ?

जीभ और जाँघ के चालू भूगोल से
अलग हटकर उसकी कविता
एक ऐसी भाषा है जिसमें कहीं भी
'लेकिन' 'शायद' 'मगर' नहीं है
उसके लिए हम इत्मीनान से कह सकते हैं कि
वह एक ऐसा आदमी था जिसका मरना
कविता के बाहर नहीं है।

('राजकमल चौधरी के लिए', 'संसद से सड़क तक,' पृष्ठ-33)

'देह की राजनीति' राजकमल का मुहावरा है—'देह की राजनीति करती थी मंजू हालदार'। जब लखनऊ में कालिदास मार्ग या पार्क रोड पर बैठकर एक औरत 'देह की राजनीति' करती है और उसे चालू रखने के लिए बॉस के निर्देश पर एक दूसरी औरत की हत्या करवा के अपने बँगले के पिछवारे ही दफ़न करवा देती है या उसे दूर नेपाल की तराइयों में कहीं लालटने की धुँधली रोशनी में 'देह की राजनीति' करने पर मजबूर कर देती

है तब तो वह 'यक्ष गान' है और काबिले-तारीफ़ है लेकिन अगर मंजु हालदार जैसी हज़ारों लड़कियाँ इस देश में 'देह की राजनीति' करने पर विवश हैं तो वह छिः छिः है। हम जानते हैं कि नामवर सिंह एक शुद्ध-बुद्ध-प्रबुद्ध आदमी हैं लेकिन कविता या रचना को कविता की तरह देखना चाहिए, किसी आर्यसमाजी की तरह नहीं। उसी 'देह की राजनीति' के बारे में वही धूमिल अपनी एक कविता में क्या कहते हैं :

उस औरत की बगल में लेटकर
मैंने पहली बार महसूस किया है
कि नंगापन
अन्धा होने के ख़िलाफ़
एक सख़्त कार्यवाही है...
मेरी कविताएँ अँधेरा, कीचड़ और गोश्त की
खुराक पर ज़िन्दा हैं।

('उस औरत की बगल में लेटकर', 'संसद से सड़क तक,' पृष्ठ-27)

इस 'देह की राजनीति' है या 'नंगापन', 'अन्धा' होने के ख़िलाफ़ एक 'सख्त कार्यवाही' की बात कवि कर रहा है ? 'अँधेरा', 'कीचड़' और 'गोश्त' और 'नंगापन' केवल अभिधाएँ हैं या उनका कोई लाक्षणिक अर्थ भी है ? 'नई कविता' के नामहीन सामान्यीकरण और 'वाह्यारोपित विचारधारा' का विरोध करने वाले नारे के पीछे वह कौन-सी विचारधारा काम कर रही है जिसके ख़तरनाक 'अन्धेपन' के ख़िलाफ़ धूमिल 'नंगापन' की वकालत कर रहे हैं ? क्या कवि धूमिल विचारों से इतने 'धूमिल' हैं कि वे समझते नहीं और अराजक ढंग से बोलते हैं ? मेरा कहना है कि राजकमल चौधरी की अधिकांश कविताओं को उस वक्त की भारतीय जन-मानस की संरचना के भीतर रखकर देखना चाहिए। भारत-चीन युद्ध, थोड़े-थोड़े अन्तरालों में दो पाकिस्तानी युद्ध और '67 के अकाल जैसी मोटी-मोटी बातों का उल्लेख करके (जैसे कि नामवर सिंह करते हैं।) भारतीय जन-मानस की तत्कालीन संरचना को नहीं समझा जा सकता। यह एक ऐतिहासिक अनैतिहासिकता है जिसको ज़बर्दस्ती जन-मानस के एक इतिहास-तथ्य के रूप में प्रस्तुत किया जाता है। वास्तविकता यह है कि यह समय भारतीय आज़ादी पर एक प्रश्नचिह्न लगाने का समय है जिसे नामवर सिंह 'टुटपुँजिया मध्यवर्गीय अराजकतावाद' की संज्ञा दे रहे हैं। यह ज़रूर है कि एक कवि-कलाकार जब इस सवालिया निशान को अपने सामने खड़ा पाएगा तो अति संवेदनशील प्राणी होने की वजह से वह अपनी कविता के लिए कोई शरण्य ढूँढ़ेगा, और न मिलने पर अगर वह मरता है तो जैसा कि धूमिल कहते हैं, "उसका मरना कविता से बाहर नहीं है।" मुक्तिबोध, राजकमल, धूमिल और गोरख पांडे का मरना "कविता के बाहर नहीं है।" और कविता के भीतर भी जो मरता है, वहाँ कहाँ मरता है और क्यों करता है, इसे समझना चाहिए। It (Art) rather consists of bursts of fancy. Whatever may be the genre, art brings with it the feeling of being in the presence of living truth–ऋत्विक घटक एक जगह कहते हैं। ('Cinema and I', Page 14) तो इस bursts of fancy और feeling of being in the presence of living truth को कविता के सन्दर्भ में समझना चाहिए कि वह है या नहीं। अगर यह है और पाकिस्तान या चीन का युद्ध नहीं है कविता में तो एक कवि राष्ट्रविरोधी, देशद्रोही और अनैतिहासिक हो जाता है। स्थूल तथ्यों से कविता या कोई भी कला नहीं बनती।

5

अपने एक पिछले आलेख में, कविता कैसे कविता बनती है, इसके बारे में लिखते हुए इमेनुएल कॉन्ट के हवाले से मैंने 'सब्जेक्टिव यूनिवर्सल' की बात कही थी। कवि व्यक्तित्व की मौलिक अद्वितीयता ही यह काम करती है। यही एक शर्त है जिससे वह नामहीन सामूहिकता से बचता है। इसी तरह वह अपनी परम्परा से जुड़ते हुए भी उससे अपने को अलग और एकात्म करता है। इसी तरह वह वहाँ खड़ा दिखता है जहाँ उसके समकालीन या पूर्ववर्ती या परवर्ती कभी नहीं खड़े दिखाई देते या दिखाई देंगे। दुनिया के सारे बड़े कवियों के सामने अपने लिए और मात्र अपने लिए जगह बनाने की समस्या रहती है। यही एक कला-रचना का सारतत्त्व है। जहाँ इसका क्षरण होना शुरू हुआ, कला और रचना में एक कामचलाऊ संवेदनात्मक सामूहिकता विकसित होने लगती है। इसी से किसी भी ज़माने की कविता में रीतिवादी प्रवृत्तियाँ विकसित होने लगती हैं। और कोई ज़रूरी नहीं कि कला और कविता के क्षेत्र में पनपने वाला यह रीतिवाद प्रतिक्रियावादी, दक्षिणपन्थी विचारों के भीतर से ही आए। वह दक्षिपन्थियों-वामपन्थियों दोनों को समान रूप से अपना शिकार बनाता है। हिटलर के ज़माने में जर्मन भाषा, साहित्य और संगीत में कुकुरमुत्ते की तरह फैली हुई सामूहिकता और रीतिवाद के बरक्स ब्रेश्ट के नाटक तो क्या, उनकी इम्प्रेशनिस्टिक डायरियाँ भी अद्वितीय मौलिकता की छाप लिए हुए दिखती हैं। दूसरी ओर स्टालिन के दौर में लिखे गए सारे जनोन्मुखी उपन्यास चाहे वह 'आइरन फ़्लड' हो या 'वर्जिन स्वायल अपटर्ड' हो या सारी कविताएँ, पास्तरनाक की एक कविता 'हेमलेट' या उपन्यास 'डॉ. ज़िवागो'; के आगे निस्सार हैं। इसका अर्थ यह नहीं है कि एक कवि-लेखक अपनी प्रतिरोधी अन्तर्दृष्टि से ही मौलिक अद्वितीयता की छाप छोड़ सकता है। ऐसा नहीं है कि बाएँ हो तो दाएँ जाओ या दाएँ हो तो बाएँ जाओ। वैसे हिन्दी में ऐसे बेरहम अवसरवादियों की कमी नहीं है। कुछ तो ऐसे हैं जो जाति पर ही टूट जाते हैं। ज़रूरत इस बात की है कि अपने कवि-समय को आप सम्पूर्ण संवेदनात्मक उत्कटता के साथ समझ और अभिव्यक्त कर रहे हैं या नहीं। वह छटपटाहट जो नहीं कही जाती, फिर भी आप यह कह रहे हैं कि नहीं, कि नहीं कही जाती। या जो मैं कह रहा हूँ वह, वह नहीं है जो मैं कहना चाहता हूँ।

अगर ऐसा समय है तो इसी तरह अनकहा कह दिया जाता है। ग़ालिब अपने वक्त के बारे में कहते हैं :

खुलता किसी पे क्यों मेरे दिल का मुआमला
शेरों के इंतिखाब ने रुसवा किया मुझे।

रवीन्द्रनाथ के सामने उनके पहले चंडीदास, गोबिन्द दास और ब्रजभाषा की भक्ति कविता की विराट परम्परा थी। कबीर जैसा कवि था जिसका उन्होंने अंग्रेज़ी में अनुवाद किया। रवीन्द्रनाथ के सामने इस विराट परम्परा से जुड़े रहते हुए भी अपना अलग विकास करना था। क्योंकि अगर वे वही लिखते जो चंडीदास या नामदेव या कबीर लिख गए थे तो उनके होने का क्या अर्थ था ? किसी भी कवि के वह होने का क्या अर्थ है जो उसके पूर्ववर्ती थे, या समकालीन हैं या परवर्ती होंगे ? ऐसा काव्य-कर्म, कला-कर्म निरर्थक है। रामकिंकर कहा करते थे कि 'मैं मूर्ति के चेहरे को सपाट रखूँगा, ऐसा बनाऊँगा जिसमें चेहरे की हल्की-सी छाया-झलक हो।' पूछने वाले ने पूछा कि 'तब अमूर्तन नहीं होगा ?' राम किंकर ने अपना कुल्हड़ उठाते हुए कहा कि 'मैं वही करूँगा जो न दूसरों ने किया, न करेंगे। मैं नन्दलाल बोस की तरह क्यों होऊँ ? कला में अमूर्तन भी चलेगा, बशर्ते वह सिर्फ़ अपना हो।' रवीन्द्रनाथ के सामने यह समस्या थी। एक बड़ा कवि कैसे इसको हल करता है, देखते हैं। 'गीतांजलि' का 30वाँ छन्द है :

एकला आमि बाहिर होलेम तोमार अभिसारे
साथे-साथे के चले मोर नीरब अन्धकारे !
छड़ाते चाइ अनेक करे, घुरे चले, जाइ जे सरे,
मनेकरि आपद गेछे–
आबार देखि तारे।
धरणी जे कॉपिये चले विषम चंचलता
सकल कथार मध्ये से चाय कइते आपन कथा
से जे आमार आमि प्रभु, लज्जा ताहार नेइजे कभू
तार निये कौन लाजे बा जाब तोमार द्वारे।

प्रभु के साथ अभिसार की परिकल्पना है। सारे कृष्ण काव्य का सारतत्त्व है। भागवतकार कहता है कि कृष्ण अभिसार के बाद इस तरह कुंज से बाहर आए जैसे सरोवर में कमल कलियों को रौंदकर नहाया हुआ गजराज निकलता है। जयदेव और विद्यापति और सूरदास, चैतन्य महाप्रभु और चंडीदास–सभी तो हैं इस अभिसार का बखान करने वाले। और यही तो परम्परा की चुनौती है। रवीन्द्रनाथ इससे बच भी सकते थे लेकिन यहीं और इसी जगह वे निपट लेना चाहते हैं। जो कवि 'गीतांजलि' के प्रथम छन्द में ही यह कहता है; 'आमार माथा नत करे दाओ हे, तोमार चरन धूलार तले', वह इस तरह से वही कहेगा जो पिछले कवि कह गए हैं। लेकिन उन्हें यहीं अपने लिए वह सर्वथा नई पहचान बना लेनी है, जो न पहले किसी की थी, न बाद में किसी की होगी। तो पहली

पंक्ति पारम्परिक है–'एकला आमि बाहिर होलेम तोमार अभिसारे' अकेले ही मैं बाहर निकली तुम्हारे संग अभिसार के लिए। लेकिन दूसरी ही पंक्ति में इस सारी व्यवस्था को, परम्परा को रवीन्द्रनाथ तोड़ देते हैं : 'साथे-साथे के चले मोरे, नीरब अन्धकारे ?' इस निबिड़ अँधेरे में मेरे साथ लेकिन चुपचाप यह कौन चल रहा है ? अभिसार तो परकीया भाव है, छिपकर होता है, नीरब अन्धकार में। फिर यह साथ में कौन लग लिया ? अनेक बार उससे पीछा छुड़ाती हूँ, छिप-छिपकर चलती हूँ; कहीं कोने-अँतरे में लुका जाती हूँ। सोचती हूँ, चलो पीछा छूटा। लेकिन तभी वह फिर दिखाई पड़ जाता है। उसके साथ-साथ चलने से धरती जैसे थर-थर काँप रही है। क्यों ? क्योंकि यह तो सारा भेद खोल देगा। लेकिन इतना ही नहीं, साथ-साथ चलते हुए वह अपने मन की बात मुझसे कहना भी चाहता है। यानी यह तो तुम्हारे साथ छल होगा। इतनी दूर जाकर तब रवीन्द्रनाथ उस साथ-साथ चलने वाले का राज़ खोलते हैं : 'सेजे आमार आमि प्रभु !' वह मेरा 'मैं' है प्रभु ! और बेहया है। उसे लेकर मैं तुमसे मिलने, तुमसे अभिसार को कैसे आ सकती हूँ ? मेरा विलय तुममें सम्भव नहीं।–यही है वह मौलिक अद्वितीयता, जहाँ रवीन्द्रनाथ पूरी परम्परा को आयत्त करते हुए भी उससे अलग खड़े हो जाते हैं। 'जैसे जल जलहीं ढुरि मिलिया, तैसे मिला कबीरा'। कबीर के इस सम्पूर्ण विलय से, सूरदास, विद्यापति, जयदेव, भागवतकार, आत्मा–परमात्मा के परम मिलन–वेदान्त–सबसे अलग इस नए, आधुनिक 'से जे आमार आमि प्रभु' के साथ रवीन्द्रनाथ विशिष्ट, अद्वितीय हो जाते हैं। यही 'सबजेक्टिव युनिवर्सल' है जिसकी खोज हर कवि-कलाकार का लक्ष्य है। इसी को Eugene Ionesco इस तरह कहते हैं : One must be half everybody, half others, half oneself. 'Everybody' is imperslonal pronoun. It is mere emptiness. It is necessary to be personal. Myself is what opposed to others: others are those who oppose myself. It is this opposition that constitutes personal, (Past present, P. 41).

6

जैसा कि मैंने ऊपर कहीं कहा, हिन्दी में 'नई कविता' के ज़माने के रीतिवाद की तोड़ उस दौर में हाशिए पर फेंक दिए जाने वाले कवियों के माध्यम से नहीं आई। मुक्तिबोध, शमशेर, नागार्जुन, केदारनाथ अग्रवाल या त्रिलोचन ने इस रीतिवादिता को तोड़ने में उस वक्त कोई मदद नहीं की। उसे राजकमल चौधरी की दुस्साहसिक मांसल अभिव्यक्तियों और धूमिल की चमकती सूक्तियों और ठेठ बनारसी ठाट ने ध्वस्त किया। इन दोनों कवियों में अलंकृति, व्यंग्य और गहरे रोमान के बल पर अकविता के इतिवृत्तवादी शिल्प से बचने का प्रयत्न है। इस तरह रीतिवाद की रेंगती हुई ऊब एक झटके में टूटी। फिर नक्सलबाड़ी आन्दोलन के आवेग की एक नई लहर ने इसमें नया सूत्र जोड़ा। इन दोनों कवियों में जो नहीं है उसे गोरख पांडे पूरा करते हैं। इसी सन्धि-स्थल पर उनकी कविता

सामने आती है। जो वस्तु-तत्त्व मुक्तिबोध या नागार्जुन या कुछ हद तक शमशेर से आना चाहिए था उसे नक्सलबाड़ी विद्रोह की आँधी ने उभारा, पुनर्जागृत किया, प्रगतिशील खेमे में भी नई जान फूँकी। सन् '72 में बाँदा में 'प्रगतिशील लेखक संघ' का अधिवेशन इसी पृष्ठभूमि की देन है। राजकमल की कविता का वस्तु-तत्त्व जहाँ सुर्रियलिस्टिक ढंग से रोमानी और राजनीतिक है वहाँ धूमिल की कविता के वस्तु-तत्त्व में गहरा व्यंग्य और भाषा की एक नई चमक प्रधान है। दोनों में लघु मानव नहीं है लेकिन साही का 'भारत-बिम्ब' कौंधा मारता है। विकलांग प्रजातन्त्र की ख़बर अब कवि को पूरी तरह है और कविता से आह्लाद की बेहोशी भी ग़ायब है। लेकिन गोरख पांडे के साथ एक गड़बड़ी है। उनके पास जो भाषा है वह एकदम पीछे की, 'नई कविता' के ज़माने की है और वस्तु-तत्त्व एकदम ताज़ा है। दोनों में संगति नहीं बैठती। इस द्विफाँक में कविता या तो उद्घोषणा हो जाती है या पुनरावृत्तियाँ उसे धर दबोचती हैं। 'कैथर कलाँ की औरतें' और 'समझदारों का गीत' जैसी चमकदार कविताएँ भी कुछ हद तक इसकी शिकार हैं। इससे बचने और पूरी तरह जनता का कवि बने रहने के उत्साह में ही खड़ी बोली का दामन छोड़कर गोरख अपनी मातृबोली भोजपुरी की ओर मुड़े। मजदूरों और किसानों के लिए उन्होंने भाजपुरी छन्दों का इस्तेमाल करके अद्भुत और बेजोड़ 'प्रोपेगैंडा गीत' लिखे जो आन्ध्र के लोक गायक गद्दर के गीतों के निकट पड़ते हैं। यह एक बड़ी त्रासदी है कि इस नए वस्तु-तत्त्व को साधने के लिए गोरख पांडे ने नागार्जुन की भाषा संरचना की ओर कभी आँख नहीं उठाई जबकि वह सबसे ज़्यादा उनके काम आ सकती थी। फिर भी, उनकी विक्षिप्तता और आत्म-वध के बावजूद इस सन्धि-स्थल पर उनकी कविताओं ने अपना काम सरंजाम दिया। हिन्दी कविता में इसी दौर की उपज आलोक धन्वा जैसा सशक्त और सर्वाधिक महत्त्वपूर्ण कवि है। एक कवि, जो 'गोली दागो पोस्टर' और 'जनता का आदमी' जैसी उद्घोषणापरक, ललकारती कविताओं और भाषा की नई क्लासिकल अलंकृति के साथ प्रकट हुआ, जो कविता के वस्तु-तत्त्व को विचार और विचार को एक सम्पूर्ण दर्शन और दर्शन को एक बिम्बात्मक जन-चेतना में बदलने में अपनी कविताओं में समर्थ है। हिन्दी कविता में 'स्टेटमेंट' की भाषा तो बहुत प्रचलित थी, और बहुत बार प्रचलित हुई लेकिन उसको कलात्मक कविताई का दर्जा पहली बार आलोक धन्वा ने दिया। 'हिंसा के विचार से हिंसा के उद्देश्य तक'–अभी यहाँ तक उनकी कविताई पहुँची है। पहले की हिंसा एक प्रतिशोध है इसलिए उन कविताओं में शिल्प की दृष्टि से एक सैलाब जैसा दृश्य उपस्थित होता है, लेकिन अपनी अभी तक की अन्तिम कविता 'सफ़ेद रात' में भगत सिंह के फाँसी पर चढ़ने के दृश्य को लेकर ही कवि इस युनिवर्सल ट्रुथ को जैसे पहली बार व्यक्त करता है कि एक उद्देश्यगत, विचारगत हिंसा का उद्देश्य भी अन्ततः अहिंसा ही है। यह भगत सिंह का अवमूल्यन नहीं, उनके विचारों और कार्यों की नई और अनहोनी समीक्षा है। 'युद्ध-सरदारों का न्याय' किसी भी महत् उद्देश्य के लिए आत्मबलि चढ़ाने वाले को स्वीकार नहीं हो सकता। मुक्तिबोध इसी को 'सभ्यता

समीक्षा' (शायद) कहते थे। वैसे इस कविता का फैलाव इन बातों से भी अधिक है। विविध रंगी स्मृति-चित्र हैं, और उनके भीतर इस कवि के भीतर से जैसे पिछली पूरी शताब्दी का सारतत्त्व बोलता है :

क्या है चाँद के उजाले में
इस बिखरती हुई आधी रात में ?
एक असहायता
जो मुझे कुचलती है और एक उम्मीद
जो तकलीफ़ जैसी है।
या–
कई तरह की हिंसा और कई तरह के बाज़ार
कई तरह के सौदाई
इनके भीतर इनके आसपास
इनके बहुत दूर बम्बई हैदराबाद अमृतसर
और श्रीनगर तक
हिंसा
और हिंसा की तैयारी
और हिंसा की ताकत

बहस नहीं चल पाती
हत्याएँ होती हैं
फिर जो बहस चलती है
उसका भी अन्त हत्याओं में होता है।

हिंसा की यह पृष्ठभूमि है जिसमें कवि एक दूसरी तरह की हिंसा, जो वास्तव में अहिंसा के लिए समर्पित है, उस पर कविता को उठाता है। पूरी कविता हमारे समाज और हमारी राजनीति और कुछ हद तक विश्व राजनीति पर एक टिप्पणी है। कविता में इसी को चरित्र-सृष्टि कहते हैं।

समकालीन हिन्दी कविता में फैले रीतिवाद के प्रथम दौर और उस रीतिवाद से मुक्ति के इसी सन्दर्भ में सन् '80 के बाद पुनः सिर उठाकर लपकने को तैयार बैठे इस रीतिवाद के बारे में मैं कुछ बातें करूँगा। समकालीन कविता में पुनः अवतरित होने वाले इस रीतिवाद को मैं 'रीतिवाद का द्वितीय उत्थान (या पतन), (रामचन्द्र शुक्ल के अन्य प्रसंग सन्दर्भ से) कहता हूँ। यह रीतिवाद बड़े तेवर, बड़ी शालीनता और एक बेढब बौद्धिक उदासी के रंग में रँगा हुआ सामने आया है। इसमें बड़ी थोपाथापी है, बड़े बाहरी बनाव-शृंगार हैं, बड़ी-बड़ी दिखने वाली लेकिन अल्प-प्राण बातों की धौंस है, कीर्तन हैं, रागरंग, उठापटक, जोड़-घटाव बहुत है। तथाकथित विमर्श भी बहुत हो रहा है।

विचारहीन विचारधारा के नए लटके-खटके हैं। कविताई में बने रहने के लिए जुगाड़पन है, गोलबन्दी है। इनामदार ज़्यादा हैं ईमानदार कम। और वही उद्देश्य हो जैसे। विदेश यात्राएँ हैं, अन्तर्राष्ट्रीय कवि-गोष्ठियों में काव्य-पाठ का अमूर्तन है। यही नहीं, भारतीय मनुष्य और समाज और संस्कृति और इतिहास की बड़ी-बड़ी छोटी बातें हैं। वह मनुष्य और वह समाज और परम्परा और संस्कृति किस रूप में कविता में रूपान्तरित होगी, ये बातें गौण हैं। बाकी सब कुछ है—कुछ उसी तरह की (प्रकार दूसरा) एक सूची है जो हज़ारों कवियों का एक साथ विषय है। वह 'विषय' जैसा कि अज्ञेय को मैंने शुरू में उद्धृत किया था, अधिकांशतः 'वस्तु' में परिवर्तित नहीं होता। यानी आप सिर्फ़ एक सूची इकट्ठी कर सकते हैं कि किन-किन विषयों पर फ़िलहाल कवि लोग ध्यान केन्द्रित किए हुए हैं, कौन से विषय 'फ़ैशन' में हैं। और कभी ये विषय अगर काव्य-अन्तर्वस्तु में प्रकट भी हो जाते हैं तो 'काव्य-सत्य' के साथ कवि लोग 'फ़्लर्ट' करते हुए दिखाई देते हैं। इस तरह कविता में एक दूसरे तरह की सामूहिकता, एक-दूसरे तरह का स्तरीकरण, एक-दूसरे तरह की मझोले की स्तर की समरूपता, एक-दूसरे तरह की ऊब और निरर्थकता और पहचानहीनता विकसित हो रही है। अगर इस कविता से फिर हम स्वातन्त्र्योत्तर भारत के बनते-बिगड़ते समाज का और जीवन का कोई नक्शा बनाना चाहें तो नहीं बनता। चरित्र-सृष्टियाँ बन्द हैं, सिर्फ़ व्यक्तिवादी झींकना दिखता है। लगता है कि सारी वस्तुगत स्थितियाँ काव्य-शिल्प (जो कि कहीं नहीं दिखता) के इन वास्तुकारों के सौन्दर्यशास्त्र की श्रेणी में नहीं आतीं। सबका 'नायिका भेद', सबका 'नखशिख वर्णन' एक है। मुक्तिबोध ने जो एक शब्द दिया था—मनस्तरंगवाद—उसी का प्रतिफल है यह। मुक्तिबोध ने लेकिन यह भी कहा था कि हमें इससे बाहर निकलना चाहिए। मुक्तिबोध जिसको कहते हैं :

गहन किंचित सफलता
अति भव्य असफलता...

तो कम-से-कम एक कवि को इस 'अति भव्य असफलता' के लिए तो प्रयत्न करना ही चाहिए।

यह प्रश्न विचारणीय है कि इसके कारण क्या हैं। इसका एक कारण तो अभी हाल-साल तक रघुवीर सहाय जैसे बड़े और महत्त्वपूर्ण कवि का परिदृश्य पर बने रहना है। रघुवीर सहाय ने जिस तरह रचनात्मक स्तर पर अज्ञेय की छाया से अपने को बाहर निकाला; अपनी कविताई के लिए सर्वथा एक नए वस्तु-तत्त्व और नई भाषा की तलाश की वह अपने आप में मिसाल है। व्याकरण से मानक, अख़बारी, रोज़मर्रे की हिन्दी-भाषी अभिजन की शब्दावली को एक अनोखे, शालीन तेवर से उन्होंने यों प्रस्तुत किया कि वह कविता में आते ही जगमग-जगमग कर उठी। शब्दों और बातों के अनोखे तेवर के अन्तर्मिलन से रोज़मर्रा की आमफ़हम बातें भी एक अद्भुत कविता में बदल गईं।...अब उसको छूना या उसमें हाथ डालना साँप के बिल में हाथ डालना है, और गड़बड़ी ये कि

जब कवि लोग प्रगतिशील होने के नाम पर वस्तु-तत्त्व की प्रेरणा नागार्जुन, केदारनाथ अग्रवाल की प्रारम्भिक दौर की कविताओं, या कुछ हद तक मुक्तिबोध और शमशेर से ग्रहण करेंगे और भाषिक संरचना में रघुवीर सहाय या वात्स्यायन की भाषा और विधान उनका पीछा नहीं छोड़ेगा तो इस घालमेल का क्या असर होगा, इसे समझ लेना चाहिए। केदारनाथ सिंह कोई मायने नहीं रखते क्योंकि वह ख़ुद ही सन् '60 के आसपास अपनी भाषा को छोड़कर सन् '80 में वालेस स्टीवेन्स की गोद में चले गए। तब से उनकी ज़मीन आज तक पक रही है और अब शायद राख भी हो गई होगी। अरुण-कमल, राजेश जोशी और शायद यहाँ कहीं बैठे कम बोलने वाले विमल कुमार थोड़ा-बहुत बचे हुए हैं तो अपने वस्तु-तत्त्व की ताज़गी के कारण, हालाँकि मनस्तरंगवाद उनमें भी रह-रह के लहरें लेता है। इसके अतिरिक्त रीतिवाद के इस नवोत्थान में एक वर्ग ऐसा भी है जो तारीफ़ तो मुक्तिबोध और शमशेर की करता है लेकिन आदर्श वात्स्यायन को मानता है। कविता को 'एंज्वाय' करो लेकिन उसके धोखे में न आओ। लेकिन एक रीतिवादी दौर में यही धोखा बार-बार होता है। इस अन्तर्विरोध को समझना होगा। वस्तु-तत्त्व और अपनी भाषा का आविष्कार करने की जगह बाज़ार से बने-बनाए 'मॉडल' ले लेने में कविताई में सुविधा तो हो ही जाती है। ग़ालिब ने जब यह कहा था कि :

और बाज़ार से ले आए, अगर टूट गया
सागर-ए-जम से मेरा जाम-ए-सिफाल अच्छा है।

तो वह कला-संरचना में नहीं चलता। कला-संरचना में तो साग़र-ए-जम की ही खोज करनी पड़ेगी, अन्यथा बाज़ार से चाहे आप जितनी बार लाएँ, आपका जाम-ए-सिफाल तो टूटेगा ही। इसका मतलब क्या है ? देरिदा ने सोवियत यूनियन के पतन के बाद एक बड़ा आलेख तैयार किया Specter of Marx. सोवियत यूनियन ढह गया लेकिन The spectre of Marx is looming large over Europe. वात्स्यायन नहीं हैं लेकिन चाहे वास्तु-तत्त्व कुछ भी हो, मैं देखता हूँ कि वात्स्यायन की भुतही छाया हिन्दी कविता के आसमान में क्षितिज तक फैली है। अब यह आप जानें कि आप कैसे छुट्टी पाएँगे। अगर भुलावे में पड़ेंगे कि आप उस छाया से बाहर हैं तो आप अपने साथ छल करेंगे। जो बाहर हैं वे बाहर दिखते हैं।

इस दूसरे रीतिवादी उत्थान का एक और भी कारण है। पहले दौर में महत्त्वाकांक्षा केवल कवि बन जाने की थी। कविता से कुछ पाना है ऐसा वे निगल लिए गए लोग नहीं सोचते थे। वे विशाल घड़ियाल के पेट में पड़े-पड़े मगन रहते थे। अब लालच बहुत हैं, अच्छा-ख़ासा बाज़ार भाव है, उसके लिए जद्दोजहद है। इसमें कविता सेकंड्री हो जाती है अनजाने ही। इस सम्बन्ध में मुक्तिबोध का एक उद्धरण देकर मैं अपनी बात ख़त्म करूँगा : "इस युग का यह एक अकाट्य सत्य है कि जो व्यक्ति सामाजिक-सांस्कृतिक पीढ़ी पर जितना ऊँचा चढ़ता है बढ़ता है, वह व्यक्ति अपनी भूमि से, अपने ही लोगों से, उतना ही दूर, उतना ही अलग, उतना ही भिन्न, उतना ही अन्य और उतना

ही अपरिचित, उतना ही अजीब और अजनबी होता जाता है, भले ही वह मंच पर चढ़कर जनता की तरफ़ से बोले, या सौन्दर्यवाद की ओर से व्यक्ति-स्वातन्त्र्य की तरफ़ से भाषण दे। सुख-सुविधापूर्ण जीवन के फेर में लोग अपनों को भूल गए। एक भयानक पार्थक्य की खाई मुँह बाए फैली हुई है। गरीब जनता में से निकले हुए साहित्यिक भी उच्च मध्यवर्गीय दीप्ति के सम्मोह में स्वज़नों-परिवारों को बिसार गए। महत्त्व के लिए उन्होंने पार्थक्य को स्वीकार किया। कदाचित्, पार्थक्य के अभाव में महत्त्व रह ही नहीं सकता–ऐसा उनका ख़याल हो।''–('अकेलापन और पार्थक्य', रचनावली-4, पृष्ठ 113-14)

❏❏

'हिन्दी साहित्य सम्मेलन', इलाहाबाद की एक गोष्ठी में उद्‌घाटन भाषण के रूप में पढ़ा गया आलेख।

कहानी का झूठा सच

एक ऐसे समय में जब कहानी को लेकर अनेकानेक गूँजें-अनुगूँजें प्रचलित हैं, अब जबकि हिन्दी कहानी को लिखे जाते लगभग सौ वर्ष हो चुके हैं और उसके भरे-पूरे, समृद्ध और विकसित संसार को तरह-तरह से विखंडित और परिभाषित किया जा चुका है, उसके ऊपर बहुत-से आरोप-प्रत्यारोप और अनन्त प्रेत-बाधाओं का जमघट है–बावजूद इसके, हिन्दी गद्य के दृश्य-पटल पर जबकि वह एक महत्त्वपूर्ण विधा बनी हुई है, उसे शास्त्र, सोद्‌देश्यता और कला-रूप में परिभाषित करना और उसके समकालीन मिजाज़ पर नज़र डालना सचमुच एक दुस्साहसिक और जोखिम-भरा काम है। लेकिन एक कहानीकार होने और पिछले पैंतीस-छत्तीस वर्षों से कहानियों का 'सिरजन' करने के कारण, कहानी और कहानियों के बारे में जो मेरी समझ से बन पड़ा है, उन 'नोट्स' को यहाँ रख रहा हूँ। जो ज्ञान को पहले से ही 'सिद्ध' किए बैठे हैं, उन्हें कुछ न रुचे, या कोई सार-तत्त्व न दिखे तो उनसे पहले ही मैं क्षमा माँग लेता हूँ।

सबसे पहले एक आधुनिक दार्शनिक सहित कुछ बड़े कहानीकारों-कवियों की उक्तियाँ और एक छोटी-सी लोक-कथा आपके सामने रखता हूँ :

1. *'मैं सच लिखता हूँ*
लिख-लिख कर सब झूठा करता जाता हूँ।'–***अज्ञेय***

2. 'हमारी अजिया बचपन में, एक कहानी सुनाती थीं :

"एक रहें झुट्‌ठा, एक रहें सच्चा। दूनों अद्धांग।"

"अद्धांग का अजिया ?" कोई बच्चा पूछता।

"माने, एकै आतमा में दूनों।" अजिया बोलतीं।

कहानी आगे बढ़ती है–

त झुट्‌ठा खाली झूठ बनावै आ सच्चा ओके सच कइ दे। दूनों के इहे काम रहा। झूठ-सच बनावैं अउर माँगत-खात चला-जाँय। त एक दिन राजा को खबरि लगी। राजा ने कहा–"हमहूँ तनी सुनैं।" त झुट्‌ठा-सच्चा पकरि के दरबारे में हाजिर।

त झुट्‌ठा बोलिस, "महाराज, हम खाली झूठ बनाते हैं। मारिएगा मत।"

"नहीं मारेंगे।" राजा ने वचन दिया।

"त महाराज जौन हम झूठ बनाउब तौन के ई सच्चा सच कइ दे। त महाराज ओही के मारब।" झुट्ठा बोला।

"चल, आगे बढ़।" राजा बोला।

त झुट्ठा सुरू कीस–"एक ठे राजा रहें। त एक दिन घने जंगल माँ सिकार खेले गएँ। त एक ठो हरना दिखा। राजा ने उसका पीछा किया। हरिना भागा। राजा ओकरे पीछे घोड़ा लगाएँ। सारा दिन हरिना चउकड़ी भरत भागत रहा, आ राजा ओकरे पीछे-पीछे। दूनों थकि गएँ। त हरिना बेचारा ठाढ़ होइगा। राजा ने कमान साधा और हनि के तीर मारा। तीर हरिना के पिछले खुरे के तलुवे में लगा और हरिना की दाहिनी आँखी बेधता हुआ इस पार कि उस पार।"

"मार साले को", राजा ने कहा, "जब हिरन के पिछले पैर के तलुवे में तीर मारा त ओकी दाहिनी आँखि कइसे फूटी रे, झुट्ठा साला ?"

"महराज, हम त कहते रहे कि हम खाली झूठ बनाते हैं। हमके मारें जिन। अब ई सच्चा से पूछें।"

"महराज, एकदम सत बोला झुट्ठा।" सच्चा बोला।

"उ कइसे ?" राजा ने पूछा।

"महराज, जब राजा हरिना के खुर में बान मारिन ओ बखत हरिना ओही खुर से आपन दाहिनी आँख खजुवावत रहा।"

"मार सारे के।" राजा गुस्साया।

"काहें महाराज। हम त सच्च बनावा ? हमार अपराध ?" सच्चे ने पूछा।

"का तूँ देखे रहे कि हिरना आँखी खजुवावत रहा ?" राजा ने पूछा।

"नाहीं महराज, देखे त नाहीं रहे।" सच्चा बोला।

"तब ? सारे, असली झुट्ठा तूँ ही है।" 'राजा उठकर मारने दौड़ा।'

3. 'ईमान से, धरम से, जो कह रहा हूँ सच कह रहा हूँ कि जो लिखा है, सो झूठा लिखा है।'–**फणीश्वरनाथ रेणु**

4. 'कहानी में कुछ-न-कुछ अनहोना अवश्य होना चाहिए।'–**प्रेमचन्द**

5. 'मैं कहानी 'लिखता' नहीं, कहानी मुझसे 'हो' जाती है।'–**जैनेन्द्र**

6. 'कहानी का बीज कोई भी एक मामूली से मामूली घटना, या डॉयलाग, या सहसा कोई चौंकाने वाली चीज़ होती है। इस बीज को लेखक पल्लवित करके, प्राप्त सामग्री से भी आमूल परिवर्तन करते हुए एक नया चित्र, एक नए व्यक्ति की कल्पना–यानी कि ये नया चरित्र जो अस्सी-नब्बे प्रतिशत सर्वथा काल्पनिक होता है–मूल बीज का स्पष्ट आभास उसमें कठिनता से होता है...या नहीं भी होता है।'–**शमशेर**

7. 'द लायर इज़ ऐन ऐक्टर। ही इज़ ए मैन ऑव ग्रेट ऐक्शन।'–**देरिदा**

देरिदा का उद्धरण अभी हाल में मुम्बई में हुई एक सभा में दिए उनके वक्तव्य से लिया गया है। देरिदा ने वहाँ कहा कि जब भी आप वृत्तान्त का कोई नया प्रारूप खोज निकालते हैं, आप एक नए 'झूठ' को जन्म देते हैं। वहाँ उन्हें विषय दिया गया था–'सत्ता का झूठ और झूठ की सत्ता।' सत्ता शब्द का अर्थ ही है जो सत्य दिखे। जिसका होना उसके कार्य-कलापों या कहें कि उसकी कारगुज़ारियों से आँखों के सामने स्पष्ट हो। जो मानव-जीवन को अपने इस होते दिखने से किसी-न-किसी रूप में प्रभावित करे–वह सत्ता हुई। देरिदा कहते हैं कि मनुष्य-समाज को प्रभावित और कुछ हद तक संचालित-परिचालित करने वाले, सत्ता के ये कार्य-कलाप या अनुशासन या नियम-कानून वास्तव (यथार्थ) नहीं होते जैसा कि वे दिखते हैं या जैसा कि उन्हें दिखाया-बताया जाता है। संस्थागत सत्ताओं के गिरते ही, यानी मनुष्य-समाज पर उनके वर्चस्व का भूत उतरते ही उनके समस्त अनुशासनों का निरर्थ हो जाना एकाएक खुल जाता है। देरिदा ने इसके प्रमाण में नात्सीवाद का ज़िक्र किया। यानी इस तरह देखें तो सत्ताएँ अपने-अपने झूठ का 'निर्माण' करती हैं। इसके विपरीत सत्ता की नज़र में एक दूसरी 'झूठ की सत्ता' होती है–इस दिखने वाले, सत्ता के 'निर्मित' झूठ के ठीक उलट, जो दिखती नहीं, लेकिन जो लगातार अपनी वास्तविक, रहस्यमयी, अकुंठित लेकिन अदृश्य सत्ता का निर्माण करती है। यह समाजों की पारदर्शिता और मौन असहमति के भीतर अपने को निर्मित करती है। सत्ताएँ जिसे झूठ, अवास्तविक करार देती हैं; क्रुद्ध और वृद्ध आलोचक जिसे सतह पर दिखती हुई सच्चाई से मिलाकर देखते हैं और मिलान न होने पर चकित होकर तिरस्कृत करते हुए उसे नकारते हैं। एक कथाकार का सच, यही–सतह पर न दिखने वाली, लेकिन किसी भी समाज की अन्तर्धारा में निहित सच्चाई को उजागर करता है। यही उसकी कला का मर्म-स्थल और यही उसकी सोद्देश्यता है। प्लेटो ने जब अपने 'रिपब्लिक' से कवि के निष्कासन की बात कही थी तो सम्भवतः इसीलिए कि वह (कवि) सत्ता द्वारा प्रचारित-प्रसारित 'सच' को स्वीकार न करते हुए सतह के भीतर की अन्तर्ध्वनियों का 'सृजन' करता है। यह 'सृजन' अक्सर रास नहीं आता, सकते में डालता है, सत्ताओं को हतप्रभ करता है, चिढ़ाता या उत्तेजित करता है, उनके अनुशासनों की पोल खोलता है, चुनौती देता है। क्योंकि वह एक दूसरी 'समानान्तर सत्ता' की रचना करता है, जो वास्तव में अस्तित्व में थी, किन्तु संस्थागत समाज विज्ञानों और ऐतिहासिक प्रलेखों (डाकुमेंटेशंस) से मेल नहीं खाती। वह ख़तरनाक, अविश्वसनीय किन्तु जन-समूहों की अन्तर-मेधा में चुपचाप स्वीकृत होती चलती है। जब अज्ञेय कहते हैं कि ''मैं सच लिखता हूँ, लिख-लिखकर सब झूठा करता जाता हूँ'' या जब रेणु 'ईमान-धरम' लाते हुए कहते हैं कि 'जो कह रहा हूँ सच कह रहा हूँ जो लिखा है सो झूठ लिखा है' तो सतह पर प्रमाणित न होने वाली इसी अन्तर्निहित सच्चाई की 'सर्जना' की बात करते हैं। हमारी अजिया जब झुट्ठा-सच्चा 'एकै आतमा में दूनौ' की बात कहती थीं या शमशेर उस पहली 'कौंध' या सतह पर दिखने वाली प्रथम घटना या डॉयलाग

से 'सर्जना' के अन्तर्गत मूर्त होने वाले उस 'सच' के बारे में कहते हैं कि 'ये नया चरित्र जो अस्सी या नब्बे प्रतिशत सर्वथा काल्पनिक होता है—मूल बीज का स्पष्ट आभास उसमें कठिनता से होता है...या नहीं भी होता है', तो वे संकल्पनाओं द्वारा सृजित उसी सत्य की ओर इशारा करते हैं जिसका उत्स तो ऊपर कहीं किसी समाजशास्त्रीय या ऐतिहासिक संस्थागत तथ्य में होता है लेकिन जिसका सर्जनात्मक प्रतिफलन कहीं और—जो सच था लेकिन अब तक अन्तर्धान। प्रेमचन्द ने जब कहा था कि 'कहानी में कुछ-न-कुछ अनहोना अवश्य होना चाहिए' तो वह वृत्तान्त के ऊपरी विन्यास और कहानी के प्रकट वस्तु-तत्त्व और चरित्रों की ऊपरी मनौवैज्ञानिकताओं और समस्याओं के स्थूल रेखांकनों के भीतर निहित उस 'सच' की ओर इशारा कर रहे थे, जो तात्कालिक ऐतिहासिक और समाज-शास्त्रीय परिभाषाओं और प्रमाणों से सामान्यतः प्रमाणित होती नहीं दिखती। जैनेन्द्र ने सन् 1965 में कलकत्ता 'कथा समारोह' में 'भोगे हुए यथार्थ' और 'अनुभव की प्रामाणिकता' का राग अलापने वालों को ललकारते हुए कहा था कि 'मैं कहानी 'लिखता' नहीं, कहानी मुझसे 'हो' जाती है'। 'लिखने' और 'होने' का फ़र्क मामूली नहीं है। जब भी आप कहानी को तात्कालिक और 'दिखते हुए यथार्थ' से 'प्रमाणित कराने' की कोशिश करते हैं तो आप कहानी 'लिखते' हैं और जब अनहोनी सच्चाइयों की तहें उधेड़ रहे होते हैं तो इसे कहानी का 'होना' कहते हैं। उपनिषद्कार ने जब कहा कि 'सत्य का मुख हिरण्य-पात्र से ढँका है' तो यह हिरण्य-पात्र वही तात्कालिक तथ्य और नियम-कानून, वे ही बासी और बंजर सूचनाएँ या अपना-अपना डंका पीटते वे ही स्थूल विचार हैं, जिनसे रचना को तुरत-फुरत तसदीक कराने की कोशिशें की जाती हैं।

दरअसल कहानी का 'सच' (कला का सच) काफ़्का की कहानी 'सम्राट का सन्देश' की तरह होता है, जो कि सम्राट (प्रथमस्थानीय संवेदनात्मक विचार) अपनी मृत्यु-शैया (यानी कला रूप में रूपान्तरित होने के ठीक पहले जब उसके पूर्व रूप का अन्त हो रहा होता है) से अपनी बदनसीब प्रजा (जन-समाजों) को व्यक्तिगत रूप में भेजता है। कहानीकार सम्राट का वह निजी दूत होता है जिसके कानों में, और सिर्फ़ उसी के कानों में, वह सन्देश फुसफुसाकर बोला गया है। फिर वह (कहानीकार) उन सारे 'इब्ने-सिन्ना, अलग़ज़ाली, आलिमो-फ़ाजिल सिपहसालारों' के बीच से होता हुआ—वह शक्तिशाली और अथक आदमी जिसके हृदय-तल में सूरज (प्रतिभा) का निशान अंकित होता है, उस सन्देश को लेकर आगे बढ़ जाता है, वह सन्देश जो केवल उसी के कानों में फुसफुसाकर प्रज्वलित किया गया था—वही उसे द्वार-द्वार पर सुनाएगा। हो सकता है वह सन्देश बाहरी और गोचर तथ्यों, इतिहास की झिलमिली बहसों और सूचनाओं और विशिष्ट दरबारियों की जागतिक, तात्कालिक व्याख्याओं से मेल न खाता हो लेकिन अपने मृत्यु-पूर्व की एकान्तिक फुसफुसाहट और अपने अनहोने रूपान्तरण में दपदप करता हुआ वही कथा का सोद्देश्य और अन्तर्निहित 'सच' होता है।

थोड़ा-सा इतिहास

फिर भी हिन्दी कहानी को बंजर सूचनाओं, अपनी.-अपनी डुगडुगी पीटते विचारों और इतिहास और समाजशास्त्र के तात्कालिक तथ्यों, फ़ैशन और फ़न के आलोचनात्मक कोलाहलों के बार-बार प्रमाणित करवाया जाता है। यह काम प्रेमचन्द के ज़माने से चल रहा है और लोगों के उत्साह में कोई कमी आती नहीं दिखती। अक्सर आज भी और पहले भी आलोचक-प्रवर प्रेमचन्द में स्वतन्त्रता आन्दोलन के दौरान, औपनिवेशिक भारत के मुख्य अन्तर्विरोधों की खोज में लगे रहे। लेकिन प्रेमचन्द इन तात्त्विक लक्षणों के मिलने के कारण (जो उनमें पर्याप्त मात्रा में मौजूद थे) बड़े कथाकार नहीं हैं, बल्कि उन 'अनहोनी सच्चाइयों' को कथा के 'फ़ॉरमेट' में व्यक्त करने के कारण, जिनको इतिहास या समाजशास्त्र के तात्कालिक लक्षणों द्वारा प्रमाणित नहीं किया जा सकता, जो पट्टाभि के कांग्रेस के इतिहास या नेहरू की आत्मकथा या 'भारतीय राष्ट्रीय कांग्रेस' के अखिल-भारतीय अधिवेशनों के प्रलेखों या समाजशास्त्रीय अध्ययनों में नहीं पाई जातीं। जैसे कि मजदूर वर्ग में श्रम की निरर्थकता का सवाल ('कफ़न', 'सवा सेर गेहूँ', 'पूस की रात') अथवा योग्यता और ईमानदारी को पहले अपमानित कर फिर अपने हित-साधन के लिए उसकी ख़रीद-फ़रोख्त का सवाल ('नमक का दारोगा;), या बाप पर होने वाले अतिचारों को लगभग नज़रअन्दाज़ करते हुए, पहला अवसर मिलते ही उसी सूदख़ोरी में लिप्त होने और इस तरह आने वाली पीढ़ी की वर्ग-परिवर्तन की अटूट लिप्सा का प्रश्न (गोदान में 'गोबर') या मृत्यु की हरारत भरी घटनाएँ ('होरी', 'सूरदास' या 'माँ' कहानी की माँ, या 'माधव' की पत्नी, या 'सद्गति' में होने वाली मौत)। पूछा जा सकता है कि क्या उस वक्त के मजदूर-किसान आन्दोलनों में मजदूर वर्ग द्वारा काम करने की इच्छा की मृत्यु के मनोविज्ञान पर कभी कोई बहस हुई थी या 'मिनिट्स' में इसकी कोई 'नोटिंग' है ? क्या यह सवाल कभी उठाया गया कि ऐसा क्यों है ? क्या वर्ग-परिवर्तन की महत्त्वाकांक्षा से उत्पन्न होने वाले अमानवीयकरण, या अपनी पत्नी और आने वाली सन्तान की मृत्यु पर आलुओं का घमासान–इस तरह के अमानवीकृत व्यवहारों की तात्कालीन प्रलेखों, व्याख्याओं या वैचारिक आप्तवचनों में कहीं कोई मिसाल मिलती है ? सामान्य तौर पर प्रमाणित करने निकलें तो इन सामाजिक दुर्घटनाओं को हम अविश्वसनीय, अतिशयोक्तिपूर्ण, कपोलकल्पित या देरिदा के शब्दों में 'झूठ की सत्ता' कहकर नकार देंगे। लेकिन यही वे सामाजिक-अन्तर्ध्वनियों के सच हैं, जिन्हें एक बड़ा लेखक अपनी कला-रचना के माध्यम से प्रकट करता है। रचना कोई ठोस वस्तु-तत्त्व नहीं है, वह अतिशयोक्तिपूर्ण रूपान्तरण है; वह कक्षा आठ का कोई 'सुलेख' नहीं है, भाषा का पारदर्शी, सघन किन्तु प्रवहमान छल है। अज्ञेय की प्रसिद्ध कहानी 'रोज़' (या गैंग्रीन ?) में एक पत्नी की जिस उदासी, ऊब और 'डिप्रेशन' का चित्र है उसकी जगह पर आम तौर पर बाहरी जगत-व्यवहार में क्या होता है ? पति की पहाड़ पर नौकरी लगती है, वह पहाड़ों के दृश्य देखने-दिखाने को व्याकुल होगी।

पति की नौकरी पर गरब करेगी। घर सजाएगी। नौकरों-चाकरों को आदेश देगी। शाम होते ही जूड़ा-वूड़ा बनाकर, बन-ठन के पति का इन्तज़ार करेगी। यानी सुखी दाम्पत्य के भड़कीले किन्तु बंजर चित्र तो बाहर के सम्भावित, बासी यथार्थ में लबालब हैं। अज्ञेय उसे नहीं उठाते, बल्कि तहों में छिपी उदासी और ऊब के उस अगम संसार को चित्रित करते हैं जो सामान्यतः सतह पर ओझल है। 'हिलीबोन की बतखें' में लोमड़ी के मार दिए जाने पर 'हिलोबोन' को खुश होना चाहिए। वह इसके लिए रज़ामन्द है, बल्कि शिकारी को उत्प्रेरित भी करती है। और इसलिए भी कि अब बतखें सुरक्षित हैं। लेकिन अन्तर्निहित कलात्मक सच्चाई तो कुछ और ही कहती है। खुश होने के बजाय 'हिलीबोन' स्वयं बतखों को हँसिए से हलाल कर देती है। मानवीय व्यवहारों के ये अप्रतिम संकेत, जिनसे कहानी एक बड़ी रचना बनती है, सामान्यतः अदृश्य और सतह के भीतर छिपे होते हैं। तुरन्त उनका मिलान नहीं कराया जा सकता। अमरकान्त की कहानी 'डिप्टी कलक्टरी' का कथ्य इसलिए बड़ा नहीं है कि उसमें नौकरशाही में जाने वाले युवाओं की असफलताओं का अंकन है। और इसलिए भी नहीं कि एक नौजवान के स्वप्नों के नष्ट हो जाने के साथ ही उसके माँ-बाप का स्वप्न-संसार भी विनष्ट हो जाता है। एक अप्रतिम रचना बनने में इस तथ्यगत सच्चाई का प्रमाण भी योगदान देता है, लेकिन वह एक अनहोनी कलाकृति इसलिए बनती है कि बेटे के साथ ही माँ-बाप के स्वप्न-संसार के नष्ट हो जाने के अन्तिम क्षणों में पिता अपने बेटे की असफलता पर तिरस्कार, घृणा या उपेक्षा या गुस्से-भरी चिड़चिड़ या नैराश्य का शिकार नहीं होता, जैसा कि कहानी की प्राथमिक बुनावट में दीख पड़ता है। बबुआ के असफल हो जाने पर सकलदीप बाबू उनकी नाक के पास अपना कान ले जाकर यह पता करते हैं कि उनकी साँस-वाँस चल रही है या नहीं ? कुछ कर-वर लेने का धड़का, तिरस्कार या चिड़चिड़ से बड़ा हो जाता है। और जब वे पाते हैं कि बबुआ की साँसें नियमित रूप से चल रही हैं तो परम आश्वस्ति के साथ होंठों पर उँगली रखते हुए अपनी पत्नी को इशारा करते हैं कि 'बबुआ सो रहे हैं।' 'डिप्टी कलक्टरी' के सपने के चूर-चूर होने पर परिवार के अगम नैराश्य से बड़ी खोज है, अपनी सन्तान की सुरक्षा की चिन्ता। कहानी के ऊपरी या तथ्यगत मनोविज्ञान के अतल में जाकर जिस बड़ी सच्चाई का अन्वेषण अमरकान्त करते हैं, वही अन्तर्ध्वनि कहानी को एक अनहोनी कथा-कृति का दर्जा देती है। ऐसा ही कुछ उनकी एक दूसरी कहानी 'मूस' के बारे में भी कहा जा सकता है। सामान्य तथ्य यह है कि औरत कभी भी सौत बर्दाश्त नहीं करेगी। दुनिया के सारे त्रिकोण यही कहानी कहते हैं। राजा-महाराजाओं, नवाबों और सामन्तों की बात और है, जहाँ औरत की इच्छा-अनिच्छा पर कुछ भी निर्भर नहीं करता था। लेकिन इस कहानी में पत्नी ही अपने पति के लिए दूसरीऔरत का इन्तजाम करती है। और वह भी न सन्तान के लिए, न किराए पर चलाने के लिए। कारण है पत्नी (परबतिया) के दमे का बार-बार उखड़ जाना, जिससे वह दस घरों का बर्तन-बासन नहीं माँज सकती। कारण है श्रम की अशक्तता। कारण है, उस छोटे से कस्बे में पानी के नल का आ जाना।

'मूस' को काँवर से बाबू लोगों के घरों का पानी ढो-ढोकर भरता है, उसकी सनातन आजीविका का अचानक बन्द हो जाना। कारण है, भुखमरी, बेकारी और जाँगर का न चल पाना। ऐसे में पत्नी अपने पति के खूँटे से एक दूसरी औरत (मुनरी) को बाँधती है। गाँव से बहला-फुसलाकर लाती है। जीवन के उस अनन्य रस-रोमांस का पत्नी के लिए अन्त हो गया है, जिसकी गाथा गाते-गाते कवि-कथाकार सदियों के बाद भी नहीं थके हैं। परबतिया अब एक सिट्ठी है जिसके भीतर कोई इच्छा या जलन सिर नहीं उठाती कि उसके पति के बिस्तर पर अब एक दूसरी औरत है और पति की सूखी मर्दानगी एकाएक लहलहा उठी है। ये बातें निरर्थक हैं परबतिया के लिए। ज़रूरी है दस घरों का बासन-माँजन चलता रहे और उसके थके-माँदे अशक्त देह-तन को खटना न पड़े। ज़रूरी है आराम से दो वक्त की रोटी। लेकिन इतना ही नहीं है—कहानी में एक-दूसरा खेल भी चल रहा होता है। मूस की हरियाली तो लौट आई है लेकिन मुनरी (दूसरी औरत) यह भी महसूस करती है कि अगर अपना घर छोड़कर दूसरे ही घर बैठना था तो यह अधेड़ और ठूँठ मूस ही क्यों ? इन अपाहिजों के लिए यह खटान ही क्यों ? और मुनरी चौराहे के एक नौजवान के साथ उड़ जाती है। मूस की विकलता और उस औरत को लौटा लाने का हास्यास्पद, करुण और अपमानिक संघर्ष देखने लायक है। पिटा हुआ वह घर लौटता है और बीमार पड़ जाता है। परबतिया अलग खाट पर गिरी हुई हाँफती रहती है। लेकिन जीवन का यह खेल तो कई पर्दों के भीतर चलता रहता है। मुनरी इतनी कृतघ्न नहीं है। एक दिन आकर वह पाँच रुपए का नोट परबतिया के हाथ पर रख जाती है, जिससे जलेबिया के बाबू (मूस) की दवा-दारू हो सके। कृतज्ञता का यह द्वन्द्व-भरा खेल ही कहानी को अविश्वसनीय ऊँचाइयों तक उठा देता है। भीतर की अनहोनी दुनिया यह है जिसे कहानी कई स्तरों पर खोलती और व्यक्त करती चलती है। अमरकान्त की अधिकांश बड़ी कहानियाँ इसी तरह उन अदेखी सच्चाइयों को खोलती हुई कथा-कृतियाँ हैं।

जो लोग जड़ अख़बारी सूचनाओं को परिवर्तन और विकास के नाम पर कहानियों में टाँकते हैं उनके सुसंस्कृत ढोंग पर अमरकान्त की कहानियाँ एक सादी किन्तु व्यंग भरी हँसी हँसती हैं। मार्क्स एक जगह कहते हैं कि 'जीवन के दैनन्दिन व्यवहार को बरतना-मात्र कला का काम नहीं है।' बाहर का स्थूल और सूचनात्मक संसार सच्चाइयों पर अक्सर पर्दा डालता है। कहानियों को जो इस ऊपरी, स्थूल और निरर्थ जगत-व्यवहार से प्रमाणित करने की कोशिश की जाती है, वही सबसे बड़ी गड़बड़ है। यह पर्दा, दरसअल, कथा की आत्मा पर, वेदान्त की पुरानी शब्दावली में कहें, तो माया का पर्दा है जिसके कारण कहानी तुरन्त तो घटती लगती है किन्तु वह निस्सार होती है। जो जीवन के इस अनोखे और विकट खेल को नहीं समझ पाते, जो इतिहास के भीतर की झिलमिलाहटों को नहीं देख पाते, वे यही कहेंगे कि यह ख़ालिस झूठ है। यह कैसे हो सकता है कि एक औरत ज़िन्दा रहते अपने मर्द के बिस्तर पर एक दूसरी औरत को लाकर पटक दे। रेणु ने अपने अन्तिम दिनों में कहीं लिखा है (बकौल—भारत यायावर)

'दिव्य प्रतिवाद से हरदम यह जीवन जलता रहता है।' मैं बराबर यह कहता हूँ कि कहानी परिस्थितियों-घटनाओं के 'चित्रण-प्रतिबिम्बन' में नहीं, बल्कि उनके 'प्रतिरोध' से बनती है। दिखती हुई तथाकथित सच्चाइयों को तोड़ने से बनती है। ज़माने की हवा के उलट चलने से बनती है। यथार्थ के जाने-पहचाने और प्रमाणित पर्दों को भेदती हुई, 'इच्छित निष्कर्षों' का सहसा उल्लंघन करती हुई जब कोई कहानी आगे बढ़ जाती है और अपने 'दिव्य प्रतिवाद' से आलोकित हो जाती है, तभी वह वास्तव में बड़ी रचना होती है। रेणु की एक कहानी है–'संकट', जिस पर साधारणतया लोगों का ध्यान नहीं जाता। 'संकट' कहानी में विभिन्न 'स्टुडेंट-फ़ेडरेशन' के विद्यार्थी सन् '40-'41 के विश्व-युद्ध के दौरान पूर्वोत्तर भारत में जापानी हमले से त्रस्त-ध्वस्त होकर भागकर आए हुए 'इवैकुई' लोगों की सेवा-सुश्रुषा और देखभाल के लिए अलग-अलग सेवा-दलों में बाँटकर, कटिहार जंक्शन पर काम पर लगाए जाते हैं। 'भरथजी' मूल पार्टी के नेता हैं जिन्होंने विद्यार्थियों को काम पर लगा रखा है। कहानी का एक पात्र कहता है–

असल में हम लोग सेवा कर रहे थे 'कलेकसन' के लिए। जो भी मिल जाए–सोना-चाँदी, बर्तन, कारतूस, बैटरी, घड़ी। चनरभूसन इस मामले में ज़्यादा मिलिटेंट निकला। उसने, और सिर्फ़ उसी ने सबसे ज़्यादा 'कलेकसन' किया।...कोई इस तरह गुप्तांग में कीमती पत्थरों की पोटली छिपाकर रख सकता है भला ! चनरभूसन हर मुर्दे को उलट-पुलटकर टटोलकर देखने की कला में प्रवीण हो गया था।...भरथजी बहुत बड़े नेता हुए। चनरभूसन एक बहुत बड़ा मजदूर नेता हुआ। रहीम साहब दंगे में मारे गए। मैं कापुरुष और रिएक्शनरी निकला–एक रिफ़्यूजी, बीमार पंजाबी लड़की के प्रेम में फँस गया। चनरभूसन ने कहा, ''तुम अस्पताल में ड्यूटी के काबिल भी नहीं।'' डॉक्टरों ने मेरे घर वालों को राय दी, ''कुछ दिन 'काँके' (मानसिक रोगों का अस्पताल) में रखकर देखिए, अभी शुरुआत है।'' और एक बार फिर सात बरस बाद (सन् '47 में, विभाजन के वक्त) मैंने कटिहार जंक्शन पर (भरथजी जैसी) अशरीरी छायाएँ देखी हैं। मगर एक बार जिसे पागल करार दिया जाए, उसकी बात पर जीवन-भर कोई ध्यान नहीं देता।

–यह है, अप्रत्यक्षतः प्रतिरोध का एक जलता हुआ सच, जिसके लिए रेणु ने कहा था कि 'दिव्य प्रतिवाद से यह जीवन हरदम जलता रहता है।' सेवा-दलों की सेवा के भीतर की घिनौनी सच्चाइयाँ, जिसे पागलों का वक्तव्य मान लिया जाता है। 'अच्छे आदमी', 'रसप्रिया', 'नैना जोगिन', 'आत्मसाक्षी' से लेकर 'अगिनखोर' और 'भित्तिचित्र की मयूरी' तक उनकी अन्तिम कहानियाँ भी इसी तरह इच्छित निष्कर्षों को लाँघती हुई प्रतिरोध की 'दिव्य सच्चाई' को अभिव्यक्त करती हैं। एक कहानी के कला-धर्म और उसकी सोद्देश्यता को यों समझना चाहिए, न कि यथार्थ-यथार्थ की 'स्लोगन मांगरिंग' के रूप में। ऐसे आलोचक, जिन्हें गुरु-मन्त्र 'सिद्ध' है, जो 'लाइन' लिये हुए हैं, जो अपने ज्ञान के गरब से कभी नहीं डिगते, जिन्हें सन्देह कभी नहीं व्यापता, जो रट्टू तोते की तरह आदी हो चुके हैं, बंजर और ऊपरी यथार्थ का 'सेत्ताराम सेत्ताराम' रटते रहते हैं–ऐसे ही आलोचकों से दुखी होकर रेणु ने लिखा था, 'साहित्य के राज़दार–पंडित

आलोचकों ने हमेशा नाराज़ होकर मुझे 'एक जीवन-दर्शन-हीन, अपदार्थ-अप्रतिबद्ध-व्यर्थ रोमेंटिक प्राणी' कहा है।' जबकि सच यह है कि प्रेमचन्द की 'अनहोनी सच्चाई' के जितने बड़े कथाकार रेणु हैं, वैसा, फ़िलहाल, कोई दूसरा नहीं।

अगर यह 'स्लोगन मांगरिंग' ही सच होती तो 'सूखा' (निर्मल वर्मा) जैसी बड़ी कहानी सम्भव नहीं होती, जहाँ एक बड़ा लेखक (देव) अपनी कृतियों से नहीं, उन्हें रचने वाले उस पुराने रचनाकार के प्रति उदासीन है। लगभग घृणा करता है। क्यों ? क्योंकि अब उसका 'लेखक' उसके 'व्यक्ति' के भीतर से निकल भागा है, उसके भीतर के 'रचनाकार' को बंजर-वीरान-रेगिस्तान जैसा छोड़कर। यद्यपि वह अपने उस निपट अरचनात्मक 'सूखे' से बाहर आना चाहता है, लेकिन इस प्रयत्न में अन्ततः वह मौत की ओर बढ़ता है। उस नगर के बाहरी सीमान्त पर ही रेगिस्तान और 'सूखा' नहीं है, उस रचनाकार के भीतर भी है। आत्मिक मृत्यु तो उसकी दस वर्ष पहले ही हो चुकी है, अब दैहिक मृत्यु का इन्तज़ार करती सिर्फ़ बाहरी भटकन और जीवन को पकड़-बाँधने की मौन थरथराहट है। कहानी में एक ऐसा त्रिकोण विकसित किया गया है जहाँ बाहरी 'सूखे' की रिपोर्टिंग के लिए भटकता हुआ 'रजत' भीतरी 'सूखे' (डॉ. देव) का इंटरव्यू चाहता है, और वह भी अपनी प्रेमिका (शकुन) से, जिसके लिए उसकी माँ समझती है कि वह स्वयं एक 'सूखे' में जी रही है। इस कहानी को पढ़ते हुए 'निराला' की वह कविता याद आती है–'स्नेह-निर्झर बह गया है, रेत ज्यों तन रह गया है।' फ़र्क यह है कि निर्मल वर्मा का चरित्र (डॉ. देव) अपने उस दस साल पुराने रचनाकार-रूप को पसन्द नहीं करता। प्रकारान्तर से रचना-प्रज्वलित रूप और रचना-स्फोट से रहित रूप के बीच लगभग एक ईर्ष्या जैसा सम्बन्ध हो गया है। मैं अब, वैसा क्यों नहीं रह गया ? क्यों मैं अपने ही निचाट 'सूखे' में दिग्भ्रमित-भ्रमण पर हूँ–यह यातनादायी अन्तर्ध्वनि ही 'सूखा' कहानी का वह अनहोना सत्य है, जिसे कथाकार हल्के रंगों के 'स्ट्रोक्स' (जो उसकी कला का मर्म है) से व्यक्त करता है। कुछ रचनाकार ऐसे साधु पुरुष हो सकते हैं, जिन्हें अपने भीतर के रचनाकार के मर जाने का दुख नहीं सालता और वे अत्यन्त शालीन ढंग से लूटपाट करते हुए मस्त रहते हैं। लेकिन बड़े रचनाकार अपने भीतर के बंजरपन से लड़ते हैं, आक्रान्त होते हैं। उनके लिए ऐसा हो जाना मृत्यु से भी भयावह यातना का कारण बनता है। अपनी रचनात्मक गंगोत्री से विच्छिन्न होकर सूख जाने का दुख जैसा विषय निर्मल वर्मा जैसे बड़े कथाकार को आकर्षित कर सकता है, जैसे कि पन्त, निराला, रवीन्द्रनाथ, हैमिंग्वे या टॉल्सटाय को। तोतारटन्तों की बात और है। उनके लिए ऐसे विषय 'निषिद्ध' हैं

ज़माने की लहर के उलट जाने के कारण, 'प्रतिबिम्बन' की जगह बाहरी घटनाओं और सूचनाओं के 'प्रतिरोध' के कारण, बासी और बंजर यथार्थ की तात्कालिक तसदीकी न होने के कारण ही आगे चलकर '60 के बाद के कहानीकारों का शुरू में इतना तिरस्कार हुआ। क्योंकि उनकी कहानियाँ सामाजिक यथार्थवाद के पुरोधाओं की कसौटी पर खरी नहीं उतरती थीं। पतनशील, प्रतिक्रियावादी, विघटनवादी, अराजक, वृतान्त में

जटिल, भाषिक विन्यास में सपाट किन्तु काव्यमय सूक्तियों से अलंकृत...इत्यादि। यानी जो 'प्रतिरोध' था वही 'आरोप' बन गया। इन आरोपों का कारण क्या था ? क्योंकि कुछ पिछले कहानीकार और उनके द्वारा विनिर्मित द्वितीय कोटि के आलोचक लगातार परिवर्तन-परिवर्तन उत्थान-उत्थान की रट लगा रहे थे। वे सन् '60 के बाद भी नेहरू-युग के कैशोर-आदर्शवादी स्वप्नों को कहानियों में ढूँढ़ रहे थे। जिनका रचनात्मक मानस आज़ादी के ठीक पहले के दिनों में निर्मित हुआ था, उन्होंने अपनी उसी मानसिक किशोर-वय के साथ साहित्य और कला के क्षेत्र में प्रवेश किया और उनके लिए नेहरू-युग से मोहभंग सम्भव भी नहीं था। आज़ादी अभी भी उनके लिए एक मूल्य, एक आदर्श की तरह दमक रही थी। ऐसे लोग आज भी उन्हीं खंडहरों में रम रहे हैं। ऐसे ही लोग नेहरू-युग की आदर्श छवियों और नकली वामपन्थी टोटकों से आने वाले इन कहानीकारों की कहानियों की तसदीकी चाह रहे थे। ऊपर से शान्त और सौम्य और प्रजातान्त्रिक दिखने वाले भारतीय समाज के इस जड़ाऊ ढाँचे में 'फौजी अफसर और राजनेता और डोमा उस्ताद' एक साथ 'मार्च' कर रहे थे—यह सत्य मुक्तिबोध को सन् '57 के आसपास ही दिख गया था (जब वे 'अँधेरे में' कविता को बार-बार लिख रहे थे।) लेकिन इन लोगों को नहीं। अपने लोगों से मोहभंग और प्रताड़ित होने की इसी त्रासदी की अद्भुत-अनोखी गाथा है—रवीन्द्र कालिया की कहानी 'काला रजिस्टर'। प्रेमचन्द ने सन् 1932-33 के आसपास लिखा था कि ''अगर गोरे साहबों की जगह काले साहब आ जाएँ तो हम आज़ादी से उतनी ही दूर रहेंगे जितने कि आज हैं। 'काला रजिस्टर' इन्हीं 'काले साहबों' का रजिस्टर है। एक ईमानदार और निपट भोले कर्मचारी को अपमानित करके उसकी आत्मा को ख़ूनमख़ून करने का हिंसक अभियान। ज़ाहिर है कि यह सत्य ज़माने की ऊपरी साज-सज्जा में तब उस तरह दिखाई नहीं देता था जैसा कि आज दिखता है। जिन सामाजिक-पारिवारिक-वैचारिक सपनों की तलाश आज़ादी के बाद भारतीय मनुष्य को थी, वे धुँधले या अदृश्य हो चुके थे और इन लोगों को ख़बर तक नहीं थी ! पिछली रात का 'हैंग-ओवर' उतारने के लिए वे सुबह ही सुबह फिर आदर्शों की वही खुमार भरी दारू चढ़ाकर बैठ जाते थे और 'परिवर्तन-परिवर्तन' चीखने लगते थे। परिवर्तन तो हो ही रहा था लेकिन ऐसे लोगों की सोची-समझी बुद्धि के बाहर। ऐसे ही लोगों को लगता है कि 'कहानी प्रेमचन्द से चलकर प्रेमचन्द तक पहुँची है।' मारकंडेय जैसे 'फ़ॉसीलॉइड़्ड' किस्म के लोग ही इस तरह का दयनीय वक्तव्य दे सकते हैं। इसीलिए उनकी कहानियाँ प्रेमचन्द का उच्छिष्ठ-भर हैं, इससे ज़्यादा कुछ भी नहीं। वे एक सामन्ती मानस का प्रगतिशील ढोंग प्रस्तुत करती हैं। सन् '82 में इसी सभागार (हिन्दुस्तानी एकेडमी, इलाहाबाद) में 'प्रेमचन्द शताब्दी समारोह' के संयोजक के रूप में जब मैंने प्रेमचन्द का वह प्रसिद्ध वाक्य ''साहित्य, राजनीति के पीछे नहीं, उसके आगे-आगे मशाल लेकर चलती हुई सच्चाई है'' को एक 'बैनर' के रूप में लगाया तो कुछ क्रुद्ध-बुद्ध वामपन्थी अकड़बाजों ने (जिन पर उन दिनों नक्सलपन्थ का भूत सिर चढ़कर बोल रहा था।) इसकी खिल्ली उड़ाई थी—लेखक जैसा नगण्य प्राणी और

विराग के रूप में नहीं, बल्कि एक पछतावे के रूप में। जीवन के नितान्त छोटे-छोटे सुख कितने अनुपम हैं, जीवन के उत्सव का बखान सारी कहानी के रचाव में बसा हुआ है।– 'ऐ लड़की,' जीवन हिरण है, हिरण। कस्तूरी मृग। इस क्षण-भंगुर जगत में अपनी महक फैला, यह जा और वह जा।' भाषा का ऐसा संक्षिप्त, लयात्मक विन्यास और नवोन्मेष लगभग सम्पूर्ण भारतीय कहानी-साहित्य में दुर्लभ है। इस कहानी में भी और कृष्णा सोबती की दूसरी लम्बी कहानियों ('डार से बिछड़ी', 'मित्रो मरजानी' या 'ज़िन्दगीनामा' उपन्यास) में भी स्त्री-चरित्र पुरुष के वर्चस्व और शोषण में गर्व महसूस करते हैं। 'लड़की, मर्द का दबदबा रहना ही चाहिए, उसका स्थान नीचे नहीं, ऊपर है।...लड़की, हर नर अपने को परम-पुरुष समझता है। असल बात है कि सृष्टि का हर नर सूरज से शक्ति खींचता है। उसी की कृपा से अपने तपोबल को जगाता-गरमाता है। और नारी...उसकी इष्ट है पृथ्वी। वह परा-शक्ति बनी पुरुष के आगे-पीछे व्याप्त हो जाती है। यद्यपि आज यह कहना कि कृष्णा सोबती की स्त्रियाँ पुरुष के शोषण में आनन्द लेती हैं, लगेगा कि यह कहानीकार के बारे में एक रिट्रोगेसिव उक्ति है। लेकिन नहीं, अगर ध्यान से देखें तो पता चलेगा कि अन्तर्निहित सच्चाई तो यही है। स्त्री-मुक्ति की सारी वर्तमान, स्थूल चर्चाओं, बासी ख़बरों, बंजर ललकारों से प्रमाणित न होते हुए भी भारतीय समाज की अन्तर्धारा का यह निपट सच, आज भी उतना ही 'सच' है, जितना उसके ख़िलाफ़ दावे पेश किए जाते हैं। सोवियत-यूनियन जब अस्तित्व में था तो वहाँ के एक बड़े कवि वोज्नेसेंस्की ने एक कविता लिखी थी :

कोई एक स्त्री को पीट रहा है
किस तरह छिटककर गिरती है कार से
वह घास पर बाहर...
इसी तरह पीटे जाते हैं गुलाम...

तो आज की हिन्दी कहानी में जो कहानी-लेखिकाएँ स्त्री-मुक्ति को अपनी कहानियों का विषय बनाती हैं, उनकी जगह कृष्णा सोबती की कहानियाँ भारतीय समाज की अन्तर्निहित सच्चाई का ज़्यादा बड़ा भावोच्छल और त्रासद प्रमाण प्रस्तुत करती हैं। कहानी दरअसल कोई नारा नहीं है, कहानी सच का कलात्मक उत्खनन है।

लेकिन स्थूल घटनाओं से प्रमाणित करके कहानी को महत्त्वपूर्ण मानने की जिद ख़त्म नहीं हुई है। शिवमूर्ति की कहानी (अथवा लघु उपन्यास) में जो 'पन्द्रह-पचासी' का ज़िक्र है, वह इसी जिद या इसी भरोसे का परिणाम है। जबकि इस कहानी के छपने के कुछ दिनों बाद ही 'पचासी' का यह गँठजोड़ ख़त्म हो गया और उसके एक वर्ग ने 'पन्द्रह' की निहायत प्रतिक्रियावादी-साम्प्रदायिक ताकतों से अपना गँठजोड़ बनाया। वह भी नहीं चला क्योंकि दोनों ही अवैज्ञानिक थे। चुनाव के बाद दूसरा अवैज्ञानिक गँठजोड़ फिर चालू है। अवैज्ञानिक इसलिए कि न तो अब वह 'वर्ण' की राजनीति रह गई है न 'वर्ग' की। बल्कि अवसरवाद ही उसका सारतत्त्व दिखता है। अगर इस बंजर

अवसरवाद से ही कहानी को प्रमाणित कराना था तो फिर इस अवसरवाद के 'सारतत्त्व' को कहानी में उठाना था। शिवमूर्ति ने वह भी नहीं किया। क्योंकि कहानी एक तात्कालिक उफान में लिखी गई थी। इसीलिए 'त्रिशूल' बाहरी और तुरत-फुरत की स्थूल घटनाओं के प्रतिबिम्बन और पारे जैसे चलायमान एक ऐतिहासिक समय का पर्याय बनने की अद्भुत कोशिश है।—एक क्षणजीवी परिघटना के प्रतिबिम्बन की एक दीर्घजीवी मिसाल। हो सकता है यह क्षणजीवी परिघटना बार-बार लौटे। तब यह कहानी कुछ ज़्यादा ही प्रामाणिक साबित होगी। लेकिन शिवमूर्ति की सभी कहानियाँ ऐसी नहीं हैं। 'तिरिया चरित्तर' जैसी कहानी शायद ही दुबारा कोई लिख सके। अपने कथ्य और भाषिक संरचना में बेमिसाल, अपने अन्त के हिंसक 'अनहोनेपन' में यह हिन्दी कथा-साहित्य में एक अभूतपूर्व कथा-कृति है। इससे बिल्कुल अलग अखिलेश अपनी कहानी 'शाप ग्रस्त' में 'सुख की खोज' में एक निराली व्यंग्यात्मक कहानी की रचना करते हैं। यह कहानी एक धरातल पर बुद्ध की पूरी खोज़ का आधुनिक सन्दर्भों में मज़ाक़ उड़ाती लगती है। एक पूरी दार्शनिक प्रणाली आज के समाज के एक अति संवेदनशील मानस के लिए पूरी नहीं पड़ती। यह कहानी बाहरी परिघटनाओं से अपने को प्रमाणित करने के चक्कर में बिल्कुल नहीं पड़ती। बल्कि इसके उलट जाती है। कौन होगा, जो सुख की खोज में अपने 'सशपेंशन' का जुगाड़ करेगा ? अपनी सुजाता जैसी प्रेमिका से 'बुद्धत्त्व' के लिए प्रेम की खीर खाने के बजाय उसे अपने 'फिश्चुला' के भदेस और हिंसक ज़िक्र से आहत और आक्रान्त करके भगा देगा ? लेकिन यह अद्वितीयता ही तो कहानी की जान है। सुख की यही टेक उसकी 'चिट्ठी' कहानी में सर्वोत्तम रूप से व्यक्त हुई है, जिसमें बेरोज़गार और संवेदनशील नौजवानों की विदा के पहले की अन्तिम बैठक में शराब पीने के बाद कहानी का एक पात्र (प्रदीप) बार-बार हवा में बड़बड़ाता है, 'मार साले को, मार साले को।' दूसरा पूछता है, 'किसको कह रहे हो ?' वह पात्र पुनः कहता है, 'अपने दोस्तों को नहीं कह रहा हूँ। बस—मार साले को।' अब यह 'मार साले को' ऊपर से देखने पर कितना अमूर्त है, लेकिन वास्तव में किसको लक्षित है, यह कितना स्पष्ट है ! इसी अन्तिम मित्र-मिलन में लड़के यह तय करते हैं कि 'हममें से कभी कोई सुखी हुआ तो सारे दोस्तों को खत लिखेगा।' कहानी का अन्त है, 'लम्बा समय बीत गया इन्तज़ार करते, किसी दोस्त की चिट्ठी नहीं आई। मैंने भी नहीं लिखी।' अब यह 'सुख की टेक' जो अखिलेश की इन दोनों कहानियों में व्यक्त हुई है, क्या सिर्फ़ मध्य-वर्ग की सुख की टेक है ? या यह क्या बेरोज़गारी से उपजी है ? नहीं, मात्र इतना ही नहीं है। कहा जा सकता है कि एक ओर यह कहानी यदि स्थितियों का प्रतिबिम्बन है तो दूसरी ओर हमारे समाज के भीतर गहरे में व्याप्त एक निराली सच्चाई का कलात्मक उत्खनन भी।

समकालीन कथाकारों में उदय प्रकाश एक ऐसे कहानीकार हैं जिनकी अधिकांश कहानियाँ स्थूल-बाहरी सामजशास्त्रीयताओं से बचकर लिखी गई हैं। वे वस्तु की भीतरी अन्तर्ध्वनियों को उनकी अद्वितीयता में पकड़ने की बार-बार कोशिश करते हैं। 'तिरिछ'

और 'छप्पन तोले का करधन' में स्मृति के बारीक से बारीक उत्खनन से कथा-तत्त्व की उस अद्वितीयता को मूर्त करने की अद्‌भुत कोशिश है। 'और अन्त में प्रार्थना' इस अद्वितीयता को कैसे पकड़ती है ? यदि सूचनाओं के अमित भंडार में धँस सकें, कहानी में आए अतिकथनों से यदि आक्रान्त न हों तब इस कहानी का अन्तरतम उद्‌घाटित होता है। किसी भी विचार-सिद्धान्त के प्रति अन्धी आस्था आदमी को मृत्यु के द्वार तक ले जाती है। ख़ासकर तब, जब उस विचार या संगठन की भीतरी कमज़ोरियाँ और अन्तर्विरोध भी अन्धी आस्था रखने वाले को मालूम हों। वाकणकर को सब कुछ ज्ञात है, फिर भी वह अन्धत्व का शिकार है। कहानी के एक हिस्से में वह एक कमज़ोर किस्म का प्रतिरोध भी करता है, लेकिन वह अपनी अन्धी आस्था से मुक्त नहीं हो पाता। कर्मठ, ईमानदार, भावप्रवण, आस्थावान, सदाचारी वाकणकर आख़िरकार 'नमस्ते सदा वत्सले मातृभूमे' गाते हुए मौत को गले लगाता है। यह 'सच' केवल आर.एस.एस. पर ही लागू होता हो, ऐसा नहीं है। यही सच प्रकारान्तर से रेणु की कहानी 'आत्मसाक्षी' पर भी लागू होता है और मायकोव्स्की जैसे कवि के आत्मघात पर भी। जहाँ तक उदय प्रकाश की कहानियों के कलात्मक विन्यास का प्रश्न है, उदय चरित्रों, स्थितियों या प्रभावों को 'व्यक्त' नहीं करते, उनकी 'व्याख्या' करते हैं। उनकी कहानियाँ सूचनाओं और प्रचलित ज्ञान के अमित भंडार का निबन्धात्मक प्रलेखन हैं। कहें कि 'कमेंट्री शैली' हैं, टिप्पणियों की भाषा का इस्तेमाल है। एक 'रिडिकुलिंग' व्यंग्य है। अपने चरित्रों को भाषा में पछाड़ देने का अद्‌भुत कौशल दिखाई देता है। इधर की अधिकांश कहानियाँ चरित्रों का लघु शोध-प्रबन्ध जैसी हैं। ज्ञानरंजन की शब्द-संक्षिप्ति और अर्थ का सांकेतिक वैभव वहाँ कहाँ है ? उदय की कई कहानियों और बीच-बीच में लिखे जाने वाले किस्सों में चिड़चिड़ प्रतिशोध (प्रतिरोध नहीं) की झलकियाँ उन्हें चमत्कारी अफ़वाहों का दर्जा देती हैं। कहा जा सकता है कि एक भोले-भाले आदमी की चिनचिनाहट है जो दिल्ली के मकड़जाल में फँसा है। उनकी इधर की कई कहानियों में वैचारिक और शैल्पिक जटिलता बढ़ती हुई दीख रही है। जैसी 'थर्ड डिग्री' में कहानी का कहानी के पाठ से बाहर होने की लम्बी और उबाऊ भूमिका। इधर की कहानियों के कलात्मक निष्कर्ष भी उलझे हुए हैं। विकल्पों के प्रतिरोधी संसार का क्षय होता दिखता है और कहानियों की अर्न्तध्वनियाँ मेटाफिज़िक्स के अँधेरे में गिरती हुई दिखाई देती हैं। जैसे उनकी नवीनतम कहानी 'वारेन हैस्टिंग्ज़ का साँड़' में 'एलिगॅरी' के रूप में नव-साम्राज्यवाद के हमले का प्रतिरोधी अन्ततः शिव का नन्दी (साँड़) और 'मजनूँ का टीला' पर बैठा हुआ, हँसता हुआ लामा है। फ़िलहाल यह है उदय प्रकाश के विकल्पों का प्रतिरोधी संसार। निष्कर्ष–यह रेणु का वह 'दिव्य प्रतिवाद' नहीं है, जिससे हरदम एक कलाकार का जीवन जलता रहता है। इसमें घबराकर एक दूसरी और पुरानी दुनिया में शान्ति की खोज है।

वास्तव में स्थूल समाजशास्त्रीयताओं, बाहरी परिघटनाओं, इतिहास की ऊपरी बड़बोलियों और राजनीतिक आन्दोलनों से अपने कथा-संसार को प्रमाणित कराने और

उनके भीतर धँसकर अनहोनी-अनदेखी अन्तर्ध्वनियों को कहानी में पकड़ने की कोशिश–यह धर्म-संकट, द्वन्द्व, द्वैत या अन्तर्विरोध प्रेमचन्द से लेकर आज तक के हिन्दी कथाकारों में विद्यमान है। कहानी इसी द्वैत के छल के भीतर से बार-बार एक मछली की तरह जीवन के गहरे जल से प्रकट और तिराहित होती चलती है। अनोखेपन और स्थूलता की यह बहस यहीं ख़त्म नहीं होती। कथा-संसार का लोक-परलोक–दोनों यही है। मिर्ज़ा ग़ालिब ने कहा है :

जामे हर ज़र्रा है सर्शार-ए-तमन्ना मुझसे
किसका दिल हूँ कि दो आलम से लगाया है मुझे ?

❑❑

'हिन्दुस्तानी एकेडमी', इलाहाबाद में 16 मार्च '97 को आयोजित संगोष्ठी 'हिन्दी-उर्दू कहानी' में पठित निबन्ध का परिष्कृत प्रारूप।